중국의 서원

순천향인문진흥총서 4

중국의 서원

정강丁鋼·유기劉琪 저

임상훈林常薰 역

보고사
BOGOSA

일러두기

1. 본서는 화동사범대학華東師大學의 정강丁鋼·유기劉琪 교수가 저술한『書院與中國文化』(上海教育出版社, 1992)의 한국어 번역본이다.

2. 중국 고대 문화를 주로 다루는 책의 성격상 인명과 지명 등 고유명사는 모두 우리식 한자 발음과 함께 정자체 한자를 병기했다.   예) 양계초梁啓超, 상해上海

3. 영문 인명 및 지명은 영문과 중국 이름을 병기했다.   예) Calvin Wilson Mateer(狄考文)

4. 일부 지명 및 고유명사의 경우 우리에게 더 익숙한 말로 표기하며 영문을 병기했다.   예) 말라카(Malacca)

5. 각종 매체 및 기관 등 명칭은 의미 전달에 중점을 두어 필요시 우리에게 익숙한 말로 의역하고, 본래 중국어를 병기했다.   예) 학교와 교과서 위원회(學校和敎科書委員會)

6. 독자들의 이해를 돕기 위해 각 쪽마다 각주를 달았고, 보충설명이 필요한 경우에는 '역자주'를 추가했다.

前言

　　서원은 우리에게 멀리 있는 듯하지만, 중국 교육문화의 역사 속에서 여전히 살아 숨쉬고 있으며, 현재도 많은 이들이 관심을 가지고 있다. 본서는 서원에 대한 탐구와 연구의 일부분이다.

　　교육이 날로 발전하는 현재, 우리가 서원에 관심을 갖는 이유는 서원이 독특한 교육기구이자, 중국 전통사회 후기 교육의 발전에 매우 중요한 역할을 했기 때문이다. 더욱이 서원은 자유로운 수업, 스스로의 학습, 열린 교육, 학술연구 등 뚜렷한 동아시아의 특징을 지녔기 때문이다.

　　또한 서원은 중국 전통문화와 밀접한 관계를 가지고 있으며, 특히 그 형성과 발전 과정은 중국 전통사회 후기 문화의 특징을 잘 보여주고 있다. 먼저 서원은 그 형성 과정에서 고대 중국의 수서修書·편서編書·집서聚書·장서藏書·전서傳書 등의 문화적 전통을 잘 드러내며, 중국 사학私學의 전통을 발전시켜나갔다. 또 서원은 그 발전 과정에서 불교·도교 문화와 충돌하면서도 여러 문화들을 흡수·융합해 나가며 독자적인 문화를 형성해 나갔다. 이는 학술과 학파의 발전과 형성에 큰 영향을 끼쳤고, 문화의 전파도 촉진시켜 중국 전통문화의 발전에 커다란 공헌을 하였다. 서원은 발전해나가는 과정 속에서 여러 변화를 겪었지만, 특히 동서문화 교류 속에서 서원은 큰 변화를 맞이하였다. 이 시기 서원의 변화는 중국 사회·문화 발전의 방향과 운명 그 자체였다고 할 수 있다. 이 모든 것들은 우리로 하여금 교육의 문화 기능 및 교육과 문화 발전의 관계 등 여러 가지 중요한 문제를 생각해보게 한다.

　이것이 바로 우리가 이 책을 저술하게 된 목적이다.

　이러한 점에서 집필을 시작한 본서는 서원으로 서원을 연구한 것이 아니며, 서원사 연구의 전문 서적도 아니다. 본서는 서원과 중국 문화와의 관계에 착안하여 중국 교육사 및 문화사의 연구 범위와 시야를 넓히는 것에 중점을 두었다.

　본서의 제1, 3장 및 제 5장 제6절과 부록2는 유기劉琦가 저술하였고, 제2, 4장 및 제5장 제3절, 4, 5절과 부록1은 정강丁鋼이 저술하였다. 또 정강丁鋼이 책의 모든 내용을 통합·수정하였다.

1991년 9월

차례

제1장

서원의 형성과 전통문화

제1절 수서修書¹의 전통과 서원의 유래

'서원書院'이라는 명칭의 탄생은 도서의 소장과 정리를 중시한 중국의 전통과 밀접한 관계가 있으며, 중국 4대발명 중 제지술과 조판인쇄술은 '서書'와 직접적인 관련이 있다.

1. 역대 관방官方 수서활동 개설

'서書'라는 단어는 진한秦漢 이전에 이미 출현하였다. 『논어論語 · 선진先進』에서 자로子路가 "반드시 서를 읽고 후에 배워야 한다."²라 한 말에 이미 '서'라는 단어가 나타났다. 가끔 '서'는 『설문해자說文解字』³와 같이 "대나무와 천에 쓴 것을 '서'라 한다."⁴라 정의되기도 하였다. 종이가 아직 발명되지 않았던 때 사람들은 자신의 저작을 죽간 · 목판 · 천 위에 쓸 수밖에 없었기 때문일 것이다. 『장자莊子 · 천하편天下篇』에서는 "능력이 대단했고, 그 '서'가 다섯 수레였다."⁵라는 말

---

1 역자주 : 책을 편찬하거나 집필하는 일.
2 『論語 · 先進』: "何必讀書, 然後爲學"
3 역자주 : 동한 허신許愼이 편찬한 자전.
4 『說文解字』: "著於竹帛謂之書"
5 『莊子 · 天下篇』: "惠施多方, 其書五車"

로 책[6]이 많음을 나타냈다. 후에 '학부오거學富五車'라는 말은 책을 많이 읽어 박학다식함을 나타내는 말이 되었지만, 사실 당시 죽간을 실은 다섯 수레는 현재의 책으로 인쇄하면 조그마한 가방 안에 다 집 어넣을 수 있을 정도밖에 안 된다.

진시황제의 분서갱유焚書坑儒 이후에 사람들은 문헌의 중요성을 깨닫기 시작해, 한대漢代에 이르러 대규모의 문헌 복구사업이 진행 되었다.

한 초기 천하가 안정되자 한 고조 유방은 명령을 내려 각종 제도를 정비하기 시작했고, 여기에는 서적의 정리 역시 포함되어 있다. 『한 서漢書·예문지藝文志·병서략兵書略』에는 "장량, 한신의 병법을 정리 하였고, 무릇 182가家에서 중요하고 유용한 것을 가리고 버려 35가 로 정하였다."[7]고 기록되어 있다. 한 혜제惠帝 4년(191)에는 진의 '협 서령挾書令'[8]을 폐지해 학술 및 사상이 활발하게 진행되었고, 개인의 장서량 역시 대폭 증가하였다. 하간河間의 헌왕獻王 유덕劉德은 "학 문을 닦고 옛 것을 좋아하며 실사구시한다. 백성으로부터 좋은 '서' 를 얻어 반드시 잘 베낀 후 돌려주며, 그 진본을 남긴다. 금과 비단으 로 그들을 불러 사방의 도술인道術人들이 천리를 멀다않고 온다. 혹 은 조상의 옛 '서'를 왕에게 헌납한 자도 있어 한조漢朝와 같을 정도

---

6 역자주 : 본장에서는 서원의 기원에 대해 설명하며, '서원書院'의 핵심이 되는 '서書', 즉 '책(Books)'이라는 단어가 많이 등장한다. 중화권에서는 현재도 '책(Books)'이라는 단어를 '書' 혹은 '书'로 사용하지만, 우리에게는 '서'라는 단어가 그다지 익숙하지 않다 생각하여 꼭 필요한 경우 '서'로 표기하고, 원서의 번역에 지장이 가지 않는 경우에는 '책'·'서적'이라는 명칭을 병용하였다.

7 『漢書·藝文志·兵書略』: "張良、韓信序次兵法, 凡百八十二家, 刪取要用, 定著三 十五家"

8 역자주 : '협서률挾書律'이라고도 불리며, 진대秦代에 개인의 책 소지를 금하던 법령. 진시황제 34년(B.C.213)에 실시되어 한 혜제 4년(B.C.191)에야 비로소 폐지.

로 얻은 '서'가 많았다."⁹고 한다. 회남왕淮南王 유안劉安 역시 책을 좋아해 학자들을 불러 모아 책을 집필하기도 했다한다. 한 무제 즉위 이후 유가가 중시되었고, 장서藏書제도를 만들어 책을 쓰는 관직을 두었다. 당시 태상太常, 태사太史, 박사博士 외에 궁내 "연각延閣·광내廣內·비실지부秘室之府"에도 서적을 보관하였다. 한 성제 시에는 진농陳農을 파견하여 천하에 유실된 책들을 구하게 하여 천록각天祿閣에 보관하였고, 유향劉向 등은 경전經傳·제자諸子·시부詩賦·병서兵書·수술數術·방기方技 등의 책을 종류별로 정리하였다. 한 애제哀帝 시에 유향劉向의 아들 유흠劉歆은 중국 최초의 도서목록『칠략七略』을 편찬했다. 이외에도 한대에는 난대蘭台·동관東觀 등의 장서와 수서의 장소가 존재했으며, 반고班固는 난대령사蘭台令史를 역임하며 왕실도서관의 풍부한 자료를 바탕으로『한서漢書』를 완성했다. 동관의 장서량 역시 매우 방대하여 많은 학자들이 이곳에 모였고, 안제安帝는 이곳에 유진劉珍과 박사들을 보내 제자백가 예술과 문자를 교정하게 하였다. 당시 동관에는 학사學士, 전교장서典校藏書가 있었지만, 관직은 아니었다. 항제恒帝 시에는 비서감秘書監, 전교비서典校秘書를 두어 예문藝文 도서에 관한 업무를 맡게 하는 등, 한대에 이와 같이 통일적으로 문헌을 보존하는 기구가 제도적으로 정비되어가기 시작했다.

교육이 관官에 의해 장악되어 귀족만이 배울 수 있는 '학재관부學在官府(배움은 관부에만 있다)'는 서주西周 시대 교육의 큰 특징 중 하나이다.¹⁰ 청말 황소기黃紹箕는『중국교육사中國敎育史』에서 "옛날에는

---

9 修學好古, 實事求是, 從民得善書, 必爲好寫與之, 留其眞, 加金帛賜以招之, 繇是四方道術之人不遠千里, 或有先祖舊書, 多奉以奏獻王者, 故得書多, 與漢朝等.

오직 관에만 배움이 있었고 민간에는 배움이 없었다."고 하며 그 원인으로 "오직 관에만 '서'가 있었고, 백성은 '서'가 없었다. 전모훈고典謨訓誥[11] 및 예제禮制와 악장樂章은 모두 조정에서 만든 것으로 원래부터 백성을 가르치려고 사용한 것이 아니다. 책들을 비부秘府에 소장하였고, 관리가 되어야 볼 수 있었다.", "본조本朝의 법과 역대의 전제典制를 몰라, 배우고 싶어하는 선비士子는 전서典書의 관官이 되어 그것을 읽었다.", "비부의 '서'는 간행하지도 않아 비부에 들어오지 않으면 볼 수 없었기에, 이것이 바로 학술이 대부분 관에 있는 이유이다."[12]라고 하였다. 후에 민간에 퍼지게 되고 제자백가가 흥기하지만, 통치자는 사상과 학술에 대한 통제를 늦추지 않았다. 진시황제는 사상의 통일과 황권 강화를 위하여 '분서焚書'와 '협서령'을 내려 다른 학문을 배격하였다. 한대의 통치자들은 분서갱유와 같은 극단적인 방법 대신에 서적을 대규모로 수집, 정리하는 방법을 택하였다. 한의 이와 같은 방법은 확실히 문화의 발전과 전파를 앞당겼지만, '문화의 독점'이란 한계를 벗어나지 못 하였다. 한대의 사학私學은 매우 빠르게 발전하여, 명유名儒들의 개인적인 강학講學이 전에 없이 성행했고, 특히 금문今文과 고문古文의 논쟁이 격렬했다. 조정이 서

---

10 역자주 : 원문에서 주로 다루고 있는 단어 중 '관학官學'과 '사학私學'이 있다. 관학이란 왕조시대에 조정에서 직접 설립·관리하던 교육기관을 뜻하며, 사학은 관학의 반대 개념으로 개인이 설립·관리하던 교육기관을 일컫는다. 중국에서는 공자를 사학의 창시자로 여긴다.

11 역자주 : 본래는 『상서尙書』 속의 「요전堯典」·「대우모大禹謨」·「탕고湯誥」·「이훈伊訓」의 4편을 딴 약칭이나, 후에는 명서名書 또는 명문名文을 가리키는 말로 확대.

12 黃紹箕, 『中國敎育史』:"古者惟官有學, 而民無學", "惟官有書, 而民無書也. 典謨訓誥, 禮制樂章, 皆朝廷之製作, 本非專爲敎民之用. 故金騰玉冊, 藏之秘府, 悉以官司典之", "士子欲學者, 不知本朝之家法, 及歷代之典制, 則就典書之官而讀之", "秘府之書, 旣不刊佈, 則非身入淸秘, 不能窺見, 此學術之所以多在官也"

적을 소장·정리한 이유는 본래 사대부를 통제하기 위함이었는데, 이는 당시 원조 시직을 소장하고 있다는 것이 권력과 정통을 가지고 있다 여겨졌기 때문이다. 서한西漢시기의 석거각石渠閣은 조정의 도서관이면서 선제宣帝가 대성戴聖·유향劉向 등을 불러 오경을 논하던 장소였다. 동한東漢 시에는 경학·사법師法·가법家法의 전수에 일정한 규범 및 표준과 통일된 교재를 만들기 위하여 희평熹平 4년(175) 채옹蔡邕은 석경石經 46판을 새겨 태학太學 문밖에 세웠다. 이렇듯 통치자는 '학재관부' 전통의 계승과 함께 '서'를 매우 중시하였다.

한 이후 매 왕조의 교체기에 많은 서적들이 전화로 손실을 입고, 새 왕조가 들어선 후 남은 책들을 모아 정리를 하는 작업이 반복되었다. 이는 통치자의 문치교화文治敎化 사업의 주요 일환이었으며, 중국 고대문화의 중요한 전통으로 이어져 내려왔다.

당은 개국이래로 앞 왕조들의 많은 서적을 수집했고 흩어진 문헌을 구매했다. 정관貞觀년간에 비서감 위징魏徵이 학자를 모아 사부서四部書[13]를 교정해야한다고 상소하여, 우세남虞世南, 안사고顔師古 등이 이 일을 맡았다. 정관 4년(630)에 당태종은 안사고에게 『오경』의 정리를 맡기고, 후에 안사고와 국자감國子監 좨주祭酒 공영달孔穎達과 함께 『오경정의五經正義』를 편찬해 천하에 반포하였다. 또 사관史館을 설치해 최초로 앞 왕조의 역사서를 관에서 만드는 시초가 되었고, 위징이 주편집이 된 『수서隨書·경적지經籍志』는 진순훈晉荀勖이 정한 대로 갑을병정甲乙丙丁의 네 분류법으로 경사자집經史子集의 四部名을 사용하고, 그 안에 총 4000여부, 5만여 권의 도서를 정리하였다.

---

13 역자주 : 과거 서적의 4대 분류법, 경經(유가)·사史(역사)·자子(제자백가)·집集(시문 등)으로 분류하여 정리.

당초 정관에서 개원開元까지 문화사업의 발전, 과거제도의 완비, 경제의 번영, 강성한 국력으로 관학교육 역시 커다란 발전을 거두었다. 군현에 학교를 설치하였을 뿐만 아니라, 중앙에도 국자학國子學 · 태학太學 · 홍문관弘文館 · 숭문관崇文館 · 율학律學 · 서학書學 · 산학算學 · 의학醫學 등을 설치하였다. 홍문관과 숭문관은 학생을 가르치며 서적 관리의 업무도 병행하였으며, 문하성에도 교서랑校書郎을 두어 오점을 수정하였고, 그 밑에 전서典書, 필장筆匠, 해서楷書의 관직과 함께 학생 수십 명을 두었다.

이러한 여러 기관과 노력이 있었음에도 불구하고, 서적의 소장 · 정리 · 연구는 여전히 미흡하였다. 도서를 관리할 인원이 분산되어 있었고 권위있는 기구가 없었던 것이 가장 큰 이유이다. 비서성에는 본래 도서 관리와 그 인원에 대한 직무가 있었지만, 개원초기에도 그곳에 소장된 도서는 산란하였고, 정리가 안 됐다. 이에 마회소馬懷素와 저무량褚無量은 당현종에게 상소를 올려 도서 정리의 시급함을 역설하였다. 당현종은 이들의 건의를 받아들여 저무량 · 마회소 · 원행충元行衝 등에게 당 역사상 최대 규모의 도서정리 사업을 맡겼다. '서원書院'이라는 명칭은 바로 이 거대한 사업에서 탄생하게 된 것이다.

2. 여정수서원麗正修書院에서 집현전서원集賢殿書院까지

『신당서新唐書 · 예문지藝文志』에 이르길 "(당)현종은 좌산기상시左散騎常侍, 소문관昭文館 학사學士 마회소馬懷素를 수도서사修圖書使로 임명하여, 우산기상시右散騎常侍, 숭문관崇文館 학사學士 저무량褚無量과 함께 정비하라고 명령했다. 동도東都(낙양洛陽)에서 만나 건원전乾元殿 동쪽에서 검교檢校하였다." 또, 비서성 · 소문관 · 예부 · 국자감 · 태상시 및 여러 기관들에게 사부서四部書를 정비시키고, 많은 인원을 동원하여 "동도東都 건원전乾元殿 앞에 줄을 세우고 쓰고 천하의 이본異本을 모았다."고 한다. 이렇게 몇 년이 흐른 후 책은 비로소 완성되었다. 개원 7년(719) "황제가 백성과 관인에게 건원전 동쪽 복도에 들어와 책을 보게 하였으니 놀라지 않은 자가 없었다."[14]고 한다. 개원 9년(721) 11월 좌산기상시 원행충이 『군서사부록群書四部錄』 200권을 바치고, 그것을 내부에 소장하였는데, 이 책에는 2,655부 48,169권의 도서가 기록되어있다. 그 후 무경毋褧이 40권의 『고금서록古今書錄』을 집필하여 간편한 검색을 도왔다.

『신당서新唐書 · 백관지百官志』의 집현전서원의 주석에는 아래와 같은 글이 기재되어 있다.

개원 5년, 건원전에서 사부서를 썼다. 건원원사乾元院使와 간정관刊正官 4명을 두고 한명이 판사判事하였다. 압원중사押院中使 1명은 출입 시 통보를 맡고, 중궁中宮을 데리고 원의 문을 지켰다. 지서관知書官 8명은 사고서四庫書를 나눠서 맡았다. 6년, 건원원乾元院을 여정수서원麗正修書院으로 개칭하고 사使와 검교관檢校官을 두었으며, 수서관修書官을 여정전직학사麗正殿直學士라 개칭했다. 8년, 문학직文學直 · 수찬修撰 · 교리校理 · 간정刊正 · 교감관校勘官을 더하였다. 11년, 여정원 수서학사修書學士를 두었다. 광순문光順門 밖에 또 서원을 두었다. 12년, 동도 명복문明福門 밖에 또 여정서원을 두었다. 13년, 여정수서원을 집현전서원集賢殿書院으로 개칭했다.[15]

---

14 『唐會要』 35권 : "上令百姓、官人入乾元殿東廊觀書, 無不驚訝"

15 『新唐書 · 藝文志』 : "開元五年, 乾元殿寫四部書, 置乾元院使, 有刊正官四人, 以一人判事 ; 押院中使一人, 掌出入宣奏, 領中宮堅守院門 ; 知書官八人, 分掌四庫書。六年, 乾元院更號麗正修書院, 置使及檢校官, 改修書官爲麗正殿直學士。八年, 加文學直, 又加修撰、校理、刊正、校勘官。十一年, 置麗正院修書學士 ; 光順門外, 亦置書院。十二年, 東都明福門外亦置麗正書院。十三年, 改麗正修書院爲集賢殿書院……"

위에서 볼 수 있듯이 '서원書院'이라는 명칭은 '수서修書'라는 전통적 문화사업에 기원을 두고 있다. 이렇듯 서원의 시초는 중앙에 설치한 관립서원으로 실제로는 '서書'를 중심으로 작업을 진행하는 관서였다. '원院'은『옥해玉海』[16]에서 기록한 바와 같이 "원이라는 것은 周(둥글게 에워싼) 壇(마루, 터)에서 이름을 취한 것(院者, 取名周坦也)"으로서 당의 어사대御史台 아래에는 대원台院·전원殿院·찰원察院이 있었고, 개원년간에는 한림원翰林院도 증설하였다.

당대 관립서원인 여정수서원은 집현전서원으로 개칭한 후 중서성에 소속되었고, 그 임무는 아래와 같았다.

첫째, 고금 경적經籍의 정비.

중국에서 최초로 출현한 관립서원이 유명하게 된 원인은 많은 학자를 모아 수서修書작업을 펼쳤다는 데 있다. 여정·집현서원의 학사단체와 개인은 황제의 명에 따라『당육전唐六典』·『대당개원례大唐開元禮』·『초학기初學記』·『통선通選』·『오상전五常傳』등 매우 많은 책들을 수서하였다. 이중 가장 유명한 것은 물론『당육전』와『대당개원례』일 것이다.

둘째, 도서의 소장과 정리

개원 9년(721) 이후, 원행충은 비부秘府의 서적 정리 작업에 이어 또 여정전麗正殿이 소장한 서적의 정리 작업을 위해 많은 인원을 요청하였다. 서원은 이렇게 점차로 전국의 문헌과 서적 정리의 권위적기구가 되어갔고, 전국의 학자들도 이곳에 모여 작업을 진행하였다. 서원은 또 천하에 산재한 책들의 수집 작업과 책의 보급 작업도 도맡았다. 집현원 판관 장비張怬는 현종玄宗의 명으로 그가 집필한『위서

---

16 역자주 : 남송 왕응린王應麟이 편찬한 유서類書로, 일종의 백과사전.

魏書』·『설림說林』을 가지고 서원에 들어와 그 잘못된 부분을 교정하기도 하였다.

집현서원이 소장하고 정리한 사고도서四庫圖書는 개원 19년에 총 89,000여권으로 경고經庫 13,752권·사고史庫 26,820권·자고子庫 21,548권·집고集庫 17,960권이었다. 이는 이전의 책을 보존했을 뿐만 아니라, 당시의 저서도 수집한 결과였다. 개원 23년, 시중 배요경裵耀卿이 서고에 보관한 그 수많은 책들을 보고 "성상(당현종)이 학문을 좋아하시기에 서적이 이토록 풍성한 적은 자고로 없었다."[17]며 감탄을 금치 못했다 한다.

당 중기 이후 여러 혼란을 겪으며 국가가 소장한 책들은 심각한 손상을 입었고, 집현원 역시 막대한 피해를 입었다. 당시 장명蔣明은 학사이자 부지원사로 아들 장의蔣義와 함께 서적을 정리하였고, 혼란 중에 책을 들고 피난하여 2만여 권을 보존할 수 있었다. 당 말기 문종文宗은 또다시 집현전과 비서성으로 하여금 잃어버린 4만여 권을 작성하게 하였으나, 수당의 멸망으로 집현원의 장서는 유실되었고, 조정의 중앙도서관 기능 역시 상실해버렸다.

셋째, "나라를 옳게 하는 대전大典으로 고문顧問삼아 문제를 해결하다."

집현원의 장은 재상이며, 학사는 대부분 학식이 높은 자들로 황제의 특별한 대우를 받는 이들이었다. 즉, 황제가 전문지식이 필요한 경우 등의 문제에 봉착했을 때 집현원 학사에게 자문을 구하였던 것이다.

넷째, "칙명으로 문장을 쓰다."

학사라는 명칭은 위진남북조시대에 처음 등장하며, 군주의 문연文

---

17 『大唐新語』: "聖上好文, 書籍之盛事, 自古未有"

宴의 흥을 돋우는 일종의 문학 시종이라고 할 수 있다. 당 집현서원 학사 역시 글을 쓰거나 심지어는 중요문서의 초안을 작성하기도 하였다. 개원년간은 당 문학의 전성기로 당시 천하의 유사儒士들이 경사에 모여 시를 짓는 것이 유행하였고, 황제 역시 이런 분위기를 매우 즐겼다. 서원의 학사는 황제가 개최하는 연회에 참가해 시를 지어 황제를 기쁘게 하였다. 이 자리에서는 관직의 높고 낮음에 관계없이 자유로이 시로서 교류할 수 있었다.

다섯째, 경연經筵과 강학講學.

집현전서원에는 시강학사侍講學士와 시독직학사侍讀直學士가 있었고, 현종은 그들과 "하루는 한명이 시독侍讀하고, 사적史籍의 의의疑義를 질문하였다."고 한다. 학사였던 후행과侯行果는 현종에게 『주역周易』·『장자莊子』·『노자老子』 등의 책을 시강侍講하였고, 황태자에게 강학講學과 함께 교재를 편찬하기 하였다. 서원 학사 서견徐堅, 위술韋述 등이 편찬한 『초학기初學記』는 태자와 왕들에게 강학할 때 사용하던 교재였다. 여기에서 집현서원에 교학敎學의 기능도 포함되었다는 것을 볼 수 있다.

3. 여정수서원과 집현전서원의 몇 가지 특징과 역할

여정수서원과 집현전서원의 몇몇 임무는 비서성 등 기구와 겹치며, 홍문관·숭문관 등의 교학 기관과도 몇 가지 공통점과 차이점을 보인다.

첫째로 홍문관, 숭문관과 집현전서원은 모두 장서의 기능을 가지며 서적의 교정 임무를 가지고 있다. 그러나 홍문관, 숭문관의 장서량은 많지 않고, 교학 위주이기 때문에 그와 관련한 일부 서적만을 가졌다. 이에 반해 집현전서원은 매우 방대한 장서량을 가졌고, 서적 정리의 중앙기구였으며, 그 작업에 비서성·국자감·홍문관·숭문관 그리고 천하의 인재들이 대거 참여하였다.

둘째로, 홍문관, 숭문관과 집현전서원 학사는 조정에 참가할 권한이 있었다. 하지만 홍문관의 전신인 문학관文學館에는 두여회杜如晦·방현령房玄齡·공영달孔穎達·육덕명陸德明 등 일류 학사 18명이 많은 활약으로 빛을 발했지만, 개원년간에 이르러는 그 지위가 대폭 하락하였다. 서원 학사는 황제가 문교文敎와 예악의 정책결정을 내릴 때 이들에게 자문을 구하는 등 큰 영향력을 가지고 있었다. 또한 당시 서원은 많은 인원을 동원해 서적을 정리하는 과정에서 막대한 비용을 소모하는 문제가 있었으나 결코 이를 폐지하지 않았다. 한 예로 개원년간에 여정 학사들의 낭비와 효용을 문제삼아 황제에게 폐기할 것을 권유하였으나, 서원 지원사 장설張說이 서원은 '성주聖主의 예악 부서'라고 반박하여 결국에는 무산되었다. 이처럼 서원의 지위는 매우 높았다.

셋째로 홍문관, 숭문관과 집현전서원에는 모두 학사가 있다는 것이다. 홍문관은 직사職事 5품 이상의 자제子弟가 들어왔고, 숭문관은 모두 황족·황태자·황후의 친족들로서 산관散官 일품 중서문하평장사·여섯 명의 상서·공신신식실봉자功臣身食實封者·경관직사京官職事 3품·중서황문시랑中書黃門侍郎 등의 자제를 학생으로 삼아, 이 두 기관의 총학생수는 60인에 불과하였다. 이러한 귀족들의 자제는 대부분 높은 신분이라 이들을 가르칠 수 있는 자가 적었고, 학생에 대한 규율 역시 엄격하지 못했다. 이에 반해 서원은 학사도 많고, 대부분 자신의 능력으로 올라온 다재다능한 사람들 위주였다. 문학가인 서견徐堅·사학자인 위술韋述·목록目錄학자인 무경毋褧 등이 이에 속한다. 이리하여 서원은 도서 정리와 함께 연구작업도 진행하여 『당육전』·『대당개원례』·『초학기』 등 중요한 연구성과를 내기도 하였다. 이렇듯 연구와 정리의 성과로 볼 때 앞의 두 관은 서원에 크게 못 미쳤다.

위와 같이 당대 관립서원은 중국의 서원과 문화사에 매우 중요한 역할을 했으며, 구체적으로는 아래와 같다.

먼저 유불도儒佛道가 병존하는 상황에서 숭유崇儒·흥학興學·문교文敎 정책의 실시를 촉진하여 유생들의 지위를 높였고 유가문화의 권위를 굳건히 하였다. 지서원사였던 재상 장설은 서원을 폐기하자는 논의에 대해 "성상聖上은 유儒를 숭상하고 덕을 중시한다. 지금의 여정은 성상의 예악의 부서로서 영원히 변치 않는 도道를 대신하고 있다."며 반박하였다. '서書'를 중심으로 전개된 서원의 활동은 중국 문화의 생명력을 강화하였고, 사회에도 역시 모범이 되었다. 이렇듯 당대 관립서원은 중국 전통문화 발전의 황금기에 출현하였고, 이는 당 황제들의 문화진흥을 위한 아낌없는 지원과 무관하지 않다.

다음으로 '수서修書'라는 이름으로 출현한 서원은 후대 서원들이 장서·각서刻書·저서著書 의 전통을 이어가는 모범과 기초가 되었다. 여정, 집현서원에는 천하의 문인들이 모여 자유로운 연구를 진행했고, 그 풍성한 성과를 세간에 공표하는 등 당시 학술 연구의 중심이 되었다. 이는 후세 서원의 학술연구에 매우 깊은 영향을 끼쳤다.

마지막으로 당대 관립서원은 후에 세 가지로 파생했다. 첫째는 관립도서관으로 도서 정리의 장소이다. 청대의 사고전서관과 각지에 분산된 문란文瀾·문진文津 등 칠각七閣이 그것이다. 둘째는 한림원 등의 관서이다. 여정·집현의 학사들은 시를 지어 황제를 기쁘게 하였는데, 이는 당시 과거시험이 진사進士를 중시하고 명경明經을 경시하던 풍조와 부합한다. 집현의 관직들은 송원宋元시기에도 여전히 존재하나 그 직능과 지위에 조금 변화가 생겼다. 원초 집현원과 한림원, 국사원國史院은 하나의 관서였으나, 지원至元 21년(1284)에 두 개의 원院으로 분리되어 집현은 학교學校, 인재 발굴, 도교道敎의 음양陰陽·제사·점복占卜 등의 일을 관리하였다. 청대에 이르러 집현전서원의 장서·수서 기능은 사고전서관 등에 귀속되었고, 이외 대부분의 업무는 한림원·문연각文淵閣 등이 담당하였다. 셋째로 학교교육, 학술연구, 도서정리, 출판의 기능을 갖춘 서원의 성격을 만들어냈다.

상술한 바와 같이 당대 집현서원의 출현은 기존의 '수서'라는 전통을 이었고, 또 서원이 가진 여러 기능들은 후세의 문화사업에도 큰 영향을 끼쳤다. 이렇듯 당시의 서원은 후대 서원의 기본 틀을 만들어 나갔으며, 전대 서원을 이어 후대로 계속 발전해 나가는 역할을 하였다.

제2절 사학私學 전통의 계승과 변화

서원이 중국 전통사회 속에서 특수한 교육제도로 끝까지 살아남을 수 있었던 주요 원인 중 하나는 고대 중국의 장서·수서를 중시하는 문화와 전통 때문이다. 이 외에도 관官이 아닌 사인私人(개인)[18]이 강학講學[19]하는 전통을 계승·발전시킨 것 역시 주요 원인 중 하나이다.

---

18 역자주 : 원문에서는 '관학官學'의 반대 개념으로 '사학私學'이 등장하며, 사학의 주요 특징은 관官(조정)이 아닌 '사인私人'이 설립·관리하는 것이다. 이처럼 원문에서 '사인私人'이란 표현으로 등장하나, 특별한 경우를 제외하고 우리에게 익숙한 '개인個人'이란 용어를 사용하였다.

19 역자주 : 군중 앞에서 자신의 학술 이론을 설파하는 행위.

1. 사학私學과 정사精舍

중국 유가문화는 춘추전국시대에 탄생했으며, 중국의 개인 강학 역시 춘추전국시대로부터 시작한다. 특히 공자가 연 개인 강학의 바람은 유가학파를 창립하였고, 관학과는 달리 신분고하에 관계없이 교육을 받을 수 있게 하는 등 사학을 새로운 단계로 끌어올렸다. 이로서 중국의 교육제도는 국학國學과 향학鄕學이라는 관이 주가 된 '관학'과 민간이 주가 된 '사학'의 두 가지가 존재하였고, 때로는 대립과 항쟁을 겪으며 발전하게 되었다. 사학은 중국 전통교육의 중요한 형식으로 자리 잡으며 2000여년간 존재해왔다. 사학의 발전으로 사士, 즉 어느 한 곳에 예속되지 않고, 자유로이 이동하며, 직업 선택의 자유와 독립적 사상을 가진 이들의 영향력이 강화되었고, 이들은 곧 문화와 사상의 계승, 창조의 주역이 되었다.

춘추전국시대 사학은 교육활동의 중요한 형식이며, 분산 또는 단결된 학술, 정치 단체로서 독립적 정치 역량을 가지고 학생을 가르치며 학생들과 정치에 대해 논하기도 하였다. 공자는 제자가 3000명이며 그 중 육예六藝[20]에 통달한 자가 72명으로, 공자 사후 수많은 인재들이 배출되어 각자의 학파를 창립했다. 묵자 역시 수많은 제자를 거느리며 엄격한 규율과 법도 아래에 '결사結社'와도 비슷한 단체를 만들어냈다.

사학은 한대에도 문화교육사업의 주요 부분을 차지했다. 진시황제의 분서갱유로부터 한초 도가의 무위자연無爲自然까지 근 백 년 동안 사학교육은 끊이지 않았고, 관학제도가 세워진 후에도 사학은 여전

---

20 역자주 : 주周대 귀족에게 가르치던 여섯 교육 과목으로 예禮·악樂·사射·어御·서書·수數가 있다.

히 중요한 부분을 차지하여 그 영향력은 관학보다 훨씬 컸다. 이는 조정의 관학이 극히 적은 인원만을 학생으로 받아들였던 것 등이 주요 원인이었고, 이러한 관학의 부족한 부분은 사학이 메웠다. 또한 관학에서는 진행이 어려웠던 서적 및 경서에 대한 자유로운 연구와 아동 기초교육 등도 대부분 사학이 담당하였다.

한의 정식적 경학經學교육의 여파로 경經에 통달한 대가는 재야에 있어도 많은 이들이 그를 따랐고, 그 수는 적게는 수백 많게는 심지어 수만에 달하기도 하였다. 이 수는 중앙의 태학과 지방 학교의 학생수를 합한 것보다 훨씬 많았고, 그 학술적 영향과 성과 역시 관학을 훨씬 뛰어넘었다. 전문적으로 경서를 연구하던 사학의 교육 수준은 중앙의 태학과 동등하거나 그것을 뛰어넘었다. 예를 들어 마융馬融과 같은 이는 "재능이 높고 박학다식하여 유가에 통달하였고, 학생을 가르쳤는데 종종 천여 명이었다."고 한다. 그는 명문귀족으로 "고당高堂에 앉아 비단 장막을 드리우고, 앞에서는 학생을 기르치고, 뒤에는 여자들이 노래를 부르며, 제자들이 차례로 서로 전하며, 그 방에 들어온 자는 거의 없었다."[21]고 한다. 여기에서 비단 장막(봉장絳帳)은 빨간색 비단 휘장을 말하며, 후대 사람들은 이것을 고사로 하여 비단 장막을 '스승' 또는 '강좌'의 대명사로 삼았고, '봉장유풍絳帳遺風'이라는 말은 중국의 개인 강학 전통을 뜻하는 말이 되었다. 이외에도 한대 금문경학今文經學은 대부분 조정의 박사가 관학에서 가르쳤다. 이에 대응하는 고문경학古文經學은 주로 민간에서 이루어져, 많은 대가들이 가르치며 연구·저술활동에 전념했다. 이중 대표격인 정현鄭玄은 수천 명의 제자를 양성하고 경학연구에서도 대성을 이루

21 『後漢書·馬融傳』.

었다.

한대 개인 강학이 나날이 성행함에 따라 학생이 증가하고, 전란을 피해 은사隱士가 증가하는 사회분위기 속에서 점차로 스승이 계신 곳을 따라 '정사精舍'·'정려靜廬'라 명명한 고정적인 강학·치학·학습의 장소가 등장하였다.[22]

『후한서』에 나타난 '정사'·'정려'에 관한 기록은 아래와 같다.

『包咸傳』: "동해에 거주하여 정사를 세워 강학한다."(因住東海, 立精舍講授)

『劉淑傳』: "어려서 『五經』을 배워 밝았으며, 은거하고 정사를 세워 강학하였다."(少學明《五經》, 遂隱居, 立精舍講授)

『檀敷傳』: "孝廉에 뽑히고, 五府에서 연이어 불렀지만, 모두 가지 않았다. 정사를 세워 강학하며 먼 데서 온 사람들이 종종 수백 명이었다."(舉孝廉, 連辟公府, 皆不就。立精舍教授, 遠方至者常數百人)

『李恂傳』: "어려서 『韓詩』를 익히고 수백명의 학생을 가르쳤다. 武威로 옮겨 太守가 되고 퇴임 후에 고향에 돌아와 산과 강에 묻혀 살며 풀을 묶어 廬를 만들고 홀로 학생들과 댓자리를 만들어 자급자족하였다."(少習《韓詩》, 教授諸生數百人。遷武威太守。後坐事免, 步歸鄉里, 潛居山澤, 結草爲廬, 獨與諸生織席自給)

또 청淸대의 『동향서원지桐鄉書院志』 6권 『수방정사명漱芳精舍銘』

---

[22] 『後漢書·儒林列傳』의 精舍에 대한 주석에 "강독하는 사숙이다.(講讀之舍)"라고 표기하고 있다.

편에도 "옛날에는 강학하는 곳을 정사라 하였다. 위소韋昭가 주註한 『국어國語』에 이르길 '밝고 깨끗한 것은 정이고, 정사라는 것은 무릇 밝고 깨끗한 의義를 취한 것이다.'"라는 기록이 나온다.

이렇듯 정사는 사학 서원제도의 시초로 기존의 사학 교육장소가 스승을 따라 옮겨다니던 것과는 달리 비교적 고정적이며 일정수의 학생을 수용하는 장소로 변해갔다. 서한 말, 동한 초 및 한말의 전란 속에서 정사와 정려는 피난한 학자들이 산과 들 그리고 강변에 지은 연구와 강학의 장소였다. 수업의 수준으로 볼 때 서관書館과 같은 아이들을 가르치는 몽학蒙學보다 높은 단계였다. 당시 서원은 형식적으로 볼 때 춘추전국시대 개인 강학의 전통을 발전시켰고, 관학 교육의 부족함을 수정·보완하였다. 그리하여 남송의 이학대가理學大家 주희朱熹는 "전대에는 학교가 없어 사士는 배울 곳이 없었기에, 종종 서로 만나 경치 좋은 곳을 골라 정사를 세우고 함께 머물며 강습講習하는 곳으로 삼았다."[23]고 하며 그가 건립한 개인 강학소는 종종 '한천寒泉'·'무이武夷'·'죽림竹林'·'창주滄州'와 같은 이름을 사용하였다. 또 육구연陸九淵은 "정사라는 두 글자는 『후한서·포함전』에 나오며, 그 일은 건무建武 이전으로, 유자儒者가 강습하는 곳은 이 이름을 썼고, 하등의 부끄러움이 없다."[24]고 하였다. 청대 실학자 완원阮元 역시 "정사라는 것은 한대 학생들이 사는 곳의 이름이다."라고 하였다. 이러한 점으로 볼 때, 한대의 정사는 이미 후대 서원교육의 기본 특징을 가지고 있었으므로, 서원제도의 기원을 한대로 보는 것도

---

23 朱熹, 『衡州石鼓書院記』, 『朱文公文集』 : "前代庠序之敎不修, 士病無所於學, 往往相與擇勝地, 立精舍以爲群居講習之所"
24 陸九淵, 『與楊敬仲書』, 『陸九淵集·年譜』 36권 : "精舍二字, 出《後漢書·包咸傳》, 其事在建武前, 儒者講習之地, 用此名, 甚無謙也"

무방할 것이다.

그러나 한말 이후 정사라는 이름은 불교와 도교에서 유행하였고, 후에는 유가보다 더 많이 사용하게 되었다. 그렇지만, 이러한 정사는 한 가지 공통적인 특징을 가지고 있는데, 그것은 바로 중국 문화 속의 은사隱士의 전통과 관련이 있다는 것이다. 은사의 역사와 중국 문명사는 거의 같은 걸음을 하고 있다. 전설 속의 황제黃帝시대 이미 권세를 가벼이 하던 허유許由, 소보巢父 등 세속을 떠난 은사들이 출현하였다. 공자의 "은거하여 그 뜻을 구한다."라는 말과 장자의 "속세를 떠나 고론高論으로 비방誹謗한다."라는 말 역시 은사의 한 예이다. 진한秦漢 이후 도가의 무위자연설이 맹가가 말한 '궁즉독선기신窮則獨善其身, 달즉겸선천하達則兼善天下'[25]라는 사상과 맞물린 데다가, 불교의 영향이 곁들여지면서 은거는 고대 지식인들이 숭상하는 고상한 행위가 되었다. 안사安史의 난 이후 당의 사인들은 은거하며 학생을 모아 수업을 하였고, 이는 서원 탄생의 중요한 기원 중 하나가 되었다.

2. 은거와 공부의 분위기와 초기 서원

당대 은거하며 공부하던 사인들의 신분과 배경은 각각 달랐다. 경에 대충 능하여 조용한 곳을 골라 공부하며 스스로를 닦고 통달한 후에 과거시험에 응시해 功名을 얻는 사람, 배움은 이미 완성하였지만, 은거하여 공부하는 것을 빌려 이름을 높여 중앙 및 지방관이 부르길 기다리는 사람, 정치에 욕심이 없고 관직에 오르는 것에 흥미가 없이

---

25 역자주 : 궁하면 혼자서 자기 몸 하나라도 잘 간직하며 수양하고, 통달하면 온 천하를 위해 좋은 일을 한다.(『맹자孟子·진심장盡心章』)

청아하고 고결한 품행을 지켰던 '도은자道隱者' 등이 있었다.[26] 이렇게 다양한 목적을 가진 각양각색의 은사들이 줄현하였고, 이들이 학생을 모아 강학하였기에 당대 서원이 탄생할 수 있었다.

북송의 유명한 사대서원[27]의 기원은 대부분 당말 개인이 은거하며 공부하던 것과 관계가 있으며, 대표적으로 아래와 같은 서원들이 있다.

당의 사인들이 은거하며 강학하던 곳은 대개 명산·절·도관으로 사인과 문인들이 즐겨찾아 교류를 갖던 곳이었다. 남쪽은 호남湖南 형산衡山과 강서江西 여산廬山이 중심이었다. 이필李泌(722~789)은 지덕至德 2년(757)부터 형산에 십여 년을 은거하며 '단거실端居室'을 지어 많은 서적을 보관하였다. 정원貞元년간 이필의 아들이 수주자사隋州刺史로 재직시에 형산 남악진南嶽鎭 악묘嶽廟 왼편에 침후서원郴侯書院이라고도 불리는 남악서원南嶽書院을 건립했다. 오대五代시에는 장유동蔣維東이 형악衡嶽에 은거, 강학하며 학생들이 그를 산장山長이라고 불렀다.

형양衡陽 석고산石鼓山에는 이전에 심정관尋貞觀이 있었는데, 당의 자사 제영齊映이 합강合江 정자산亭子山의 오른쪽 산기슭에 세웠다고 한다. 원화元和년간(806~820) 사인士人 이관李寬(이관중李寬中)이 오두막집을 그 위에 세웠고, 송 태종 지도至道 3년(997) 이사진李斯眞이 군수에게 부탁해 이관이 공부하던 곳에 주학州學을 건립하였다고 한다. 경우景祐 2년(1035) 인종仁宗은 '석고서원石鼓書院'이라는 현판을 하사하였다.

---

26 宋大川, 略論唐代士人的隱居讀書, 『史學月刊』 1980년 제2기 참고.
27 역자주 : 형양衡陽 석고서원石鼓書院·여산廬山 백록동서원白鹿洞書院·장사長沙 악록서원嶽麓書院·상구商丘 응천서원應天書院이다.

　절과 도관이 무수히 많은 악록산嶽麓山에는 진晉의 도간陶侃이 은 거한 이후 많은 문인들이 찾아들었다. 『악록지嶽麓志』 2권의 기재에 따르면 당의 마수馬燧·배휴裴休·두보杜甫·심전사沈傳師·유전경劉傳 卿 등이 이곳에 정사를 세웠다고 전해지나, 마수(726~795)가 도림사 道琳寺 옆에 세운 도림정사道琳精舍만이 기록에 남아있다. 건부乾符 년간(874~879) 원호袁浩가 이 안에 당堂을 짓고 심전사와 배휴의 필 차筆箚, 송지간宋之問과 두보의 시를 새겨 '사절당四絕堂'이라고 불렸 다. 후에 이 정사는 승려가 차지하여 송대 사람들은 "이는 전조前朝 (당)의 고서원古書院이지만, 지금은 범왕가梵王家로 바뀌었다."며 한 탄하였다.

　여산廬山 역시 자연풍광이 아름답기로 유명한 곳이다. 당 이발李渤 과 그 형 이섭李涉은 정원貞元년간(785~805) 이곳에 흰 사슴(백록白鹿) 을 키우며 은거하였기에 사람들이 그를 백록선생白鹿先生이라고 불 렸다. 당대 여산에는 시랑 유가劉珂가 세운 능운서당凌雲書堂(후에 능 운암凌雲庵으로 바뀜)이 있으며, 이백李白이 여산에 은거할 적에 세운 서당이라고 전해지며 이태백서당李太白書堂이라고도 불리는 이연균 서당李延筠書堂이 있다.

　숭산嵩山 역시 북방 사인들의 은거로 유명한 지역으로, 여산에서 은거하던 이발 역시 후에 이 산으로 옮겨왔다. 원화元和 초기 숭산에 는 각지에서 온 5, 6인의 서생이 이제탑二帝塔 아래에서 공부하였다. 당 장경長慶년간(821~824)에 연이은 전쟁으로 사인들이 점차 증가하 였고, 오대시기 후주後周 때에는 한숭양관漢嵩陽觀의 옛터를 태을서 원太乙書院으로 고쳤으며, 이는 숭양서원嵩陽書院의 전신이 되었다.

　명산과 절 및 도관에 은거하던 것 외에도, 당에서 오대시기에 이르 기까지 많은 사인과 대유大儒들은 농촌의 초가집 또는 별장에서 공부하며 학생을 가르쳤고, 이를 서원·서당·정사라는 다른 이름으로 부르기도 하였다.

『전당시全唐詩』에서 서원을 제목으로 삼아 언급한 곳은 11곳이 있으며, 관련 지방지에 등장하는 당대 건립 서원은 17곳이다. 이중 유생이 은거하던 것으로 명확하게 판명난 곳으로는 선복정사善福精舍·방산정사方山精舍·양상정사洋上精舍 등이 있다.

당대에는 수업을 하던 서원이 확실히 존재했고, 현대 학자들의 고증에 따르면 강주江州 심양潯陽 동가서당東佳書堂의 자료가 비교적 완벽히 남아있다 한다.

당 대순大順 원년(890) 강주 장사長史 진숭陳崇은 『강주진씨의문가법江州陳氏義門家法』을 만들어 "주택의 서쪽에 서옥書屋 한 곳을 세워 어린이를 가르친다. 매년 정월 길일을 택해 관을 열고, 동월冬月에 해산한다. 어린이는 7세에 입학하고 15세에 졸업한다. 능력이 있는 자는 동가東佳에 들어가게 한다. 한 해 한 해 서당내에서 순서내로 2명을 뽑아 1명을 선생先生으로 1명을 부副로 삼는다. 그 종이·붓·묵·벼루는 집의 창고 관사管事가 사서 계산한다.", "동가장東佳莊에 서당 한 곳을 세워 자제들 중 총명한 자에게 배우게 한다. 배워서 이룬 것이 조금 있어 과거시험에 응하는 자는 현재 서적 외에 반드시 더 추가해야 한다. 서생 중 1명이 서적을 관리하고, 출입은 반드시 통제하며, 잃어버려서는 안 된다.", "2명에게 의술을 배우게 하여 어른과 아이의 질병에 대비한다. 반드시 약효와 방술方術에 능한 자를 택해야 한다."고 정해 놓았다. 또 『전당문全唐文』의 서개徐鍇 『진시서당기陳氏書堂記』의 기록에도 진씨는 "풍수가 좋은 곳에 점을 쳐 서루書樓와 당무堂廡 수십 개소를 지었고, 수천 권의 책을 모았다. 밭 20경頃을 유학遊學의 자금으로 썼으며, 자제 중 우수한 자는 약관弱

冠이상 모두 배웠다." 이는 동가서당이 중국 사학 중의 하나인 족학族
學[28]의 결정체임을 잘 나타내며, 서옥에서 서당으로 조금씩 단계가
올라가는 것을 통해 여기에서 사학과 관학의 연관성을 볼 수 있다.
현재 서옥과 서당의 학습 내용에 대해 자세히 알 수는 없지만, 위의
내용을 통해 족학의 주내용이 문자 지식, 전통윤리와 과거시험의 필
수과목인 경학과 문학이었다는 것으로 추론할 수 있다. 족학도 사학
의 중요한 일부분이었지만, 그 규모와 정도는 북송의 대서원 및 남송
이후의 서원과는 비교가 안 된다.

　당대 대다수 서원이라 불린 강학의 장소에서는 스승과 제자라는
명확한 관계가 존재하지 않았으며, 서로 간에 자유로이 학문을 교류
하고 스스럼없이 논지를 폈다. 당시 은거, 공부하며 학생을 가르치며
서로 배우던 교육활동은 고대 중국 개인 강학의 전통을 이어갔던 것
이다.

　당에서 오대에 이르기까지 사인들의 은거하며 교육하던 행위를 통
해 그 장소 역시 정사에서 서원으로 발전했다. 그러나 이 시기에는
아직 수업과 연구가 서로 결합한 형태이자, 학술 전파와 함께 강학
·장서·제사의 3대 기능이 하나가 된 서원제도로 발전하지 못 하였
고, 심지어는 관에서 세운 집현전서원 역시 그러하였다. 하지만 이들
의 출현은 이전 전통을 계승하여 후대로 더욱 발전시키는 역할을 하
였고, 과거의 사학 전통과 후대 서원을 연결하는 중요한 작용을 일으
켰다. 이후 유가문화는 점차로 발전하면서 불교 및 도교와 격렬히 투
쟁하였다. 이 과정에서 유불도는 서로에게 큰 영향을 끼쳤으며 융합
과 보완 등의 과정을 통해 서원이라는 독특한 교육학술기구를 탄생

---

28 역자주 : 한 집안, 즉 가족 내에서 교육이 이루어지는 것으로 사학의 범주에 속한다.

시켰으며, 이는 중국 교육사에서 매우 중요한 위치를 차지하였다.

제3절 대항과 투쟁 – 서원과 불교, 도교와의 관계 1

유가문화가 정통의 지위를 얻게 된 계기는 한 무제가 백가의 사상을 물리치고 유술을 독존으로 삼았기 때문이다. 그러나 동한대에는 불교의 전래로 유가의 위상은 많은 도전과 위협을 받았다. 유가는 이러한 투쟁 중에서 살아남으며 끊임없이 스스로를 변화해 나갔고, 불교와 도교의 문화를 융합·보충하면서 자신의 위치를 확고히 했다. 이 결과 중국의 전통문화는 유가를 정통으로 삼고 불교와 도교를 날개로 삼는 구조로 정착되었다. 물론 이는 법가·농가·병가 등의 각 학파가 결합된 다원화된 구조였으나 전통교육의 발전과정에서 유가문화는 시종일관 주류를 이루었다. 시대를 거치면서 유가는 불교 및 도교 등과 투쟁·대항하며 끊임없이 그들의 경험과 장점을 흡수·융합하였고, 결국 자신의 정통에 대한 불교와 도교의 도전을 이겨냈다. 서원은 바로 유가의 교육이 이러한 투쟁과 대항을 겪으면서 탄생한 결정체이다.

1. 서원과 불교, 도교의 도전

상술한 바와 같이 정사精舍라는 이름은 서한말 동한초에 등장했지만, 동한시대부터 유·불·도가 함께 사용하기 시작하였다. 한 명제明帝시(57~75)에 불교 절이 많이 세워지며, "서역인만이 절을 도읍에 지을 수 있다는 것을 들었다.", "성의 서문 밖에 정사를 세워 거기에 머물렀다."[29]고 한다. 진晉대 백원帛遠은 장안에 정사를 짓고 거기에서 강학하는 것을 생업으로 하였고, 그 학생수는 천명에 가까웠다고 한다. 진晉 효무제孝武帝는 "처음 불법을 모시며, 궁전 내에 정사를 세워 출가한 사문沙門들을 끌어들여 그곳에 살게 했다."[30]고 한다. 이렇게 세속에서는 불교 절을 정사라 일컬었다. 삼국시대에는 "우길于吉이 오吳에 와 정사를 세우고 향香을 태우며 도서道書를 읽고 부수符水를 만들며 병을 요양하였다."[31]고 전해진 것으로 보아 도가道家의 수련 장소 역시 정사라 불렸다. 여기에서 볼 수 있듯이 공부하고, 도를 닦고, 부처를 모시던 장소는 모두 정사라 불렸다. 당에 이르러 불교와 도교는 유가보다 더 많이 정사라는 명칭을 사용하였으며, 이는 유생이 은거하던 곳이 명산 혹은 절과 도관 근처였던 원인과 유불도가 활발히 교류했기 때문으로 보인다.

수당과 북송이래로 조정의 불교와 도교에 대한 보호와 숭상으로 이들 세력은 유가문화와 교육기구에 많은 위협이 되었다. 여대림呂大臨은 "지금은 대도大道가 아직 밝지 않아 사람들이 이학異學을 따르고 장莊에 들어가지 않고 불가佛家에 들어간다."[32]고 하였고, 육구연陸九淵은 불교가 중국에 전래된 후 당에 이르러 성행하는 것에 대해 "한유韓愈는 그것을 억누르는데 큰 힘을 쏟았지만, 이겨내지 못했다. 왕도王道는 또 삼가三家(유불도)의 가르침을 혼용混用해 비판받지 않은 곳이 없다. 부처와 노자의 가르침은 유학에 맞서 천하에 정립鼎立하여 천하는 분주奔走하고 시골에는 (절과 도관이) 여기저기에 있다. 어리석은 백성들은 화복禍福을 빌기 위해 부처와 노자 등을 찾고, 그

---

29 『高僧傳·攝摩騰傳』: "唯聽西域人得立寺都邑" "於城西門外立精舍以處之"
30 『晉書·孝武帝紀』: "初奉佛法, 立精舍於殿內, 引沙門居之"
31 『三國志·江表傳註引孫策傳』: "于吉來吳立精舍, 燒香讀道書, 製作符水, 以療病"
32 『宋史·呂大臨傳』 3권 : "今大道未明, 人趨異學, 不入於莊, 則入於釋"

도道로 천하의 영걸英傑한 사람들까지 끌어들여 또 노자에 있거나 부처에 있나. 고로 근세의 대유大儒가 말하길 '옛날의 사람들이 들어가는 것은 그 깨지지 않음이었지만, 지금의 사람들이 들어가는 것은 그 고명함 때문이다.'라고 하였다."[33] 이렇듯 일반 백성뿐만 아니라 천하의 영걸인 사대부들 역시 불교와 도교에 심취해 있었다.

이학理學[34]의 태동은 '유학의 부활'이라는 새로운 단계의 시작을 예고했다. 송 초 삼선생三先生인 호원胡瑗, 손복孫復, 석개石介는 사학 교육에 종사하여 학관學館을 세우고 태산泰山·조래徂徠 등의 서원을 세웠다.[35] 이들은 유가의 경전을 주로, 자사자사史의 여러 책들을 부로 삼아 학생들을 가르쳤고, 이들과 함께 자유로이 연구, 토론하며 불교와 도교를 누르고 유가를 최상으로 삼는 것을 자신들의 임무로 삼았다. 손복은 "무릇 인·예·악은 치세의 근본이다. 왕도가 이로서 흥하고, 인륜은 이로서 바르게 된다…… 부처와 노자를 따르는 이들은 중국에 넘쳐나며, 이들은 사생死生과 화복禍福, 허무虛無와 응보應報를 섬긴다."[36] 고 여기며, 유가의 가르침을 따르며 다른 학파들을 배격하였다. 석개는 "요堯·순舜·우禹·탕湯·문왕文王·무왕武王과 주

---

33 陸九淵, 『策問』, 『陸九淵集』 3권 : "韓愈辟之甚力, 而不能勝, 王道則又渾三家之學, 而無所譏貶, 浮屠老氏之教, 逆於儒學鼎列於天下, 天下奔走而鄉之者蓋在彼而不在此也, 愚民以禍福歸鄉之者則佛老等, 以其道而收羅天下之英傑者, 則又不在於老而在佛, 故近世大儒有曰 : '昔之入人也, 因其迷暗, 今之入人也, 因其高明.'"

34 역자주 : 송대에 탄생한 유학儒學 중 하나로 '도학道學' 또는 '의리지학義之學'이라고도 불린다. 북송오자北宋五子, 즉 주돈이周敦頤·소옹邵雍·장재張載·정호程顥·정이程頤 5명의 대유들이 그 시조로 여겨진다. 후에 주희朱熹가 이를 더욱 보완하여 '성리학性理學' 혹은 '주파리학朱派理學'이 탄생하였다.

35 景祐년간 손복, 석개는 태산에서 학생을 가르쳤으며, 康定 원년(1040) 석개는 이를 글로 기념하고, 泰山書院을 세우고, 寶元년간 석개는 또 徂徠山에 徂徠書院을 세웠다.

36 孫復, 『睢陽子集補』 : "夫仁禮樂, 治世之本也. 王道所由興, 人倫所由正……佛老之徒濫於中國, 彼以死生禍福虛無報應爲事"

례周禮의 도는 만세에 항상 행해지고 바꿀 수 없는 도이다.", "우리는 성인의 도를 배운다. 우리 성인의 도를 공격하는 자가 있다면, 나는 그에게 반격하지 않을 수 없다."고 말하기도 하였다. 유학의 발전에서 수당시기에 형성된 풍부한 불교철학사상은 불교와 도교를 배척하는 이학가理學家들이 새로운 학설을 세우는 데 중요한 사상적 자료를 제공하였다. 또 이학가들은 유가문화의 쇠락과 불교, 도교의 영향력 증대라는 심각한 현상에 새로운 사상이론체계의 수립을 통해 유가의 자아완성을 도모하였다. 육구연은 "근일의 학자는 사법師法이 없고, 종종 사설邪說에 현혹된다. 이단異端은 사람을 잘 현혹시켜 우리 유가는 무참히 패배하였다⋯⋯ 오직 볼품없는 유자만이 도를 행할 수 없다. 이는 마치 자손이 부모와 조상의 가풍家風을 흐리는 것과 같다. 고로 부처와 노자가 오히려 와서 너를 검사한다⋯⋯ 지금 이단을 공격하는 자는 오직 그 이름으로 그것을 공격한다."[37]라 하였다. 이는 곧 유가가 이 곤경을 벗어나기 위해서는 스스로 강해질 수밖에 없고, 대규모 교육사업을 통해 유가의 새로운 체계를 알리고 유가문화를 부흥시켜 불교와 도교의 도전에 응대해야 한다는 것이다. 이것이 바로 송대 이학가들이 적극적으로 서원을 세운 중요한 원인이었으며, 이는 또한 유가교육이 새로운 역사의 단계로 진입하는 것을 나타내는 이정표였다.

---

37 陸九淵, 『語錄』, 『陸九淵集』 35권 : "近日學者無師法, 往往被邪說所惑, 異端能惑人, 自吾儒敗績⋯⋯惟陋儒不能行道, 如人家子孫敗壞父祖家風, 故釋老却倒來點檢你⋯⋯今之攻異端者, 但以其名攻之"

2. 유불도의 싸움과 서원

송에서 청에 이르기까지 약 천년간 유가가 불교와 도교에 대항하기 위하여 창립, 부흥한 서원의 특징은 주로 아래의 두 가지 방면으로 나타난다.

(1) 유학의 전통적인 "수신제가치국평천하修身齊家治國平天下" 사상으로 사인과 백성의 풍기를 바로잡다.

『학기學記』에는 "백성을 교화하고 풍속을 이루려면 반드시 배움으로부터 나와야 한다."고 기록하고 있다. 송유宋儒들이 창립한 새로운 유학인 이학이 나온 후 유가 사상은 사대부의 사회관과 윤리관의 힘을 입어 부흥하였지만, 사대부가 승려·도사가 되는 현상과 백성들의 불교·도교에 대한 깊은 믿음은 여전히 이학가들에게 시급히 해결해야 할 문제였다. 주희는 "맹자가 돌아가신 후 성인의 도는 전해지지 않았다. 세속의 유자儒者의 학문이라는 것은 안으로는 장구문사章句文詞의 습관에 얽매이고, 밖으로는 노자·석가의 말에 섞여있어, 스스로를 닦고 사람을 다스리는 자는 사사로움에서 나온다."고 하여 이로서 "그 군君의 덕은 삼대의 융성함에 비할 수 없고, 백성의 풍속은 삼대의 성대함에 따르지 못한다."[38]는 현상을 초래하였다고 보았다. 주희는 "그 덕을 밝힐 수 있다고 스스로 말하며 백성을 새롭게 하는 데 관심 갖지 않는다. 부처와 노자가 바로 이렇다."[39]며 불교와 도교를 비판하고, 교육의 목적을 "시작은 사士로 끝은 성인으로"라는 데 두어 높은

---

38 朱熹, 『朱文公文集』, 『袁州州學三先生祠祀』: "蓋自鄒孟氏沒而聖人之道不傳, 世俗所謂儒者之學, 內則局於章句文詞之習, 外則雜於老子釋氏之言, 而其所以修己治人者遂一出於私", "其君之德不得比於三代之隆, 民之俗不得躋於三代之盛"
39 『朱子語類』 17권 : "自謂能明其德, 而不屑乎新民者, 如佛老便是"

사회책임감과 역사책임감을 갖고 사회안에서 그 도덕수양을 제고하
려는 데 심혈을 기울여야 한다고 주장하였다. 그는 만약 단순히 개인
의 인격을 수양하기 위해서라면, 천하에 덕을 널리 퍼트리지 못하여
사회에 아무 이득이 없다고 보았다. 주희는 또 교육은 "민생의 일용을
구하는 것 외"라는 것은 안 되며, 인류의 기본관계는 오륜에 있고, 학
교교육의 중점은 인륜을 올바르게 하는 것을 근본으로 삼아야 하며
모든 사회의 윤리강상倫理綱常의 재건은 반드시 교육으로 완성해야
하며, 불교와 도교 사상에 대한 억제 역시 학교교육에서 시작해야 한
다고 주장했다. 이는 사士가 사농공상士農工商의 4민四民 중의 우두머
리로 그들의 일거수 일투족에 사회 각계각층이 많은 관심을 갖고 그들
을 모방하였기 때문이었다. 이리하여 주희는 고대의 성현들이 "백성
에서 우수한 자를 선택하여 그들을 학교에 모으고, 사유師儒로 그들을
연결하여 시서詩書로 그들을 깨우치고 예악으로 그들을 이룬다."[40]는
사상을 교육의 핵심으로 여겼다. 그는 『대학大學』의 "격물格物·치지
致知·성의誠意·정신正信·수신修身·제가齊家·치국治國·평천하平天
下"의 도덕 수양 체계를 백록동서원白鹿洞書院의 학규로 삼았다. 이것
이 바로 『백록동게시白鹿洞揭示』와 『백록동서원교조白鹿洞書院教條』
이며, 여기에서 수신修身·처사處事·접물接物의 요지와 교육의 순서
를 정해 유가의 윤리강상과 적극적이고 진취적인 정신 함양을 강조하
였다. 그는 또 『차운사십숙부백록지작次韻四十叔父白鹿之作』을 지어
"풀을 엮어 초가집을 만들어 전현前賢을 생각하니, 천 년 전의 흔적이
여전히 살아있는 듯하네. 그래서 창문을 만들어 초목에게 인사하고

---

40 朱熹, 『朱文公文集』, 『瓊州學論』: "擇其民之秀者, 群之以學校, 而聯之以師儒, 開
之以詩書, 而成之以禮樂"

노래로 잔잔히 흐르는 냇물에게 답하네. 모든 젊은이들이 뜻을 품고 배움에 징진하니, 노사는 무능하여 오직 잠을 잘 뿐이네. 실없는 체諦를 말하지 말고 신선이 되길 바라지 마라."[41]라고 하며 불교와 노자의 인생관을 강력하게 비판하였다. 주희가 세운 백록동서원의 학규는 남송은 물론 원·명·청의 대다수 서원과 관학의 모범이 되어 모두 이를 따랐고, 백성들에게 유학교육을 통해 '격물성정格致誠正'과 '수제치평修齊治平'을 인생의 가치관으로 심어주어 불교·도교 교육의 유가교육에 대한 도전과 위협을 이겨냈다. 이로서 불교를 숭상하고 도교를 신봉하는 북방 유목민족이 중원을 통치한 기간에도 이러한 흐름은 바뀌지 않았다. 유가문화의 새로운 표현 형식이었던 이학은 중국 전통사회 후기의 통치이념이 되었으며, 중국인의 마음속에 뿌리 깊게 자리잡은 문화의식으로도 발전하였다. 이는 남송 이학대가들이 서원을 그 기지로 삼고 문화건설을 진행했던 것과 깊은 관련이 있다. 중국 문화사에서 사대부는 모든 사회심리를 대표하는 계층으로서 그들의 여론, 사상, 행위는 매우 큰 영향력을 발휘하였다.

(2) 서원의 창립이 절, 도관에 끼친 영향

수당시기 절과 도관은 명승고적뿐만 아니라 벽지僻地에도 광범위하게 퍼져있어 민간신앙은 일반적으로 불교와 도교에 집중되어 있었다. 오대십국의 50여 년 간 후주後周 등의 북방 왕조는 불교를 엄격히 제한하는 정책을 펴 후주 세종世宗 현덕顯德 2년(955)에는 대대적인 정돈을 실시해 불교 절의 절반이상을 폐기했다. 그러나 남방 왕조

---

41 『白鹿洞書院志』 17권 : "誅茅結屋鄕前賢, 千載遺蹤尙宛然, 故作軒窓揖蒼翠, 要將歌誦答潺湲. 諸郞有志須精學, 老子無能但欲眠, 多少個中名敎樂, 莫談空諦莫求仙"

는 불교를 신봉하여 선종·쟁토종·천태종이 큰 발전을 이루었다.

송 태조 조광윤趙匡胤은 송의 건국 이후 사문沙門 행근行勤 등 157명을 인도에 보내 경전을 얻어오게 하였고, 승려의 수를 늘렸고, 절역시 각종 영리활동을 통해 재산 역시 크게 증가하였다. 경력慶歷 2년(1042) 전국의 승려수는 396,500여명이었고, 희녕熙寧·원풍元豊년간 전국의 불교 절은 39,000여 개소에 달했다고 한다. 송대의 황제들은 도교에도 많이 지원하여 정부가 주관하여 손실된 도교경전을 정리했다. 송 진종眞宗 대중상부大中祥符 8년(1015)에 배주倍州 도사장정수張正隨에게 허정선생虛靜先生이라는 칭호를 내렸다. 동시에 경사에 건립한 옥청소응궁玉淸昭應宮·회령관會靈觀 등은 대규모의 토목공사로 만 여명의 인력을 동원하였다. 『속자치통감續資治通鑑』 31권에 "옥청소응궁은 특히 정려하여 작은 문제라도 있으면 진행하지 않았으며, 비록 금과 옥이 이미 갖추어졌더라도 반드시 무너뜨리고 새로 지어 그 비용을 헤아릴 수가 없었다."고 기록하고 있다. 송대의 각 노路[42]에도 도관을 지어 퇴임한 고관들이 그것을 이끌어 '녹봉祿俸으로 받은 사당(祠祿)'이라고 불리기도 하였다. 정호程顥가 관리했던 숭산嵩山의 숭복궁嵩福宮이 바로 이에 속한다. 북송 말 휘종徽宗은 스스로 '교주도군황제敎主道君皇帝'라 부르며 강제로 불교와 도교의 융합을 지시하고, 절을 도관으로 바꾸며 불교의 용어와 승려의 이름 역시 도교화하였다. 남송대에 이르러 불교 세력은 다시 약간 상승하게 되었다.

불교의 절과 도교의 도관이 대량으로 증가하면서 많은 재물과 인력을 소모했다. 이를 충당하기 위해 유가교육에 들어가는 경비를 감

---

42 역자주 : 송대 지방행정구획, 현대 중국 '성省'의 개념.

소시켜 경제적으로 유가의 발전에 제한을 가져왔다. 절과 도관 전답의 증가와 승려, 도사의 세금 면제는 내우외환의 위기에 처해있는 송의 경제를 나락으로 떨어뜨렸고, 이는 많은 지식인들의 불안을 일으켰다. 황농黃農은 "승려와 도사에게 주는 첩牒을 폐지하길 엎드려 바랍니다. 그들이 늙어 죽어야 그 보급을 취소하는 것을 폐지하여 그 전답을 받아들이면 나라를 부강하게 하고 백성에게 이롭습니다."[43]고 상소하였다. 또 진순유陳舜兪와 같은 사람들은 절과 도관이 과도한 발전으로 온 백성들이 불교와 도교에 몰려 유가 교육의 지위에 위협이 될 거라고 여겼다.

불교와 도교 세력의 증가는 일부 유자儒者를 자극하여 유학의 진흥에 힘을 쏟게 하였고, 그들은 관학발전의 한계와 내부 부패를 교훈 삼아 개인이 서원을 창립, 부흥하는 것으로 절과 도관에 대항하거나 그것을 대신하려고 하였다.

순희淳熙 6년(1179) 주희는 지남강군주사知南康軍州事로 부임하였고, 과거 호황을 이루었던 백록동서원은 폐허가 되어 방치되고 있었지만, 갖은 전란에도 절과 도관은 대다수가 복원된 것을 보고 매우 불안해하며 중대한 책임감을 느꼈다. 그는 "여산廬山 산수의 수려함은 동남에서 제일이지만, 도교와 불교의 거주지는 백수십 개로 중간에 비록 폐허가 있지만, 지금 이끼가 제거 되지 않은 곳은 오직 이 한 개의 (백록白鹿)동洞으로서 이곳은 전현과 옛날의 은유가 정사를 세우고 공부하던 곳이었으며 또 황제의 많은 포상을 받아 많은 사인들을 양성하였고, 덕의가 매우 두터웠다. 이처럼 폐허가 되고 보수하지

---

43 『宋史·黃衣傳』38권: "乞罷給廢僧人、道士牒, 使其徒老死, 卽消彌之, 收其田人, 可以富軍國, 好民力"

않으니 백성을 다스리는 관리로서 그 책임을 지지 않을 수 없다."[44]고 말한 후, 서원의 재건을 준비하면서 조정에 보고하였다. 그는 "지금 도교와 불교의 궁은 만천하에 퍼져있으며 대도에는 천여개소에 달하며, 소읍에도 역시 열 개소 이상입니다. 학교는 한 읍에 하나만 설치되어 있고, 조그마한 현縣에는 없습니다. 그 흥성하고 쇠락함과 많고 적음의 차이가 이러하옵니다."[45], "더욱이 경내境內의 도관과 절의 종소리와 북소리는 서로 들리며, 법도와 이치가 사라져 허무와 환상을 이야기하지만 그것을 싫어하는 사람이 많지 않습니다. 그러나 선왕예악先王禮樂의 궁은 백성을 교화하고 풍기를 바로잡는 근본이지만, 오히려 한산하기 그지없어, 지금 군軍과 현縣에는 겨우 3곳이 있습니다."[46]라며 사회와 조정의 숭불경유崇佛輕儒 현상에 대해 상소하였다. 그러나 주희의 이러한 노력은 조정의 허가를 얻어내지 못하고, 오히려 "조야朝野에서 괴상한 일을 선전한다."는 소리를 들으며 사람들에게 비웃음을 샀다. 이에 주희는 "선왕예악의 궁宮과 이단 노자, 부처의 거居는 하나는 정正 하나는 사邪이고, 삼강오상三綱五常의 가르침과 무부무군無父無君의 말은 하나는 이利, 하나는 해害이다."[47]라며

---

44 朱熹, 『申修白鹿書院狀』, 『白鹿書院制』2권 : "竊惟廬山山水之盛甲於東南, 老佛之居以百十數, 中間雖有廢壞, 今日鮮不修葺, 獨此一洞乃前賢舊隱儒學精舍, 又蒙聖朝累賜褒顯, 所以惠養一方之士, 德意甚厚, 顧乃廢壞不修至於如此, 長民之吏不得不任其責也"

45 朱熹, 『延和殿奏事』, 『白鹿書院志』2권 : "今老佛之宮遍滿天下, 大都至逾千計, 小邑亦或不下數十, ……至於學校則一群一邑, 僅一置焉。而附郭之縣或不復有, 盛衰多寡之相絶, 至於如此"

46 朱熹, 『乞賜白鹿洞書院勅額』, 『白鹿洞書院志』2권 : "況境內觀寺鐘鼓相聞, 殄棄彝論, 談空說幻, 未有厭其多者, 而先王禮樂之宮, 所以化民成俗之本者, 乃反寂寥稀闊。今軍與縣僅有三所"

47 朱熹, 『延和殿奏事』, 『白鹿書院制』2권 : "先王禮樂之宮與異端老佛之居, 孰正孰邪, 三綱五常之教與無父無君之說, 孰利孰害"

힐책하였다.

이처럼 주희는 백록동서원의 부흥을 통해 불교세력의 증가를 억제하려 많은 노력을 기울였다.

청清 건륭乾隆 13년(1748)에 강소江蘇 학정學政 조수재曹秀才는 의징儀徵 지현知縣 위희준衛晞駿이 세운 낙의서원樂儀書院을 위해 만든 비문碑文에서 "이 현이 있은 이래로 서원이 없었다. 즉 강소 소재 서원은 24개소지만, 의징에는 없었다. 부처와 노자의 궁은 많았지만, 서원을 세우자 논한 적은 한 번도 없었다."[48]고 하며, 서원과 도관, 절 수의 심각한 불균형 속에서 서원이 백성을 바로잡고, 사인들이 공자를 존경하여 유풍儒風이 백성들의 정신세계를 장악하길 바랐다. 전조망全祖望 역시 한 편의 문장을 써 불교 사대명산 중 하나인 보타산普陀山과 바다를 사이에 두고 서로 바라보는 영파寧波의 흡주서원翕洲書院이 "그의 무리들이 그 신선과 부처를 존경하는 마음으로 공자를 존중하는 도를 알게 하고, 그 청정淸靜 적멸寂滅을 듣길 바라는 마음을 육경六經의 가르침에 돌린다면 성교聖敎에 도움이 되는 것이 적지 않다."[49]고 하였다.

그러나 이는 뜻대로 되지 않았고, 절과 도관의 수는 여전히 서원보다 훨씬 많았다. 비록 이들 역시 서원과 마찬가지로 전란을 겪으며 폐허가 되기도 하였으나, 재건축이 끊이지 않았으며, 서원은 이와는 반대로 흥하긴 어려웠고 폐허가 되긴 쉬웠다. 원말 지정至正 26년 (1366) 왕위王褘가 남강 동지同知에 재임시에 이미 훼손된 지 15년 된

---

48 道光, 『重修儀徵縣志』 18권 : "自有此縣以來, 夙無書院, 卽江蘇所在書院, 爲數得二十四, 儀徵顧未之有. 泊浮屠老子之宮者多矣, 從未暇議置書院"

49 全祖望, 『翕洲書院記』, 『鮎琦亭集』 外編 : "使爲彼之徒推其尊禮仙佛之念, 而知尊孔之道, 廓其求聞淸靜寂滅之念, 而返諸六籍之學, 則其有補於聖敎者固非淺也"

백록동서원에 가보고 싶었으나, 다른 이가 통하는 길이 있긴 하나 호랑이가 출몰하기 때문에, 사람을 많이 대동하고 가지 않으면 안 된다는 말까지 들었다. 왕위는 힘들게 백록동서원에 도착했으나 "기와사이로 나무가 자라고 큰 것은 수 위圍[50]였다.", "예전의 규제는 볼 수 없고, 오직 산새가 서로 우는 소리만 들렸다."고 한다.

위에서 볼 수 있듯이 서원의 발전은 절, 도관과 비교할 수 없었다. 그 중요한 원인은 유자儒子 자체가 아무것도 하지 않은 것과 자발적으로 강해져야겠다는 의식의 부족이었다. 물론 경비 부족 역시 중요한 원인이었다. 그러나 민간에서 세운 서원 중에는 여성의 지원으로 세워진 것도 존재한다. 청 함풍咸豊 3년(1853) 산서山西 영석현靈石縣의 유생 양당梁塘의 처 무武씨는 근검절약으로 2만관을 모았고, 이 돈으로 땅을 사 죽림서원竹林書院을 세웠다. 호북湖北 장양長陽의 생원生員 서석삼徐錫三의 처 역시 남편을 따라 서원을 중수하려는 뜻을 품고 돈을 모아 혼자서 구봉서원九峰書院을 보수하였고, 이에 지주知州가 '선성부지善成夫志'라는 현판을 써서 서원에 달아주었다. 많은 서원들이 각종 장려책을 통하여 서원건립자금을 유치하기도 하였다. 안휘安徽 기문祁門 동산서원東山書院은 "은銀을 천량千兩 이상 기부한 자는 그 목주木主를 숭보사崇報祠 정중앙 왼쪽에 모시고, 오백량五百兩 이상인 자는 오른쪽에 모시고, 이백량二百兩 이상인 자는 동서쪽에 모신다."[51]고 규정하였다. 청대 일부 지방관들은 상부에 서원에 기부한 자에게 관직을 수여하길 요청하기도 했다.

---

50 역자주 : 양손 엄지와 검지를 합했을 때의 길이. 또는 양팔을 합했을 때의 길이.
51 『東山書院志略·新立條規』 : "捐銀千兩以上者將其木主送入崇報祠正中左座供奉, 五百兩以上者右座供奉, 貳百兩以上者東西座供奉"

긴 시간을 통해 유불도는 이미 융합되어 중국의 전통문화 속에 유유히 흐르고 있으며, 불교와 노교는 이미 중국인들의 마음속과 풍속습관 속에 이미 뿌리 깊게 자리 잡았다. 일부 유가학자들은 절과 도관을 폐기하고 서원의 창건을 주장하였다. 황종희黃宗羲와 같은 유자는 "학궁學宮 이외 무릇 성城과 성 밖에 있는 절·도관·암자·사당은 큰 것은 서원으로 바꿔 경사經師를 통해 그것을 이끌고, 작은 것은 소학으로 바꿔 몽사蒙師가 그것을 이끌게 해 여러 곳으로 나누어 많은 학생들이 공부하게 해야 한다. 절의 재산은 학學에 편입시켜 학생 중 빈곤한 자에게 주어야 한다. 이 중 성적이 우수한 자는 학궁으로 올려보내고 나머지는 그 원래 생업으로 돌려보내야 한다."고 주장했으나, 이는 실현불가능한 환상에 불과했다. 왜냐하면 전통사회에서 백성들의 불교와 도교에 대한 종교적 신앙을 지켜주는 것은 사회안정의 필수요건이었기 때문에, 서원이 불교와 도교의 영향에 대한 반항으로 생겨났다고 하더라도 불교와 도교의 지위와 영향력을 대체할 수 없었기 때문이다. 이는 역사의 필연이었다.

3. 서원과 절, 도관과의 관계

서원과 절·도관의 관계는 아래와 같은 두 가지 방면으로 나타난다.

(1) 절·도관과 서원의 상호 점용占用

서원의 설립지는 당송시기와 원명청에 이르기까지 매우 큰 변화가 존재한다. 당송시기 수가 많지 않던 서원은 중국 사대부가 산과 숲에서 은거하며 공부하던 전통을 이었고, 불교와 도교의 청정잠수淸靜潛修와 명승고적에 절과 도관을 짓던 점을 모방했다. 이에 대다수 서원들은 자연환경이 아름답고 조용한 곳에 지어져, 유자들이 빈번하게 활동하던 지역과 승려, 도사들이 활동하던 지역이 대부분 비슷하였다. 태산泰山의 손복孫復 등이 세운 태산서원泰山書院, 숭산嵩山의 숭양서원嵩陽書院, 형산衡山 일대의 석고石鼓·남악南嶽 등의 서원, 여산廬山의 백록동서원白鹿洞書院, 장사長沙 악록산嶽麓山의 악록서원嶽麓書院, 진강鎭江 삼모산三茅山의 모산서원茅山書院 등이 그러하다. 원명 특히 청대에 이르러 교육의 보편화, 그리고 과거와 관학화官學化의 영향을 받아 서원의 자리는 점차로 교통이 발전하고 인구가 밀집한 도시로 몰렸으며, 현부주성縣府州省에서 경치가 좋은 자리를 골라 건립하였으나, 이런 곳들 역시 절과 도관이 이미 건립된 곳이었다. 일부 현부주縣府州의 지방지에서 서원이 절과 도관의 동서 또는 뒤편에 건립되었다는 기록을 쉽게 볼 수 있다. 심지어는 절을 지나가야 도착할 수 있는 서원도 존재했다. 하북河北의 녹천서원鹿泉書院은 건륭년간 지현 당역사唐亦思가 본원사本願寺의 서쪽에 지었으나, 초기에는 문이 동쪽에 있어서 본원사를 지나서야만 서원에 갈 수 있었다.

서원과 절이 가까이 붙어있고, 건축양식과 내부구조가 비슷하여 서원과 절, 도관은 종종 서로를 점용占用했다. 절과 도관을 서원으로 바꾸는 것은 대부분 지방관이 주관하여 강제적인 행정명령으로 실시했다. 이로서 불교세력을 누를 수 있었고, 또 서원교육에 드는 경비와 전답의 곤란을 해결할 수 있었다. 그러나 서원을 절과 도관으로 바꾸는 것은 대부분 승려가 서원의 쇠락 또는 관원의 암묵적인 허가를 받아내 이룬 것으로 관에서 주관한 경우는 거의 없었다.

불완전한 통계에 따르면 송대 절과 도관을 서원으로 바꾼 경우가 많으며, 유자가 절과 도관을 빌려 강학한 경우도 있다. 석고石鼓·숭양嵩陽·지산芝山 등이 바로 후대 사람들에 의해 이곳에 세워진 서원

이다. 원대에는 서원을 절로 바꾼 경우가 많다. 이는 『일하구문日下
舊聞』에 기록된 "서원의 설립은 원대가 가장 많았다. 산장山長을 세
워 그것을 주관하였고, 늠희廩餼를 주어 그것을 운영했고, 거의 만천
하에 퍼졌다."라고 기록한 것과 대조된다. 이는 당시 통치자가 표면
적으로 유가를 숭상했지만, 실제로는 억유숭불抑儒崇佛의 조치를 취
한 것과 관련이 깊다. 중국 민간에 퍼져있는 '아홉 유자에 열 거지(구
유십개九儒十丐)'라는 말이 바로 원대에 탄생했다. 원 세조 쿠빌라이칸
이 라마교를 숭상하기 시작하면서 티벳지역의 명승을 황제의 스승으
로 삼아, 정부의 불교에 대한 대대적인 지원하에 절의 경제는 비약적
으로 발전하였고, 절의 주지승은 관에도 상당히 큰 영향력을 가졌다.
이리하여 일부 서원이 절에 합병될 때 비록 산장이 강력하게 항의했
지만, 이길 수 없었다. 명 성화成化·정통正統·가정嘉靖·만력萬曆 시
에는 절과 도관을 서원으로 바꾸는 현상이 다시 많아졌다. 이는 왕수
인王守仁과 담약수湛若水 등의 이학대가가 절에서 강학하며 적극적
으로 서원 창건을 했던 것과 많은 관련이 있다. 가정년간 안휘安徽
동성桐城의 동계桐溪, 잠산潛山의 환산皖山, 안경安慶의 산곡山谷, 소
주蘇州의 금향金鄕 서원들은 절을 서원으로 개건한 것이다. 만력년간
일부 절들이 서원으로 바뀌게 된 것은 유자들이 불교의 '광선狂禪'에
대해 맹공을 퍼부었던 것과 관련이 있다. 만력 15년(1587) 서환徐桓은
만력제에게 상소문을 올려 시험은 반드시 공맹孔孟의 정학正學을 기
준으로 삼아야 한다고 주장하며 사인들이 과거에 불교의 용어들을
사용해서는 안 된다고 건의하였다. 19년(1591) 예부 역시 이단異端의
해악은 불교만큼 심한 것이 없다고 주소奏疏를 올려 만력제의 윤허를
받았다. 29년(1601) 만력제는 조서를 내려 "신선과 부처는 원래 이술
異術로 산림에서 홀로 수양하는 것이 어울린다. 좋아하고 숭상하는

자가 있다면 관직을 그만두고 가고, 유술儒術과 함께 행하지 말라." 했다. 이렇듯 절과 도관을 서원으로 바꾼 원인은 황제의 부처와 노자에 대한 태도에서 확연하게 드러났다. 청대에는 절과 도관을 서원으로 바꾸는 경향이 많았다. 이는 원대에 이루어졌던 불교 숭상과는 매우 다른 행위로 청의 통치자가 비록 북방 유목민족으로 불교와 라마교를 숭상하였지만, 선진적인 한족의 유가문화를 흡수해 자신의 통치를 유지하는 데 주의하였기 때문이다.

학술적인 원인 외에도, 불도佛道가 지방관 및 백성과 불화가 생기거나, 충돌이 발생했던 것 역시 절과 도관을 서원으로 바꾸는 주요 원인이었다. 광동廣東 성암서원星巖書院은 송의 포증包拯이 보월대사 寶月臺寺를 개건改建한 것으로 후에 폐기되어 절이 되었으나, 청 함풍咸豊년간에 이르러 승려들이 천지회天地會에 참가하여 반청복명反 淸復明 운동을 실시하자 지부 곽여성郭汝城이 그것을 용도서원龍圖書 院으로 개건해버렸다. 호남湖南 침주郴州의 유명한 승백련지勝白蓮池 에는 백련암白蓮庵이 세워졌지만, 승려와 백성 사이에 충돌이 발생하여 건륭 19년(1754)에 지주 유백흥劉伯興이 서원으로 바꾸었다.

청말에는 신식교육을 발전시키기 위해 절을 학당으로 바꾸자는 건의가 많았으나, 예상치 못하게 서양인들이 오히려 불교와 도교를 보호했다. 상해上海 중서서원中西書院의 창립자인 미국 선교사 Young John Allen(임락지林樂知)는 "무릇 중국에 있는 불교와 도교의 유래는 매우 길어 유교와 함께 3교三敎라 불린다. 지금은 유교의 힘으로 불교, 도교의 권리를 빼앗고 있으며, 먼저 폭력과 이치에 맞지 않는 행위를 하여 분쟁을 일으켰다."고 하였다. 그는 불교와 도교의 건물, 전답은 "공공의 물건이 아니고 이 종교들이 가진 권리이다.", "국가가 보호하는 개인의 재산에 속해 아무런 이유 없이 강탈해서는 안 된다."고 주장했다. 오직

유교의 문묘文廟와 서원을 학당으로 바꾸는 것이 '가장 명실상부'하다
고 여겼다. 그는 기독교의 "자유, 자수의 권력은 외래의 침략을 받지
않는다."의 각도에서 절과 도관을 학당으로 바꾸는 데 반대하였고, 이
것은 사실상 교회가 중국에서 교육을 할 수 있는 권리를 늘리기 위함이
었다.[52]

그러나 역사적으로 절과 도관 세력은 서원보다 컸다. 현재는 고대
서원의 유적을 찾아보기가 매우 힘들며, 보존 상태가 좋은 고대 절과
도관은 쉽게 볼 수 있다. 이는 명대 이학가들의 강상예교綱常禮敎, 주
희의 『백록동서원게시白鹿洞書院揭示』 등 규정이 사회 상류층 지식인
들에게만 매우 큰 영향을 끼쳤고, 하층의 일반 백성 심지어는 관리의
자제들의 심리상태는 불교, 도교 그리고 각종 종교 미신 사상에 빠져
있었음을 나타낸다. 교육은 당연히 사회에 많은 영향을 끼치고 장기
적으로 많은 이익을 가져다주지만, 사람들이 숭상하는 것은 실제적
이익으로 성인聖人은 이와 매우 멀고 작아보였으며, 또 현세에서의
이익 추구가 실패하면 사람들의 관심은 마음속의 평정과 안위, 일시
적인 해방, 현실의 고민 해결과 내세에 대한 행복을 구하는 쪽으로
쏠렸기 때문이다. 일부 관원 역시 일반인들의 이러한 심리상태를 이
용하여 서원을 건립하며 부처와 같은 신을 모시기도 하였다. 청대 절
강浙江 승현嵊縣 보문輔文, 산서山西 흥현興縣 미산嵋山 등 서원의 중
건은 모두 절을 보수하고 남은 돈 또는 옮겨서 짓는 방식 등을 사용
하여 절과 도관을 서원으로 바꾸는 데 발생하는 마찰을 최소화하였

---

52 『改寺院爲學堂之疑義』, 『萬國公報』 14권 11기 : "蓋中國之有釋道兩敎, 由來已久,
向與儒共稱三敎. 今則以儒敎之力, 奪釋道兩敎之權利, 而先爲暴虐無理之行, 以大啓
爭端也", "竝非公共之物, 卽爲敎自有之權利", "屬於國家保護的私人財産, 不能無故奪
之", "最爲名副其實", "自由自主之權利, 不受外來之侵奪"

다. 이는 절과 도관 역시 대부분 민간에서 자금을 기부하여 세웠기 때문이다.

(2) 전답田畓에서의 마찰

서원과 절, 도관은 경제 부분에서도 많은 충돌을 일으켰다. 먼저 부동산에서의 다툼을 들 수 있다. 원에서 청에 이르기까지 이 방면의 소송이 끊이지 않았다. 원대 진강鎭江의 염계서원濂溪書院과 청대 청포靑浦의 청계서원淸溪書院은 모두 소송을 통해 비로소 문제를 해결했다. 다음으로 서원의 학전學田과 절, 도관의 밭에 관한 다툼이다. 원대 서원의 학전은 종종 절, 도관에게 빼앗겼고, 이는 서원의 존폐에 많은 영향을 끼쳤다. 구주衢州 명정서원明正書院은 학전을 "부처와 노자에게 빼앗긴 것이 십의 칠팔로 소송으로 되찾았다."고 한다. 황경皇慶(1312~1313) 초기에 총관總管 신후申侯가 소송문을 읽어보고 실제 상황을 검사하여 비로소 빼앗긴 밭을 돌려주었다. 그러나 절과 도관은 이에 굴복하지 않고 상소하였다. 다행히 산장山長 섭근옹葉謹翁이 사실을 증명하여 관원은 또 "도적圖籍의 본말本末이 기록되어 있는 대로 밭을 돌려준다."53고 판결하였다. 형양衡陽의 석고서원石鼓書院은 승려들이 "많은 이들을 선동하여 그 벼를 가져가고 거짓 비석을 밭두렁 위에 세웠다."며 학전을 빼앗겼다. 지원至元 2년(1336) 겨울에 이르러서야 비로소 다시 돌려받을 수 있었다. 이러한 다툼은 송에서 청까지 끊임없이 지속되었다.

---

53 黃溍, 『明正書院田記』, 『黃文獻公集』 7권 상 : "之奪於浮屠、老氏者什七、八, 有司漫弗加省也", "征圖籍覆按, 具有本末, 田以率歸"

제4절 흡수와 융합 - 서원과 불교, 도교와의 관계 2

이미 현대의 많은 학자들이 연구한 바와 같이 이학은 중국 전통사회 후기의 통치사상으로서 불교와 도교의 사상을 융합하였다. 마찬가지로 이학과 거의 동시대 생겨난 서원제도 역시 불교와 도교 문화교육의 융합 속에서 더욱 튼실해졌고, 이로서 사학교육의 전통도 새로운 발전을 맞이하였다.

1. 유가와 불교의 융합과 서원

송명의 이학자들은 사상·생활에서 모두 불교, 도교와 매우 큰 관련을 맺고 있었고, 이들 역시 불교, 도교의 전파과정, 교육 진행방식, 절과 도관의 관리상황을 예의주시하였다. 이정二程[54]은 안 읽은 책이 없어 "석가와 노자를 탐독한 것이 몇 십 년이다."[55]고 한다. 정이는 천녕사天寧寺를 유람하며 승려들의 질서 있는 행동들을 목격하고 이에 "3대의 위의威儀가 모두 여기에 있구나."[56]라며 감탄했다고 한다. 주희 역시 남평南平에서 "어느 봄 생각 없이 승방僧房에서 머물렀다." 며 스스로를 "소년은 개연慨然하며 구도求道의 뜻을 품고 많은 술術들을 익히며, 당시의 유식한 사士들과 넓게 사귄다. 비록 석가와 노자의 가르침이긴 하나 역시 반드시 그 오의奧義를 공부하여 그 옳고 그름을 고쳐야한다."[57]며 승려 및 도사와도 좋은 인연을 이어갔다. 명

---

54 역자주 : 북송오자北宋五子 중 정호程顥와 정이程頤 형제.

55 『宋史·二程傳』: "出入釋老者幾十年"

56 『二程全書』37권 : "三代威儀, 盡在是矣"

57 『崇安縣誌』22권 : "一春隨意住僧房", "少年卽慨然有求道之志, 博術之經傳, 遍交當時有識之士, 雖釋老之學亦必窮其歸趣, 訂其是非"

대의 왕양명 역시 스스로 "신선과 석가에 빠졌다."며 승려와 선善을 논하고 도사와 책을 논했다고 한다. 이들의 이러한 행위들은 모두 서원 건립과 강회講會에 잠재적으로 많은 영향을 끼쳤다.

사람들은 서원이 불교와 도교의 영향을 받았다고 하며, 특히 서원이 자리를 선정함에 불교와 도교를 모방해 경치가 좋은 곳에 설립했다고 여긴다. 하지만 사실 이 역시 중국 고대 사학이 남긴 관습으로 한대漢代 사학 대가가 산 속에 은거하며 수업하던 것에서 기인한다. 환영桓榮은 "그 경서와 제자를 데리고 세상에 알려지지 않은 산곡山谷으로 들어가 비록 자주 굶었지만 강론講論은 멈추지 않았다."[58], 유무劉茂는 "세상을 피해 홍농산弘農山 속에서 수업했다."[59] 조강趙康은 "무당산武當山에 은닉하여 청정을 즐기며 관직에 나아가지 않았다."고 한다. 그러나 중국에 들어온 불교 절은 먼저 도시 근처에 지어졌으며, 이후에 도시 또는 산을 중심으로 변하였고, 산속에 절을 짓는 것은 불교가 중국화된 이후의 일이었다. 서원과 불교 절의 유사점 역시 중국 전통 건축에서 그 근본을 찾을 수 있다.

서원제도가 탄생할 때 창립자들은 어떻게 해야 불교와 도교의 절·도관과 같이 오랜 기간 존속할 수 있을지 많은 고민을 했다.

불교의 절이 오래도록 유지될 수 있었던 것은 정치적 원인(통치자의 지원 등)과 신자들의 기부 외에도, 위진남북조시대부터 시작한 탄탄한 자급자족 능력과 일련의 제도가 점차로 완성되어진 것으로 볼 수 있다. 이로서 이들은 많은 토지와 재화를 소유하고 그것을 경영하여 돈을 벌었다. 당대에는 통치자가 지속적으로 밭과 돈을 하사하였

---

58 『後漢書·桓榮傳』: "抱其經書與弟子世匿山谷, 雖常饑困而講論不輟"

59 『後漢書·獨行列傳·劉茂』: "避世弘農山中教授"

다. 당 고종 무덕武德 8년(625) 소림사少林寺에 토지 40경頃을, 당 현종 친보天寶년간(742~756)에는 새로 지은 대성자사大聖慈寺에 토지 천 묘畝를, 당 대종 보응寶應년간(762~763)에는 여러 절에 토지 천여 경을 하사하여 당 무종 대에 이르러서는 불교 절이 소유한 토지는 수만경에 달했다고 한다. 하나의 큰 절에서는 종종 사람을 모아 강학했고, 승려들 역시 자급자족하였다. 이러한 점은 유자들의 부러움을 샀고, 이를 배우려고 노력했다. 당 대순大順년간(890~891)에 강주江州 진씨陳氏가 세운 동가서당東佳書堂에 학전 20경을 두어 경비로 삼고, 백록동서원의 전신인 남당南唐 여산廬山의 원학園學은 이욱李煜이 하사한 밭 수십 경을 경비로 삼았다. 주희는『연화전주사延和殿奏事』에서 "이씨는 관사官師를 세우고 밭을 주어 운영하였고 학생들이 매우 많았다."고 기록했다. 이 기사로 관에서 중앙관학과 지방관학의 건립에 자금 지원 뿐만 아니라, 학전제도를 설립했다는 것을 알 수 있다. 송 인종 건흥乾興 원년(1022) 연주兗州 주학州學에 직전職田 10경을 하사하였고, 왕안석王安石 집정시에는 학전의 양을 대폭 증가했다.

　순희淳熙 6년(1179)에 주희는 지남강군知南康軍을 맡으면서 백록동서원의 재건 작업에 착수했다. 그는 여산 일대가 "도교와 불교의 거居는 백 수십 곳이며 그 폐허들은 모두 재건되어 이끼가 끼지 않았다."하나, 유자들의 오래된 건물은 "한번 폐기되면 오랫동안 다시 부흥하기 힘들었다."라는 점을 목격했다. 유가 교육의 기지를 후세에 물려주기 위하여 주희는 자세한 계획을 세웠다. 그 중 가장 중요한 것은 학전을 만드는 것으로 여겨 토지를 구매해야 비로소 "규모를 새롭게 하여 오래 가게 한다."고 여겼다. 결국 주희는 순희 8년 윤3월, 임기 만료 전에 명령을 내려 다른 이의 강탈을 방지하고 자금을 대어 밭을 구입했다. "백록전이 이미 구비되었다."는 소식을 들었을 때 주희는 매우 기뻐했고, "이는 바로 영원한 이利다."라고 말했다 한다. 순우淳祐 10년(1250) 군수인 주단장朱端章은 "부처에게 빼앗긴 토지 700묘를 (백록)동에 준다."하였고, 이에 모덕기毛德琦는 『백록동원지白鹿洞院志』에서 "(백)록동에 서원을 세우고 밭으로 사인을 키워 주자朱子를 따랐다."고 기록하였다.

주희는 학전의 설치야 말로 서원이 오래도록 생존할 수 있는 제도라고 여겼다. 이러한 주희의 생각은 절의 사전寺田에서 영감을 받아 모방한 것은 아니었을까? 주희가 순우 11년(1251)에 쓴 『건녕부숭안현학전기建寧府崇安縣學田記』를 그 증거로 볼 수 있겠다. 당시 숭안 지현 조매실趙某悉이 사전을 현학의 학전으로 삼아 "이를 음식飮食의 구원久遠한 계책으로 삼는다"하자 주희는 이에 아래와 같이 적극적으로 찬성하는 글을 썼다.

무릇 주나라가 쇠락한 이후로 밭은 井田制에 의해 주지 않았다. 사람들은 종종 재산이 없었고, 士子들은 특히 빈곤해 허덕였지만, 반대로 농공상과 같이 되지 않기 위해서 주어서는 안된다. 황제께서는 사람을 모으고 가르치고 싶어하신다면 사인들이 일년 내내 편안하게 공부를 해야 사람들이 그에게 배울 수 있다. 그 비용이 비록 많지만, 어쩔 수 없는 것이다.

이렇듯 주희는 지방에 종종 '학學'은 있으나 '전田'이 없는 현실에 대해 국가의 적극적인 지원을 강조하고 특히 사인에 대한 경제적 지원의 필요성을 주장하였다.

서원에 학전 등을 고정적 경제 수입으로 삼는 것은 유자가 절과 도관의 경험에서 배운 것이었다. 그러나 사전은 임대 외에도 일부는 승려 자신이 직접 경작하기도 하였다. 회해선사懷海禪師는 홍주洪州 백장산百丈山에서 수도와 노동을 결합한 "하루 일을 하지 않으면 하루 먹지 않는다."는 규칙을 세워 그 자신이 솔선수범하였다. 이에 반해 서원의 학전은 직접 경작하는 일이 없이 "사람을 다스리는 자는 사람에게서 먹는다."라는 유가의 전통 원칙을 지켜나갔다.

　이외 한 이후의 관학, 특히 사학은 수업과 학생의 생활에 대한 관리제도가 존재하지 않았다. 이러한 방면의 일들은 스승 한명에게 집중되어 있어서 스승이 죽거나 다른 곳으로 옮기면 학생들이 해산하는 중요한 원인이 되었다. 당대 불교 종파가 난립하였는데, 당시 하나의 절에는 장로長老·주지住持·법사法師·선사禪師 등의 직책이 있어 죽거나 다른 곳으로 옮겨도 그 조직 형식에는 아무런 영향을 끼치지 않았다. 절과 도관의 이러한 방식 역시 서원에 많은 영향을 끼쳤다. 순희 6년(1179) 2월 주희가 연사鉛山에서 대기하고 있을 때 육구령陸九齡이 방문하였고, 육구령과 소학小學에 관한 대화에서 "선원禪院의 청규淸規만 잘 지켜도 좋다."[60]라는 말을 하였다. 이로서 주희가 불교의 청규에도 어느 정도 지식이 있는 것을 알 수 있으며, 이를 본받으려 노력했다는 것도 엿볼 수 있다. 그 후 주희는 선인들의 가르침과 불교의 청규를 정리하여 『백록동서원게시』를 제정했다. 이는 불교의 청규와 같은 규칙과 금지에 관한 도구가 아니라, 이학대가는 선인과 불교의 교훈을 비판적으로 받아들여야 한다는 것을 나타냈다.

　불교교육과 절 관리의 선진적 제도의 영향 아래에서 유가교육 특히 서원제도는 점차적으로 완성되어 갔고, 이에 육구연은 아래와 같은 말을 하였다.

---

60 『朱子語類』 13권 : "只做禪院淸規祥, 亦自好"

부처를 배우는 자는 그 法敎를 따르고, 그 門庭을 숭상한다. 절 건설에는 정성과 근면함으로 경영한지 얼마 안되어 점차로 촌에도 성공하니 어느 누가 그렇게 할 수 있겠는가? 집안의 자제들, 나라의 사대부들로 하여금 모두 이러하다. 父兄君上이 명령을 하지 않아도 모두 존경하니 어찌 아름답지 않은가?[61]

육구연은 비록 학규나 게시 등의 청규를 좋아하지 않았지만, 불교의 정신과 경영의 우수함으로 유자들에게 자극을 주려 하였다.

수당시기 불교는 번역·저술·강학 등의 여러 활동으로 많은 독립적 종파를 만들어냈고, 동시에 유가 경학교육의 사법師法, 가법家法의 경험을 받아들여 상당히 완성되고 엄격한 전파방식과 교육관리체제를 수립하였다.[62]

전파라는 각도에서 볼 때 불교는 말·문자·비언어의 전파매체(불교활동 및 절 건축물)를 통하여 자신의 영향력을 확대했고, 사회 상류층인 사대부들의 공감을 얻어냈으며, 농촌의 하층민에게서 신앙심을 받았다. 불교 경전 역시 승려 전용이 있었지만, 대다수는 대외 선전과 홍보용이었다. 중국 서원의 발전도 이러한 방면에서 간접적으로 불교의 영향을 받아, 명사名師와 학생간의 회강會講과 토론, 제사 등의 예의활동으로 사회를 교화함으로서 유가의 영향력을 키워갔고, 이는 한대 사학에는 없었던 내용이었다.

교육관리의 시점에서 볼 때 승려가 모여 있는 곳을 총림叢林이라 하는데, 초목이 질서 있게 자라는 데서 비롯한 것으로 승려들의 엄격

---

61 陸九淵, 『贈僧允懷』, 『陸九淵集』 20권 : "學佛者也, 尊其法敎, 崇其門庭, 建藏之役, 精誠勤苦, 經營未幾, 駮駮鄕乎有成, 何其能哉? 使家之子弟, 國之士大夫, 擧能如此, 則父兄君上, 可以不詔而仰成, 豈不美乎?"
62 丁鋼, 『中國佛敎敎育一儒佛道敎育比較硏究』, 四川敎育出版社, 1988 참조.

한 규칙과 법도를 나타냈다. 불교 절에서 자신이 키운 제자들이 번갈아 가며 주지를 맡는 것을 갑을도제원甲乙徒弟院이라고 하였으며 종파마다 그 조정祖庭과 자손총림子孫叢林이 있어 스승의 가르침이 후대로 이어져 문정門庭을 바꾸는 경우는 거의 존재하지 않았다. 또 각지의 고승을 불러 주지로 삼는 것을 십방주지원十方住持院이라 하였으며, 조정에서 주지를 임명하는 칙차주지원勅差住持院도 존재하였다. 당대 선종禪宗의 회해대사懷海大師가 제정한 청규淸規는 절의 조직과 승려들의 일상생활도 모두 엄격하게 규정하였고 이는 송원대에 점차적으로 완성되어 갔다. 총림주지는 절의 주인이자 장로로 존경받으며 '방장方丈'의 자리에 이르렀다. 이들은 승려들을 통제하였고, 이외에도 총무를 맡았던 감원監院, 밥을 짓던 반두飯頭, 음식을 만들던 채두菜頭, 불을 피우던 화두火頭, 나무를 베던 시두柴頭, 문을 관리하던 문두門頭 등 여러 직책이 있었다. 이는 한진수당 시대의 관학과 사하 교육에서 매우 보기 힘들었지만, 후대의 서원은 위와 같은 불교의 절 관리 체제를 받아들였고, 이를 더욱 개선하려고 노력하였다. 산장山長은 학문수준이 높은 사람 또는 문장을 잘 짓는 이가 담임하였는데, 명사名師가 스스로 창건한 서원이나 스스로 산장이 된 경우, 지방민들의 추천 혹은 관의 임명으로 된 이도 있었다. 감원監院은 지방 신사紳士 혹은 관학의 교유敎諭가 겸임해 서원 수업·시험·재무를 감독하였다.

　서원교육과 불교교육은 교육 방식과 의식에서 매우 많은 공통점을 보인다. 불교는 그 전파발전의 과정에서 유가교육의 경험을 받아들여 각기 다른 대상을 위한 강학의식과 방식을 형성하였고, 다시 반대로 서원 교육의 특징 형성에 큰 영향을 끼쳤다.[63] 한대 사학의 대가가 수업하던 정사는 대부분 자신이 직접 지었고, 학생들이 스스로 와서 배웠으며, 학비에는 별다른 규칙이 없었다. 또 선생과 제자들은 가끔 얼굴을 마주하지 않고, 종종 수제자들이 이를 대신하였다. 정현鄭玄이 마융馬融 문하에 있을 때 3년이나 그 얼굴을 못 본 일들이 빈번했다. 불교의 십방주지원은 고승을 초청해 강학하였고, 각지에서 온 사람들이 청강聽講·복강復講·질문 등을 하였다. 송의 유가 서원 및 정사 역시 스스로 지은 것이 있지만, 제자들이 "풀을 엮어 선생을 초청해 강학하게 했다."는 서원도 존재했으며, 그 조직구조와 수업형식은 매우 다채로웠다. 육구연이 팽세창彭世昌 등의 초청으로 응천산應天山(후에 육구연에 의해 상산象山으로 바뀜)에서 강학한 적이 있으며, 당시 그를 보기 위해 몰려온 사람만도 수천 명이었다고 한다. 육구연이 상산정사象山精舍에서 강학할 때의 성황은 송대 개인 서원과 한대 정사·관립 학교·서원과는 매우 달랐다. 육구연은 자신이 머물던 방을 방장方丈이라 부르고 스스로 상산거사象山居士라 하였다. 이 '방장'이라는 단어의 어원은 『유마힐소설경維摩詰所說經』에서 유마힐維摩詰(Vimalakīrti) 거사의 침실로 한 장丈의 네모(方)난 방이지만 무한한 용량을 가진 곳이라는 뜻이었다. 불교의 선종에서는 이것에 기인하여 '방장'이라는 명칭으로 주지가 사는 방을 가리켰다. 이렇게 볼 때 육구연의 이러한 행위는 선종을 모방했음이 틀림없다. 육구연은 또 제자 부자운傅子雲에게 대신 강학하도록 하고 제자들이 방에 들어와 가르침을 청하게 하였다. 이는 춘추전국시대, 한대 이래로 이어진 유가의 사학 학풍學風이었지만, 강학하는 자리에 오르고, 듣는 이들이 질서 있게 앉는 행위들은 불교의 강학의식에서 배운 것이었다. 당시

---

63 丁鋼, 『中國佛教教育—儒佛道教育比較研究』, 四川教育出版社, 1988 참조. 서원이 승당에서 강연, 개강의식, 제사, 학술연구와 교학의 결합, 문호개방, 스스로의 학습 등이 불교의 영향을 받았다고 한다.

육구연의 정사에는 학생들은 정해진 인원수가 없었고, 자주 바뀌었으며 관립서원 및 불교 사원과 같은 성숙한 생활교육설비와 일정한 수입도 없어 종종 경제적 곤란을 겪곤 하였다. 게다가 육구연은 7개월 정도만 정사에서 강학하였다.

한대 사학 대가의 강학에는 사법師法과 가법家法이 매우 엄격했다. 중국 불교교육은 비록 이 점을 답습하였지만 수업에서는 창조성을 강조하였다. 이 역시 서원의 초기 발전에 많은 것을 제공하였다. 송대 이학 대가들은 도통道統을 강조하였으나, 서원에서는 자신이 새로운 설을 만들어내는 것을 독려하였다. 『송원학안宋元學案』에 "문정文靖이 말하길: '배우고 도를 듣지 않는다면 배우지 않음과 같다.' 약용若庸 역시 말하길 '서원을 세우고 이 도리를 밝히지 않는다면 서원이 없음과 같다.'"[64]라고 기록되어 있다. 제자들 역시 불교의 승려들과 마찬가지로 "그 법교를 존중하고 그 문정을 숭상한다." 하였고, 서원을 세워 스승을 모시거나, 스승이 있는 곳에 서원을 짓기도 하였다. 주희와 같은 대가가 강학했던 지방에는 후대 사람들이 많은 서원을 세웠고, 강학 내용 역시 주자학이었다. 육구연의 제자, 왕양명의 제자 역시 자신의 스승을 위해 서원을 세웠고, 장륙왕張陸王의 학설을 탄생시켰다. 그러나 유가서원은 종파가 없고 단지 학파만이 있었다. 이는 중국 서원이 남송 이후 국내학술의 최고학부와 사상의 근원이 된 중요한 원인 중 하나이다. 당시 많은 이학자들의 경험은 한대 경학자에 비해 풍부했고, 이들은 또 한 곳의 서원에만 머물렀던 것이 아니라 명산과 고찰에서 토론을 하였다. 이 외에도 서원은 기타 학파의

---

64 『宋元學案』, 『程若庸』: "文靖曰: '學而不聞道, 猶不學也.'若庸亦曰: '創書院而不講明此道, 與無書院等.'"

대가를 초청해 강학하였고, 대가와 대가 사이에서도 많은 학술토론을 펼쳐졌다. 이러한 것들은 불교교육의 경험을 받아들인 것으로 기존의 관학과 사학교육에서는 찾아볼 수 없었던 새로운 모습이었다.

2. 유가와 도교의 융합과 서원

도교사상은 중국인의 민족문화에 매우 깊은 영향을 끼쳤고, 도가의 학문은 당대에 중앙과 지방 관학의 과정에 편입되기도 하였다.

도가는 심지어 서원을 세우기도 하였다. 사서의 기록에 따르면 송의 도사 맹종보孟宗寶가 초계서원苕溪書院을 세웠고, 조해趙偕의 제자 진린陳麟은 대산서원岱山書院을 복원해 산속에서 제자들에게 강학했다 한다. 또 명대에는 하북河北 정흥定興에서는 장호張鎬가 백합서원百合書院을 세우고, 청대에는 장보將普가 의흥宜興에 동파서원東坡書院을 복원했다. 이 사람들은 대부분 유자였다가 도교에 입문한 이들이었기 때문에 자신들이 도를 닦던 곳을 서원이라고 불렀던 것이었으나, 전체적으로 보면 도교가 서원에 직접적으로 끼친 영향은 불교에 미치지 못한다. 도교의 총림제도叢林制度는 12세기 금원金元시기 전진파全眞派 왕중양王重陽이 불교를 모방하여 이 때 비로소 갖춰졌다. 도교는 중국 토종 종교로 그 신선신앙은 민간의 신선숭배에서 온 것이었고, 숭배 대상인 팔선八仙과 옥황상제玉皇上帝 등은 민간전설에서 기인한 이들이었다. 이는 '괴력난신怪力亂神'을 믿지 않는 유가가 따라올 수 없는 부분이었다. 민간에서의 도교 활동은 매우 활발했고, 어느 곳에서나 성황城隍·토지묘土地廟를 볼 수 있었으며, 집안에도 조왕야竈王爺를 쉽게 볼 수 있었다. 백성들이 신선을 믿는 풍습 역시 서원교육에 영향을 끼쳤다.

『사기史記·천관서天官書』의 기록에 '두괴대광륙성역문창궁斗魁戴
筐六星亦文昌宮'이라는 말이 나온다. 문창文昌은 누괴斗魁라는 여섯
별의 총칭이며, 전설에 따르면 길성吉星으로 대귀大貴를 관장한다.
도교는 서진西晉 장아자張亞子를 재동제군梓潼帝君으로 섬기며 옥황
대제가 그에게 문창부文昌府와 인간의 녹적祿籍을 맡겨 사람들의 공
명功名과 녹위祿位를 관장하게 한다고 믿었다. 당 희종僖宗은 그를
순왕順王으로 봉하였고, 남송대에는 '신문성무효덕충인왕神文聖武孝
德忠仁王', 원대에는 '문창궁재동제군文昌宮梓潼帝君'으로 봉했다. 또
연우延祐 3년(1316)에는 재동신梓潼神을 '보원개화문창사록굉인제군
輔元開化文昌司祿宏仁帝君'으로 봉해 이를 공부하는 이들이 받드는 신
으로 삼았다. 청 가경嘉慶 5년(1800)에 인종仁宗은 도적들이 재동梓潼
을 훔쳐보다 사산祠山[65]의 깃발을 보고 도망갔다는 말을 듣고 직접
'화성기정化成耆定'이라 쓴 현판을 하사하고 사당을 재건한 후 직접
찾아가 아홉 번 절했다 한다.

이로서 사람의 '공명'을 주관하던 '재동신'과 '대귀'를 주관하던 '문
창성'은 하나로 합해져 과거제도와 관련 있는 학교와 서원에서 제사
의 대상이 되어 각지에 문창탑文昌塔·문창사文昌祠를 지어 문운文運
을 빌었다. 청대 서원이 과거화科擧化된 이후 문창각文昌閣과 문창제
군文昌帝君은 반드시 제사드려야 하는 대상이 되었고, 특히 대만의
서원들에는 문창제군을 모시는 곳이 많았다. 또 다른 전설에 따르면
문창제군은『권경자지문勸敬字紙文』을 써서 사람들에게 사용했던 종
이를 소중히 하라고 명했다 한다. 이리하여 일부 서원에서는 매년 일

---

65 역자주 : 사산대제祠山大帝는 강소江蘇·절강浙江·안휘安徽성이 접한 곳 중에서 주
로 절강浙江 호주湖州·안휘安徽 선성宣城·광덕廣德 등지에서 믿던 도교의 신선.

꾼을 고용해 종이를 모아 한꺼번에 불살랐다. 대만의 일부 서원은 정월의 길일을 택해 이렇게 태운 종이를 바다에 버리기도 했다.

중국 전통사회 후기 도교의 재동제군 외에도 관성제군關聖帝君[66] 역시 유가 서원의 존중을 받아 서원에 모셔졌다. 호남湖南 강화江華의 응수서원凝秀書院은 원래 광동廣東 상인들이 지은 의학義學[67]으로 도광道光 9년(1829)에 서원으로 바뀌었으며, 함풍咸豊 년간에 전화로 손실되었다가 동치同治 6년(1867)에 광동廣東·복건福建·강서江西의 상인들에 의해 재건되었고, 관제關帝·문창제文昌帝·허진군許眞君[68]을 모시며 삼성궁三聖宮으로 개명하였다. 가운데에 강당을 두고 동서 양쪽으로 재사齋舍를 설치하여 자제들을 공부하게 하였고 원전院田 400묘로 그것을 경영하였고, 2년 후에는 다시 '응수凝秀'라는 이름을 사용하였다. 이렇듯 유불도의 문화 융합은 백성들의 마음뿐만 아니라 서원교육에도 나타난다.

서원에서 도교의 신선을 모시는 주원인은 이 신선들이 과거 시험에 합격시켜 주리라 믿었기 때문이다. 청 동치同治 9년(1870) 광동 포정사布政司 왕개태王凱泰는 도교의 뇌신雷神을 모시는 응원궁應元宮에 서원을 짓고 거인擧人들을 공부하게 하였다. 응원이라는 이름을 사용한 것은 바로 문창성과 관련 있는 북두칠성에서 사인들이 많이 나온다 믿었기 때문이었고, 이 때문에 강당의 왼쪽에 뇌신을 모셔놓았다. 서원 건립 이듬해 회시會試에서 응원서원 출신 9명이 진사에

---

66 역자주 : 삼국지의 관우.

67 역자주 : '의숙義塾'이라고도 불리며, 관부나 지방에서 돈을 모금하여 설립한 학교. 보통 가난한 집안의 학생들에게 교육을 실시하였고, 학비는 면제였다.

68 역자주 : 진대晋代 유명한 도사로 본명은 허손許遜(239~374), 후에 득도하여 학이 되어 하늘로 날아갔다고 전해진다.

합격하였고, 그 중 한명인 양요추梁耀樞는 장원에 급제하였다. 신기한 것은 이 양요주의 자字가 바로 북두칠성과 관련된 두남斗南이었던 것이다. 이에 왕개태는 매우 기뻐하여 유월俞樾에게 이 사실을 편지로 전하였고, 유월은 이 일을 『춘재당수필春在堂隨筆』 안에 기록하여 많은 사인들이 이를 더욱 깊게 믿게 되었다.

유불도는 서로를 소멸시키지 못하여 어쩔 수 없이 서로 함께 하며 서로를 통제할 수밖에 없었다. 거기에 불교, 도교에 심취한 유가들이 많았고, 반대로 유가에 빠진 승려, 도사들도 상당히 존재하여 유불도는 서로 협력·지지하였고, 이는 서원의 발전에 많은 영향을 끼쳤다.

일부 지방은 유불도 건물이 한 곳에 밀집되기도 하였다. 귀주貴州 진원鎭遠의 중화산中和山 청룡동靑龍洞 일대에는 명 가정嘉靖 9년(1530)에 지부 이희령李希英이 자양서원紫陽書院과 고정사考亭祠를 세웠다 후에 폐기되었다. 청 건륭乾隆년간에 연이어 만수궁萬壽宮·대불당大佛堂·관음전觀音殿·옥황진玉皇殿·성조선궁祖殿·노군선老君殿·장경루藏經樓 등을 세웠다. 광서光緒년간(1875~1908)에 서원이 부분적으로 회복되었다. 당시 유불도의 건축물들은 산속·절벽·강가 등에 세워져 유불도가 혼합된 매우 장엄한 풍경을 연출하였으나, 이 시기 서원은 이미 폐기된 바와 다름없어 단지 제사의 기능만 담당했다. 산동山東 주촌周村 유가장劉家莊의 동영묘董永廟는 향촌의 유불도 및 민간 신화가 혼합된 산물로, 가운데 동영전董永殿·천선각天仙閣·관제전關帝殿·불야전佛爺殿을 두고 동쪽으로 옥황전玉皇殿·염라전閻羅殿·십전十殿·벽하원군궁碧霞元君宮을 세우고 서쪽에 괴명서원槐明書院을 두었다. 한췌선韓萃善·유일상劉一相·곡천교曲遷喬·한취선韓取善의 4명의 진사가 이곳에서 공부했다 한다. 청말에는 향인鄕人들이 동사회董事會를 설립해 관리했고, 24장莊에서 동사 1명씩 선출하여 묘산廟産·묘회廟會·교육 등을 주관했고, 서원 전담의 대여를 서원의 수입으로 삼았다. 이렇듯 유불도의 융합은 일반인들에게 그다지 신선한 일이 아니었다.

유불도는 서로 타협, 양보 심지어는 협력하였고, 이는 서원의 규모와 경비를 증가시켜 절과 도관 역시 이로서 개선되었다. 형산衡山 자운봉紫雲峰 아래 호안국胡安國이 세운 서당이 있었는데, 명 홍치弘治년간(1488~1505)에 감찰어사 정유원整惟垣이 상서로 황제의 허가를 받아 호안국의 시호를 따 호문정공서원胡文定公書院을 짓고, 숭정崇禎 5년(1632) 지현 하사총何仕塚이 보수하였다. 당시 서원 왼쪽에는 불교 절이 있었는데 승려들이 스스로 절을 서원 뒤편으로 옮기고 서원을 더욱 크게 짓기를 청해 하사총은 장수암長壽庵이라는 이름으로 절을 서원 뒤에 짓고 서원을 더 크게 지었다. 청대에 호안국의 후예들이 앞의 서원과 뒤의 불교 절이 공존했던 것을 이렇게 기록하였다. "앞은 우리 스승을 모시는 제자들이고, 뒤는 서방의 성인을 모신다." 청 건륭년간에 이르러 장수암은 지현에 의해 철거되었다. 사천四川 성도成都의 천계서원淺溪書院은 정거사靜居寺와 여러 번 마찰이 있었으나 후에는 규정을 세워 매년 정거사에 향화은香火銀 6량과 주지住持 식미食米 4석2두, 강독묘江瀆廟에는 향화은 6량과 도사 식미 2석4두, 성황묘城隍廟에는 향화은 10량과 도사 식미 6두를 주어 함께 공존하였다.[69]

그러나 유가의 서원은 확실히 절과 도관과는 다른 점이 존재하여, 일부 서원은 절과 도관과 함께 지낼 때에도 여러 가지를 제한하였다. 강서江西 길안吉安의 백로주白鷺洲에 서원을 지었는데, 이는 섬에 사

---

69 『淺溪書院志』.

람이 살지 않는 곳이어서 정토암淨土庵 옆에 서원을 세웠던 것이다. 동시에 예교禮敎를 익히는 서원이 불교의 영향을 받지 않게 하기 위해 지부는 항구에 내려서 승려와 유가가 다른 길을 통해서 다니게 하여 서로에게 영향을 받지 않게 하였다.

이 밖에 또 이야기해야 할 것은 절과 도관이 서원교육에 많은 지원을 했다는 것이다. 이들은 유가의 대가를 초청해 강학하기도 하였다. 남송 주희·육구연의 유명한 아호회강鵝湖會講[70]은 바로 아호사鵝湖寺에서 거행된 것이었고, 명대 풍종오馮從吾 역시 서안西安의 보경사寶慶寺에서 회강會講하여 수천명이 참가했다고 한다. 풍종오는 또 『보경사학약寶慶寺學約』을 제정했으나 후에 지방관이 보경사 옆의 소실원小悉園에 관중서원關中書院을 세우자 『관중서원회약關中書院會約』으로 바꾸었다. 청대 일부 서원은 처음 설립 시에 자금부족으로 절과 도관을 빌려 강학하곤 하였으나, 자금이 모이면 서원은 바로 자리를 잡아 건립하였다. 건륭 3년(1738)에 강소 강음江陰의 지현 채주蔡澍는 서하정사棲霞精舍 내에 서료書寮를 세워 원대의 옛 이름인 징강서원澄江書院으로 명명하였다. 후에 신사들이 승사僧舍는 교육에 적합하지 않다 하여 옛 학서學署 내로 옮겼다. 23년(1758) 학정學政 이인배李因培가 다른 곳에 중건하고 이름을 기양暨陽이라 하였다. 사대부만이 불교와 도교에 심취한 것이 아니라 승려와 도사들 역시 서원에 관심을 갖았던 사람들이 많았다. 강소 무석無錫 석산錫山에는 송대 소식蘇軾이 지었던 서당이 존재했고, 원대에 보녕사保寧寺에 속했었다. 보녕사의 주지 민기敏機는 소식을 존경하여 초당草堂을 복원하였고, 명 홍치

---

70 역자주 : 남송 순희 2년(1175), 여조겸呂祖謙이 주희의 '이학'과 육구연의 '심학'의 이론 다툼을 조정하기 위해 개최한 토론회. 육구령·육구연 형제와 주희가 아호사에서 만나 격렬한 토론을 벌였으며, 후에는 훌륭한 토론회를 일컫는 말이 되었다.

弘治 시에 시랑侍郞 심휘沈暉는 그 자리를 사들여 사당을 짓고 동파서
원東坡書院이라 명명하였다. 청초에 전화로 손실되었다가 강희康熙년
간에 도사 장보蔣普가 기금을 모아 재건하였고, 건륭 24년(1759)에 지
현이 순무巡撫 진굉陳宏의 명령에 따라 선생을 부르고 수업을 시작하
였다.[71] 일부 승려와 도사들은 모금 또는 기부 등의 방식으로 서원의
교육사업을 지원하였다. 복건福建 소무邵武의 초천서원樵川書院이 재
정난으로 허덕이자 인수사仁壽寺의 지곤志昆 등은 막대한 돈을 기부
하여 서원을 되살렸다. 이에 사람들은 "앞사람들이 폐기한 잘못을 보
완하고, 뒷사람들의 쟁송爭訟을 끝냈으며, 또 숭유모의崇儒慕義의 아
름다움을 얻었다."[72]며 칭송하였다.

　결론으로 유불도가 중국문화의 핵심이 되어 사회에 끼친 영향력은
유불도가 문화적으로 융합하고, 각자가 더욱 나은 생존조건을 얻기
위해 노력했던 것에서 비롯됐다. 그러나 중국의 절과 도관은 일본 절
과 같이 전문적으로 세속 제자들에 대한 교육을 담당하는 교육기구
가 존재하지 않아, 유가교육은 끝까지 독립을 유지하여 불교와 도교
에게 통제되지 않았다. 이는 많은 서원이 출현하여 문화 보급에 큰
영향을 끼쳤기 때문이다.

---

71 『東坡書院志略』.
72 光緖, 『邵武府志』 12권 : "旣以補前人廢棄之過, 復以息後人爭訟之端, 而又得崇儒
慕義之美"

제2장

서원과 유가 학술문화의 발전

서원은 전통문화에서 파생되었지만, 전통이 새로운 시대로 나아가는 것을 의미하고 있다. 그러나 서원의 탄생과 번영은 전통의 연속, 변화로만 나타나는 것이 아니었다. 서원은 도서사업을 겸하였지만 도서관으로 전락되지 않았고, 또 사학 전통에 기인하면서 도道를 전하는 데에만 그치지 않았다. 그 근본적 이유는 서원이 전통에서 기인하지만 전통 안에 속박되지 않았기 때문이다. 서원 탄생의 역사적 작용은 이미 문화교육기구의 범위를 뛰어넘어 전통 사회문화의 흥망을 상징하였다. 역대 통치자들은 서원을 아낀 자도 있고, 그것을 없애려한 자도 있었지만, 모두 뜻대로 되지 않았다. 이렇듯 서원의 흥망사는 중국 전통사회 후기 학술문화의 흥망사를 생생하게 반영한다고할 수 있다.

제1절 서원과 학술발전

교육과 학술의 관계는 당송 이전에 다음과 같은 전통이 존재했다. 즉, 학술은 교육을 통해 전파되고, 교육은 학술의 발전으로 진화한다는 것이다. 그러나 서원과 학술의 관계가 꼭 이렇게 정형화된 것은 아니다.

1. 서원교육과 학술학파

춘추전국시대는 중국 문화교육 및 학술사상이 꽃을 피운 시기였다. 춘추전국 이전에 관학합일官學合一·관사합일官師合一은 교육의 기본 특징이었고, 교육과 학술은 조정에 의해 엄격하게 통제되었다. 그러나 경제의 발전과 사회의 분열에 따라 왕실은 쇠락하고 정치는 힘을 잃어 교육과 학술은 유실되고 사학私學이 출현하게 되었다.

유가학설은 노나라에서 시작한 것으로 당시 공자에게 가르침을 얻으려는 제자들이 사방에서 모여들어 노魯·제齊·위衛·위魏·진陳·조趙·초楚·송宋·진秦·오吳 나라 사람들이 혼재했다. 그러나 공자의 가르침은 학교교육과 결합하지 못 하여 안정성이 부족하였기에, 유가의 전파는 노나라에 집중되었다.

도가 역시 학교의 설치를 주장하지 않는 사상으로 송·초 두 나라에 집중되었다. 실제로 노자老子는 초나라 고현苦縣 사람이었고, 장자莊子는 송나라 몽蒙 사람이었다. 지리적으로 볼 때 이 두 지역은 현재 하남河南 녹읍현鹿邑縣 동쪽 10리, 하남河南 상구商邱 북동쪽 20리로 거리상으로 70리 정도밖에 안 떨어져 같은 지역으로 봐도 무방하다. 묵가학설 역시 대체적으로 이 일대였다. 법가는 이사李斯가 초나라 북쪽 상채上蔡 사람이었던 것을 제외하곤 그 대표적 인물들은 진晉 나라 사람으로 남으로는 양적陽翟과 신정新鄭, 북으로는 복양濮陽과 한단邯鄲으로 250km 정도 떨어져 있는 곳이며, 이사가 있던 곳도 여기에서 100여km 밖에 떨어져 있지 않다.

이러한 상황은 백가쟁명의 원인이 되어 학술전파에 어느 정도 제한을 가져왔다.

그러나 한대 태학太學의 흥성으로 "유술儒術을 독존獨尊으로 삼고 백가百家를 버린다(독존유술獨尊儒術, 파출백가罷黜百家)"고 하였지만, 실제로 경학經學 교육은 이미 살아있는 유가학설에서 갈수록 경직화되어가는 장구지학章句之學 및 고거考據의 문자 놀이로 전락해갔다. 이 시기 사학 역시 대체로 이와 같은 상황이었다. 육조六朝시기에 이르러 사회의 혼란으로 학교는 폐했다 흥하길 반복하며 사자士子들은 머물 곳이 사라져 학술은 자연스레 번영하지 못하였다. 수당시기에 이르러 통치자들은 과거제도를 발명하여 유학 숭상을 표방하였으나, 실제로 수당대의 학교교육은 학술발전과 동떨어져 있었고, 오히려 학술의 발전은 전에 없는 제한을 받아 이 시기를 학술 발전의 단절기라고 해도 과언이 아닐 정도였다.

이러한 현상은 서원이 흥성해짐에 따라 개선되어 갔다. 즉, 서원은 강학만을 주장하지 않고 학술발전과 전파를 학교교육과 긴밀하게 연결시켰으며, 이에 따라 서원교육은 학술발전의 근원과 전파의 요지가 되었다.

그러나 서원이 처음부터 이랬던 것은 아니다. 『전당시全唐詩』에 기록된 11개소의 서원을 기록미상으로 제외하고, 지방지에 나온 당唐대에 건립된 서원은 약 17개소라고 한다.[1] 이 중 강학활동에 대한 기록이 존재하는 서원은 4곳이었다. 황료서원皇寮書院은 "당의 통판通判 유경림劉慶霖이 이를 짓고 강학하였다."[2], 송주서원松州書院은 "당 진향陳珦이 사민士民과 강학하던 곳이다."[3], 의문서원義門書院은 "당 의문義門의 진곤陳袞이 왼쪽에 살면서 세운 곳으로 천권의 책을 모아

---

1 陳元暉等, 『中國古代的書院制度』, 上海敎育出版社, 1981, 5-7쪽 참조.
2 光緖, 『江西通志』 81권 : "唐通判劉慶霖建以講學"
3 同治, 『福建通志』 64권 : "唐陳珦與士民講學處"

공부했고, 자제가 약관弱冠이 되면 모두 공부하게 했다."[4], 오동서원梧桐書院은 "당 나정羅靖·나간羅簡이 강학하던 곳이다."[5]는 기록이 존재한다. 여기에 서원지에 기록된 2개소를 더하면 모두 6개소가 된다. 계암서원桂岩書院은 "당 국자감國子監 좨주祭酒 행남용幸南容이 예전에 머물던 곳이다."[6], "옛날에 여기에 관을 열고 수업하였다.", 화림서원華林書院은 "가르친 것은 이미 수대數代이고 공부한 자들은 종종 천여 명이었다."[7]고 한다.

교육의 목적에서 의문서원은 "서당 한 곳을 동가장東佳莊에 짓는다. 자손 중에 총명한 자는 공부하게 하여 배워서 이룬 자는 과거를 보게 한다.", "서옥 한 곳을 주택의 서쪽에 지어 어린이들을 가르친다."[8]고 하여 그 교육 내용은 과거시험과 어린이에 대한 교육인 몽학蒙學을 벗어나지 못하였다. 계암서원은 건립 초기에는 자신의 자제들만을 위한 곳으로 세워져 "날마다 그 안에서 자제들에게 수업을 가르치며 좨주祭酒의 뜻을 잇기로 서로 격려하였다.", "모든 일은 다른 이와 경쟁할 필요 없이 오직 공부에만 매달려 과거로 유명해진다."[9]고 하였다.

북송초기의 소위 4대 혹은 6대서원의 실제 상황으로 볼 때[10] 백록

---

4 同治,『九江府志』22권 : "唐義門陳袞卽居左建立, 聚書千卷, 以資學者, 子弟弱冠, 皆令就學"

5 光緒,『江西通志』81권 : "唐羅靖、羅簡講學之所"

6 南宋 辛元龍,『桂岩書院記』: "唐國子祭酒幸南容之舊址也", "昔嘗卜此山開館授業"

7 徐鉉,『華林書院記』: "傳教者已數代, 肄業者常千人"

8 『陳氏家法三十三條』: "立書堂一所於東佳莊. 弟侄子孫有賦性聰敏者令修學, 稽有學成者應擧", "立書屋一所於住宅之西, 訓教童蒙"

9 朱航,『錦江鉥記』6권 : "日與諸弟課書其中, 相勉以振祭酒遺緒", "凡事不須與人競爭, 一意讀書科擧有名"

10 袁燮,『四明敎授廳續壁記』(『絜齋集』); 馬端臨,『文獻通考』; 全祖望,『答石癡徵士問

동서원白鹿洞書院은 초기에는 단지 교학과 공부하는 곳이었고, 악록嶽麓·응천부應天府·숭양嵩陽·석고石鼓·모산茅山 등 서원 역시 대체적으로 이러하였다. 이들이 유명해진 이유는 조정의 현판과 명칭 하사와 관련이 있는 것으로, 진정으로 중요했던 것은 이름이 알려지지 않은 서원들이었다. 두자야杜子野의 녹강서원鹿岡書院, 이정李覯의 우강서원盱江書院, 증공曾鞏의 흥로서원興魯書院 등은 일반적인 수업 외에도 경서의리經書義理와 무세지학務世之學에 관한 연구토론도 진행하였다. 이정은 우강서원에서 "늦은 밤까지 문왕·무왕·주공단·공자의 글과 옛 제도를 현세에 적용하는 것을 토론하였다.", "향곡鄕曲의 우수한 자들이 그를 스승으로 따랐다."[11]고 하나 조정의 하사를 받지 못하여 이들의 인지도는 상술한 서원에 미치지 못하였다. 북송 서원이 침체되고 흥성하지 못 한 원인은 두 가지로, 하나는 북송 조정이 과거와 관학을 중시하고 서원을 포함한 사학을 경시했기 때문이다. 둘째는 서원 자신이 교육목적과 내용에서 대체로 관학과 과거의 범위를 벗어나지 못하였기 때문이었다. 이렇듯 서원은 관학에 의해 빛을 발하지 못 하였다.

서원이 교육과 학술연구의 일치를 실현한 것은 남송대이다. 당시 이학理學은 '성숙'에서 '분화'로 넘어가는 단계였고, 유명 대학자의 학술사상이 속속 등장하였다. 이러한 학자들은 서원의 '자유강학'이라는 장점을 충분히 살려 서원의 창립 혹은 재건으로 자신들의 강학 장소를 만들어 그들의 학설과 관점을 전파하려 하였다. 이리하여 관

四大書院帖子』(『鮚埼亭集外編捲』); 王圻, 『續文獻通考』; 呂祖謙, 『鹿洞書院記』참조.
11 祖無擇, 『直講李先生文集序』: "夙夜討論文武周公孔子遺文舊制兼明乎當世之務", "鄕曲俊異, 從而師之"

학과 구별되는 각종 학술유파가 형성되었다. 동시에 서원은 학술발전의 중심지가 되어 자신만의 특징을 나타내기 시작하였다.

당시 주희는 대표적인 인물로, 이학의 집대성자인 주희는 교육과 학문의 관계를 매우 중시했다. 그는 과거와 관학의 폐단에 대해 "근년 이래로 구차하게 훔치는 습속이 들어 학문에 종주가 없다."[12], "평일에 책을 읽는 것은 오직 과거를 위함이다."[13]며 사인들은 단지 "과거가 있다는 것을 알며, 학문이 있다는 것은 모른다."[14]며 비판하였다. 주희는 이러한 폐단을 바로 잡기 위해서는 의리학문義理學問에 대한 연구를 중시하고, 교육과 학문이 서로 결합해야 한다 여겼다. 또, 주희는 스스로 솔선수범하여 가는 곳마다 서원을 세우거나 강학하였으며, 주희와 관련된 서원은 상당수에 이른다.

『복건통지福建通志』의 기록에 주희와 관련된 서원은 건양建陽 고정서원考亭書院·건양建陽 동문서원同文書院·건양建陽 운곡서원雲谷書院·숭안崇安 무이서원武夷書院·장락長樂 용봉서원龍峰書院·고전古田 나봉서원螺峰書院·천주泉州 온릉서원溫陵書院·천주泉州 석경서원石井書院·복안福安 고정서원考亭書院 등이 바로 그것이다.

『강서통지江西通志』의 기록에도 주희와 관련된 서원은 여산廬山 백록동서원白鹿洞書·연산鉛山 아호서원鵝湖書院·남창南昌 용광서원龍光書院·신성城 무이강당武夷講堂·옥산玉山 회옥서원懷玉書院·여간余幹 충정서원忠定書院·덕흥德興 은봉서원銀峰書院·건창建昌 수강서원修江書院 등이 있다.

---

12 『學校貢擧私議』, 『朱文公文集』 69권 : "近年以來, 習俗苟偸, 學無宗主"
13 『答宋容之』, 『朱文公文集』 58권 : "平日讀書, 只爲科擧之計"
14 『信州州學大成殿記』, 『朱文公文集』 80권 : "知有科擧, 而不知有學問"

『절강통지浙江通志』의 기록에 등장한 주희와 관련된 서원은 소흥紹興 계산서원稽山書院·상우上虞 월림서원月林書院·황암黃岩 번천서원樊川書院·진운縉雲 미화서원美化書院·송양松陽 명선서원明善書院 등이 있다.

『호남통지湖南通志』의 기록에 주희와 관련된 서원은 악록서원嶽麓書院·악록도림정사嶽麓道林精舍·상담湘潭 용담서원龍潭書院·상담湘潭 주일서원主一書院·형산衡山 남악서원南嶽書院·형산衡山 남헌서원南軒書院 등이 있다.

이처럼 주희 학설은 각지의 서원과 함께 전국으로 퍼져 무수한 인재를 배출했고, 이는 서원의 발전으로 직결되었다.

명 전기는 북송 역사의 재연이라고 봐도 무방하다. 이 시기 조정은 관학과 과거를 중시하여 서원은 쇠락하였다. 그러나 명 중기 이후 서원은 부흥하기 시작하는데, 이는 사인들이 과거의 부패와 교육의 공소空疎에 불만을 갖았던 것뿐만 아니라, 양명학과 백사학白沙學[15]의 흥성과도 관계가 있다. 당시 관학과 과거는 모두 정주학程朱學 위주였다. 양명학과 백사학은 이를 벗어나기 위해 각각 '치량지致良知'와 '수처체험천리隨處體驗天理'라는 학설을 주장하였고, 서원을 통해 이를 전파하여 당시 서원이 크게 흥하게 되었다.

왕양명 역시 가는 곳마다 서원을 세워 그 학설을 전파하였다. 귀주貴州 용강서원龍崗書院·강서江西 염계서원濂溪書院·절강浙江 계산서원稽山書院이 이것으로서 "강회講會를 열어 서원을 세우고, 멀고 가까이서 서로 바라본다."[16]는 절경을 자아냈다.

---

15 역자주 : 명대 진헌장陳獻章을 대표로 하는 학파이며, 진헌장이 백사리白沙里 출신이기 때문에 이렇게 명명하였다. 육구연의 심학心學을 계승하였고, 왕양명과 함께 심학의 주류인물로 본다.

왕양명의 사후 그의 제자들은 더욱 많은 세원을 세우고 그 학설을 더욱 열심히 전파하였다. 그의 제자들은 주로 강서江西·복건福建·절강浙江·호남湖南·광동廣東·안휘安徽·하남河南·산동山東·강소江蘇 등지에 퍼져있었다. 이로 인해 이 지역의 서원 대다수가 왕양명과 관련 있었으며, 이로서 양명학은 천하에 널리 알려지게 되었다. 황종희黃宗羲가 지은『명유학안明儒學案』은 '양명학안'이라 해도 무방할 정도로 양명학에 대해 자세히 기술하였다. 담약수湛若水가 전파한 백사학 역시 "평생 족적足跡이 닿은 곳마다 반드시 서원을 세워 백사(진헌장陳獻章)에게 제사지내고 그를 따르는 이가 천하에 널리 퍼졌다."[17]고 한다.

서원과 학술발전의 관계는 매우 밀접하여 서원의 번영은 학술의 번영으로 이어졌다. 학술의 대가들이 서원을 이용해 학술을 전파·발전시켰으며, 학교교육과 학술연구의 관계 역시 전에 없이 밀접하였고, 학술유파의 전파 역시 지리적으로도 넓어졌다. 남송 이후의 서원과 그 학설은 '기존 전통의 계승과 연속'이었다기보다는 '시대적 창조'라 하는 것이 어울린다.

2. 교육과 학술의 조직적 특징

교학과 학술활동의 조직에서 볼 때, 후대의 서원은 이전과 비교해 많은 차이점을 가지고 있다.

각종 규정과 제도를 세운 것이 바로 서원제도의 두드러진 특징이다. 이는 후기의 교육에 대해 중대한 영향을 끼쳤지만, 이전의 서원

---

16 『明史·列傳』第119.

17 『明儒學案』37권 : "平生足跡所至, 必建書院以祀白沙, 從遊者殆遍天下"

에도 비슷한 규정이 있었다. 전국시대 『관자管子』의 『제자직弟子職』
에 이미 이러한 학칙學則이 있었음을 알 수 있다.[18] 송대에 이르러서
도 "호원胡瑗이 사람을 가르치는 데 법이 있었고, 매 조항들이 모두
구비되었다."[19]고 한다. 송 인종 지화至和 원년(1054) 제정한 '경조부
소학규京兆府小學規'는 학생·학장·교수의 직책을 정해 놓고 수업과
행위 등에 대해 기술하였다.

그러나 후대 서원의 규칙은 위와는 달랐다. 서원은 학술·학파의 발
전과 밀접한 관계가 있었기 때문에, 서원의 규칙에는 '학문' 위주의
사상이 드러났다. 주희는 『백록동서원게시白鹿洞書院揭示』에서 아래
와 같은 말을 하였다.

> 나는 옛날의 성현이 사람을 가르쳐 배움에 이르게 하는 뜻을 바라봤
> 는데, 義理를 명확히 하고 자신을 닦아 다른 사람에게 이르게 한 것으
> 로, 그 업적을 기록하여 詞章으로 만들어 유명해져 利祿을 얻으려고 한
> 것이 아니다.[20]

이리하여 그는 오교五敎·학서學序·삼요三要 등을 제시해 궁리궁
학窮理窮學의 목표를 표명하였다. 『백록동서원게시』는 이렇게 학문
을 중시하였고, 후대 서원 학규의 지도사상과 모범이 되었고, 이는
서원교육의 중요한 특징이 되었다.

---

18 『管子·弟子職』: "先生施敎, 弟子是則. 溫恭自虛, 所受是極. 見善從之, 聞義則
服. 溫柔孝悌, 毋驕恃力. 志毋虛邪, 行必正直. 遊居有常, 必就有德. 顔色整齊, 中心
必式. 夙興夜寐, 衣帶必飾. 朝益暮習, 小心翼翼. 一此不辨, 是謂學則"
19 『宋史·胡瑗傳』: "(胡)瑗敎人有法, 科條纖悉備具"
20 『白鹿洞書院揭示』: "熹竊觀古者聖賢所以敎人爲學之意, 莫非使之講明義理, 以修
其身, 然而推己及人, 非徒欲其務記覽, 爲詞章, 以釣聲名, 取利祿而已也"

악록서원嶽麓書院은『백록동서원게시』를 학규로 삼았다. 명대에는 호거인胡居仁이 백록서원을 관리하였고, 이를 참고하여『여택당학약麗澤堂學約』6조를 제정했으며, '성현聖賢의 가르침'을 가장 중시하였다. 또 그가 세운『속백록동서원학규續白鹿洞書院學規』역시 '박궁사리博窮事理'를 강조하였다. 명대 동림서원東林書院의『회약會約』은 본래 이 학규로서 '구익九益'을 세워 도의를 갈고 닦아 성현의 영역에 들어가는 것을 첫 번째로 하였다. 청대 자양서원紫陽書院은『강당회약講堂會約』에서 주정주장周程朱張[21]의 학문을 익힌다고 규정하였다. 청대 장학성章學誠이 편찬한『청장서원류별조훈淸漳書院留別條訓』역시 이와 같은 학규를 정하였다. 이와 같이 서원의 규칙은 학문의 연구에 대한 규정으로 교육업무에 변화를 가져왔다. 이는 서원의 토론식 수업, 즉 '강론講論'과 결합된다. 주희는 백록동서원에서 강학할 때 공부하던 중 의문이 생기면 서로 질문하고 답하길 장려하였다. 만약 이것이 이전 서원의 학풍을 이은 것이라면, 이로서 탄생한 '회강會講'[22]이라는 형식은 서원의 일대 발전으로 볼 수 있다.

서원의 회강은 송대에 흥하여 명청대까지 이어졌다. 송대 백록동서원에 관련된 사료에 이와 관련된 기사들이 존재하며『유방교지流芳橋志』에는 아래와 같은 내용이 기록되어 있다.

新安의 朱候가 백록동 동남쪽 한켠에 다리를 세웠는데, 서쪽으로 五老에 이르고 냇물이 유유히 흘렀으나 이름이 없었다. 江西의 張琚, 羅

---

21 역자주: 송대 유학의 대가 주돈이周敦頤·장재張載·이정二程(정호程顥와 정이程頤)·주희朱熹의 성을 딴 것.
22 역자주: 학자들이 다 같이 모여 신분과 나이 등에 구애받지 않고 자유롭게 질문·토론·변론하던 학술연구 방식 중 하나이다.

思, 姚鹿卿, 閩(福建 일대)의 張紹, 燕(북경 일대)의 潘柄, 郡人 李燔,
胡泳, 繆惟一과 함께 놀며 會講이 끝나자 文公을 노래하는 賦를 지어
서로에게 주었고 이에 流芳이라는 이름을 만들어 문 위에 걸고 岸의 왼
쪽에 있음을 기념한다.

『유방교지』에는 또

> 永嘉년간에 陳淳祖가 여기를 지켰고, 명령을 받아 세워 백록동에서
> 회강하였다. 학생들이 수백 명이었다.[23]

후대 서원의 회강은 이 기초 위에서 더욱 발전하였고, 스승과 제자
의 토론은 일종의 제도로 정착하였다. 청대 정도모靖道謨는 백록동서
원을 관리할 때 『녹동서원속규鹿洞書院續規』를 정해 '회강유기會講有
期'편에 아래와 같이 규정하였다.

> 지금 課文 외에 매월 초 6, 11, 21, 26일의 4일을 회강의 날로 삼는
> 다. 매번 巳時에 강당에 모여 未時에 끝낸다. 5명을 率로 하여 사람마
> 다 책의 1章씩을 講한다. 主講은 講한 책의 어려운 점을 묻고 서로 토
> 론한다. 기이한 점은 함께 감상하고, 의문점은 서로 분석한다…… 무릇
> 講은 그 평소에 배운 바를 講하는 것이고, 習은 평소에 講한 것을 익히
> 는 것이다. 서로 깨우쳐 주고 들은 바를 알려주며 아는 바를 행하니 德
> 業이 高明光大하지 않을 수 있겠는가? 회강을 하지 않는 때에도 서로
> 의 자리에서 때때로 서로 상의한다.[24]

---

23 『流芳橋志』: "新安朱候建橋在白鹿洞之東南隅、西直五老, 溪流紺結, 未之名。同遊
江西張琚、羅思、姚鹿卿、閩張紹、燕潘柄,　郡人李燔、胡泳、繆惟一。會講洞學畢,
相與歌文公之賦, 得名流芳, 卽揭楣間, 因紀岸左"; "永嘉陳淳祖假守是邦, 被命造朝, 以書
考日謁辭鹿洞會講。預者……諸生幾百人"

위의 규정은 회강의 일시를 명확히 정해두었지만, 회강을 하지 않는 날에도 편하게 토론할 수 있도록 정해 놓았다. 또 학생의 주동성을 중시하여 자유로이 발언하게 하며, 교사가 학생에게 난제를 던지면, 서로 토론하며 깨우쳤음을 알 수 있다. 이러한 상황은 다른 서원에서도 쉽게 볼 수 있었다.

이렇듯 회강은 실은 스승과 제자의 평등한 토론이었다. 새로운 교육방식으로서 회강이 추구한 것은 과거가 아닌 학문 본위의 연구였다. 또 일부 서원에는 '회담會談'이라는 형식도 도입하여 "보름에 한 번 혹은 두세 번으로 사람수에 관계없다. 중간의 두 곳에 산장山長과 감원監院이 앉고 동서로 긴 의자를 두어 학생들이 나누어 앉는다. 혹은 며칠 동안 하고 싶었던 이치를 이야기하고 혹은 고금에 대해 논한다. 구속받지 않아 이득이 특히 많다."[25]고 한다. 이러한 방식은 회강이 발전한 새로운 방식으로 학문의 연구에 많은 도움이 되었다.

다시 악록서원에 대해 이야기하자면 청대 이르러 비록 관학화의 길을 걷게 되었지만, 위와 같은 학풍은 여전히 이어져 왔다. 이문소李文炤가 산장으로 있을 때『악록서원학규嶽麓書院學規』를 세워 명문으로 학생들이 서로 토론하고 연구하도록 규정하였다.

역사적으로 볼 때 서원의 회강은 스승과 제자간의 학문연구에 그

---

24 『鹿洞書院續規』: "今擬于課文外, 每月以初六, 十一, 廿一, 廿六, 四日爲會講之期. 每會於巳刻齊集講堂, 終未刻而罷. 以五人爲率, 人講書一章. 主講就所講之書問難楊榷. 有奇共賞, 有疑共析……蓋講, 以講其平日之所習; 習, 卽習其平日之所講. 交互發明相觀, 而善於以尊所聞, 行所知, 德業有不進於高明光大者乎? 卽非會講之期, 各有所, 無妨不時相商"

25 『味經書院志·敎法第五上』: "半月內或一次, 或二, 三次, 不拘口數. 中間兩邊設山長, 監院坐, 東西間設長凳, 分坐諸生. 或發明數日欲言之理, 或間論古今言之所在. 不拘不束, 尤爲得益"

쳤던 것이 아니고 서원교육의 발전을 이끌어 냈다. 역사의 기록으로
가상 이른 것은 주희와 장식張栻이 악록서원에서 행한 회강이다. 주
희와 장식의 학문은 모두 이정二程에게서 비롯되었지만, 몇 대를 거
치면서 학술적으로 다른 특징을 보인다. 건도乾道 원년(1167) 장식이
악록서원을 관리할 때 주희는 제자들과 함께 방문한 적이 있고, 강당
에서 장식과 학문에 대해 토론하였다. 『악록지嶽麓志』3권의 기재에
의하면, "건도 정해丁亥에 장사長沙에 가 장남헌張南軒(장식의 호)을
방문했고, 성남城南의 악록에서 강학했다." 당시 청중이 매우 많아
"한 때는 차와 말이 너무 많아 저수지의 물이 말랐다."고 한다.

　이 밖에도 당시 주희, 장식과 함께 유명했던 육구연은 학술사상에
서 일가의 학문을 이루어 주희의 '궁리窮理'에 반대되는 '발명본심發
明本心'·'육경주아六經註我'의 심학을 주장하였다. 육구연은 여조겸呂
祖謙의 주최로 강서江西 신주信州 아호鵝湖에서 주희와 토론한 후 많
은 부분에서 대립하였지만, 주희는 육구연을 백록서원에 초청했고,
함께 강당에 올랐다고 한다. 당시 육구연이 『논어』의 "군자는 의義에
밝고, 소인은 리利에 밝다."는 내용을 강연할 때 많은 이들이 감동하
였고, 심지어는 눈물을 흘리는 자도 있었다 한다. 이에 주희는 자신
과 다투었던 것을 개의치 않고 이 내용을 비석에 새겼다.[26] 또 남송
사공학파事功學派[27]의 진부량陳傅良 역시 악록서원에서 강학한 바 있
으며, 악록의 학풍에 많은 영향을 끼쳤다.[28]

---

26 『朱文公文集』80권, 『宋史·道學列傳』참조.
27 역자주 : 남송시대 주희의 '이학', 육구연의 '심학'과 정립鼎立하던 학파로, 영가永嘉
　지역에서 주로 발전하여 '영가학파'라고도 불린다. '의義'와 '리利'가 서로 배척하는 것이
　아니라 일치한다고 주장하여 '공리학파功利學派'라고도 한다.
28 『宋元學案·良齋學案』.

여기에서 볼 수 있듯이 서원의 회강은 그 자신의 교육에 도움이 되었을 뿐만 아니라, 학술교류에도 많은 기회를 제공하여, 서원의 닫혀 있던 문을 열고 다른 학문의 장점을 수용하게 하였다. 이는 이전 교육에서는 볼 수 없던 현상이었다. 선진先秦시대[29] 직하稷下[30] 학궁學宮의 강학 역시 매우 흥성하여, 당시 많은 인재들이 운집하고 서로 변론하여 백가쟁명의 화려한 꽃을 피웠지만, 조정 외에는 민간 학파가 세운 학교가 존재하지 않았다. 이렇듯 민간 학파의 사학에서 다른 학파가 강학활동을 했던 것은 서원의 큰 특징 중 하나였다. 이는 서원교육이 학술연구를 목표로 삼았기에 가능했던 것이다.

어떤 학자는 서원의 '강회講會'[31]가 남송시대에 시작했다고 주장하지만,[32] 강회가 서원교육의 정식 규칙으로 등장한 것은 명중엽 이후이다. 보통 명 호거인胡居仁이 "돌아가 향인鄕人 누일재婁一齋·나일봉羅一峰·장동백張東白과 익양弋陽의 귀봉龜峰·여간餘干의 응천사應天寺에서 만났다."는 것을 예로 들며, 이를 명대 서원 강회의 기원으로 본다. 그러나 송명대의 사서를 둘러보면 서원 강회의 흥성은 왕양명으로부터 시작되었다는 것을 쉽게 알 수 있다. 『명사明史』에 따르면

> 正德, 嘉靖의 때에 王守仁은 軍旅에서 제자를 모았고, 徐階는 재상이 되는 날에도 강학하여 그 영향은 朝野를 흔들었다. 이에 紳士들은 강회를 열고 서원을 세워 멀리 가까이서 서로를 보았다.[33]

---

29 역자주 : 중국에서 진시황제의 통일제국 진秦 이전의 시대를 일컫는 말.
30 역자주 : 전국시대 제나라의 학궁으로 조정에서 경비를 대지만, 개인이 관리·경영하던 학교로, 관학과 사학의 혼합체이다.
31 역자주 : 명대 유학자들이 모여 자유롭게 토론과 변론하던 학술교류로 회강과 유사한 성격이나, 후에는 조직적·정규적 성격을 띠는 서원교육의 큰 특징이 되었다.
32 李才棟, 『關於書院'講會'與'會講'之答問·白鹿洞書院史略』, 教育科學出版社, 1989.

　왕양명은 명 가정 4년(1525)에 여요餘姚의 용천사龍泉寺 중천각中
天閣에서 처음으로 강회하였고, 그『연보年譜』에 상세한 내용이 기록
되어 있다. 왕양명은 이곳에서 강회의 시기, 원칙과 방법을 정하고
강회에서 평등하게 토론하고 감정 섞인 발언을 금하였으며, 학문수
양을 높임으로서 서로를 이끌도록 독려하였다.[34] 이것이 바로 사서에
서 볼 수 있는 강회의 규정에 관한 최초의 자료이다.

　왕양명이 살아있을 때 그 제자들은 스승을 모방해 석음회惜陰會라
는 것을 행했고, 이 역시 후대 강회에 중요한 영향을 끼쳤다. 이러한
'모임'은 양명학에만 존재하는 것이 아니었고, 담약수의 학파에도 천
천회天泉會, 주자학파에도 자양회紫陽會와 같은 것들이 존재해 강회
가 이미 당시 유행이 되었음을 알 수 있다. 이러한 강회는 서원 안팎
에서 진행되었다. 후대 서원이 '회약會約'을 규정한 것에서도 강회와
서원의 밀접한 관계를 볼 수 있다. 후대 서원의 '강회'는 '회강'을 포
힘하였고, 엄격한 규율을 갖춘 '학술집회' 또는 '조직'으로 발전하여,
서원교육의 중요한 일부 및 명확한 특징이 되었으며, 청초까지 계속
이어져 왔다. 각 학파의 서원 대부분이 이러하였다.

　서원의 강회제도를 정리하자면,[35] 아래와 같은 몇 가지 특징을 지
니고 있다.

　첫째, 강회는 비교적 완벽한 조직형식을 띠고 있다. 강회 날짜에도
명확한 규정을 가지고 있어, 일반적으로 연회年會와 월회月會의 두

---

33 『明史』 231권 : "正、嘉之際, 王守仁聚徒於軍旅之中, 徐階講學與端揆之日, 流風所
被, 傾動朝野, 於是縉紳之士、遺佚之老, 聯講會, 立書院, 相望於遠近"
34 『王文成公全書』 34권.
35 아래의 자료들은 『紫陽書院志』·『東林書院志』·『姚江書院志略』·『還古書院志』 등
을 참고했다.

종류로 나타난다. 예를 들어 자양서원紫陽書院의 강회는 다음과 같다. 대회大會는 매년 9월 15일 주희의 탄생일 또는 3월 15일 주희의 기일에 거행하였고, 매년 대회는 1번 또는 2번으로 일정하지 않았다. 월회月會는 매월 초8·23일에 각 한 번씩 거행하였고, 회기會期는 모두 3일이었다. 환고서원還古書院은 매년 대회를 두 번 열었다. "봄에는 청명淸明 뒤의 3일, 즉 제4·5·6일로 정하고, 가을에는 추석 전 3일, 즉 11·12·13일로 정했다."고 한다. 동림서원東林書院은 "매년 한차례 대회를 봄 또는 가을에 열었고, 기간은 상황에 맞게 정하였다.", "매월 한차례씩 소회小會를 여는데, 정월·6월·7월·12월의 매우 덥고 추운 때를 제외한다. 2월·8월의 가운데 정일丁日을 시작으로 하며, 다른 달은 14일을 시작으로 각 3일간 시행한다."고 하였다. 요강서원姚江書院은 원래 "매월 초하루에 모임을 정한다."고 하였다가, 후에 "춘春정월·하夏5월·추秋9월·동冬12월에 거행하고, 정월과 9월은 10일, 5월은 6일, 12월은 16일"로 바꾸었다.

강회 참가자들도 반드시 일정한 수속을 밟아야 했다. 『자양강당회약紫陽講堂會約』에는 불교와 도교를 논하는 자, 三教(유불도) 합일을 주장하는 자, 겉으로는 유가 속으로는 불교를 믿는 자, 천륜을 어지럽히는 자, 명분과 절조를 지키지 않거나 명리를 탐하는 자, 거짓을 말하는 자, 스승을 욕되게 하는 자 등의 입회 거부를 규정했다. 또 입회하고자 하는 자는 반드시 강회에서 일정한 신분이 있는 자가 소개해야 했으며, 먼저 회장에게 보고하면, 회장은 각읍의 회종會宗들에게 통지하였고, 문제가 없어야만 비로소 입회할 수 있었다.

강회의 직책이나 의식 등에도 더욱 엄격한 규칙이 있으나, 여기에서는 일일이 설명하지 않겠다.

둘째, 강회가 학문 위주였다는 것이다. 서원이 관학의 부족함을 보완할 수 있었던 것은 본래 그가 과거를 위주로 하지 않았고, 학문 추구를 우선시했기에 가능했던 것이다. 고헌성顧憲成은 『동림회약東林會約』에서 강회의 제일 큰 이익이 바로 "도의道義로서 서로 갈고 닦는다."라 하였고, 또 "모음으로 배움을 밝히고, 배움으로 도를 밝힌다."고 첫째 문장에 표기하였다. 자양서원 역시 강회회약의 첫째 줄에 "정학正學을 숭상한다.", "경經에 힘쓰고 수행을 밝히며, 주정장주周程張朱의 학문을 숭상한다."고 천명하였다.

강회에서는 서로를 갈고 닦으며, 상대의 장점을 익히고 자신의 단점을 메우는 학풍을 존중하였다. 예를 들어 동림회약은 강회에 참가한 자는 "물을 것이 있으면 묻고, 상의할 것이 있으면 상의한다."고 요구하였다. 고헌성은 이를 구익九益으로 삼아 "한 명의 견문은 유한하나, 많은 사람의 견문은 무한하다."고 주장하며, 많은 이들의 적극적인 참가를 독려하였다.

셋째, 강회는 사회와 서원 학술활동의 연결점이 되었다. 서원의 강회로 서원에는 활발한 학술활동이 펼쳐졌고, 서원의 학술적 지위와 사회적 영향력을 높였다. 명대 우산서원은 "우산 회강에 오는 자는 막지 않으며, 사람들은 모두 요순堯舜을 위해 자유로운 발언을 할 수 있다. 우리 백성의 연령이 높은 자와 어리지만 의리義理를 아는 자는 향약鄕約·공정公正·양리糧里·시정市井·농부農夫를 나누지 않고, 승려와 도사를 나누지 않고, 현지와 타지를 나누지 않고, 오직 듣기 원하는 사람은 하루 일찍 혹은 그날 일찍 회부會簿에 이름을 기록한다. 강당에 손님과 주인이 모두 오기를 기다려, 이서吏書를 들고 가 규칙대로 예를 행한다. 가슴에 뜻이 있는 자는 스스로 강당에 올라가 강설講說하길 허락한다."[36]고 하였다.

강회는 서원의 교육과 사회의 학술활동을 하나로 연결하여, 제도화된 '학술집회' 또는 '조직'으로 발전하였다. 그 의미는 서원 강학의 본래 범위를 뛰어넘었고, 서원의 진보적인 면을 드러내고 있다.

이상으로 학술과 교육의 관계 및 교학과 학술의 조직이라는 두 방면에서 서원의 학술 기능과 특징을 논하였다. 이로서 근본적으로 서원의 발전이 왜 시종일관 학술의 변화와 깊은 관계를 맺고 있는지 이해할 수 있었고, 서원교육의 주요한 특징을 알게 되었다. 비록 후기의 서원이 관학화의 길을 걸으며 종종 원칙을 벗어나는 현상이 나타났지만, 관학의 굴레를 탈피하려는 경향 역시 자주 출현했다. 동림서원이 바로 그 주요한 예의 하나이다.

제2절 서원과 유가문화의 사회전파

서원은 개방적인 교육을 방침으로 삼았기에, 주동적으로 사회에 문화지식을 전파하였다. 역사적으로 일부 유명한 서원은 학술과 학파의 활동중심이면서 동시에 문화와 교육의 중심, 지방문화 전파의 요지로 소재지의 교화 및 문화의 보급에 특수한 역할을 하였다.

1. 문화유포와 서원

서원은 학문의 연구로 흥성하였고, 이로 인하여 많은 악재를 겪기도 하였다. 명대의 통치자들은 서원을 4차례 훼손하였고, 청초에는

---

36 『虞山書院志』 4권 : "虞山會講來者不拒, 人皆可以爲堯舜, 何論其類哉. 我百姓年齡高者與年少而知義理者, 無分鄕約、公正、糧里、市井、農夫, 無分僧道遊人, 無分本境地方, 但願聽講, 許先一日或本日早報名會簿, 俟堂上賓主齊, 該吏書領入, 照規矩行禮. 果胸中有見者, 許自己上趨講說"

"그 사설邪說을 제창提唱한다.", "무리로 도당徒黨을 만든다." 등의 죄명을 뒤집어 씌워 서원의 건립을 엄격히 금지했다. 그러나 서원의 맥은 끊이지 않았고, 반대로 더욱 발전하였다. 이리하여 역대 통치자들은 그에 대한 통제를 강화하며, 관학화官學化의 길로 몰고 갈 수밖에 없었다. 이는 서원의 역사적 지위를 다른 무엇으로 대체할 수 없었음을 반증한다. 먼저 서원의 수에서 볼 때, 통계에 의하면 송대 서원은 총 397개소, 원대 총 227개소, 명대 1239개소, 청대 1900여소라 한다.[37]

위의 수치는 1920년대의 통계자료이며, 최근의 서원연구의 상황으로 볼 때 역대서원의 수는 이보다 훨씬 많고, 청대만도 이미 2000여개소를 넘는다 한다.

다음으로 서원의 분포범위를 볼 수 있다. 이에 대한 통계로 송대 서원은 주로 강남江南[38] 일대에 집중해 강서江西·호남湖南·절강浙江·복건福建에 가장 많았고, 원대에도 여전히 강남 일대가 가장 많았으며, 주로 양자강揚子江·주강珠江·황하黃河 유역에 분포하였다. 명대에도 역시 이 세 유역에 가장 많았지만, 전국으로 퍼져나가는 형세를 보인다. 청대에 이르러 그 분포지역은 이미 전국에 퍼져 변경 및 대만도 포함되었다.[39]

위와 같은 많은 서원의 수와 넓은 분포를 통해 서원의 사회문화에 대한 영향력이 얼마나 컸는지 알 수 있다. 서원은 또 중국 소수민족 문화의 발전에도 기여하였다.

---

37 曹松葉, 「宋元明淸書院槪況」, 『中山大學語言歷史硏究所週刊』 第10集.

38 역자주 : 주로 양자강 이남 지역을 일컫는 말.

39 曹松葉, 「宋元明淸書院槪況」, 『中山大學語言歷史硏究所週刊』 第10集과 『教育大辭典』 第8卷 『中國古代教育史(上)』, 上海教育出版社, 1991.8 참조.

송대 소수민족 지역이었던 여주黎州에 옥연서원玉淵書院 등을 건
립하였으나, 그 수는 많지 않았다. 명대에 들어와 소수민족 지역의
서원은 점차 많아지기 시작하였다. 호남湖南을 예로 들자면, 상서湘
西는 소수민족이 비교적 집중된 지역으로 역사적으로 '오계만五溪蠻'
이라는 별명을 가지고 있다. 고진주古辰州는 명청이전에는 상당히 낙
후한 곳으로 역대 황제들의 소수민족에 대한 억압으로 분쟁이 자주
일어나던 곳이었다. 명청대에 이르러 문화교육을 통해 그에 대한 통
제를 실시하였다. 그리하여 조정의 지원 아래에 진주辰州를 4개의 현
과 3개의 청廳으로 나눠 부현府縣의 학궁學宮을 세웠다. 이와 동시에
서원도 연이어 들어서 호계虎溪·숭정崇正·강계讓溪·용산龍山·유양
酉陽·학명鶴鳴 등의 15개 서원이 세워졌다.[40] 그중 원릉沅陵에 건립
된 호계서원虎溪書院이 가장 유명하였다. 왕양명이 복직하여 상경하
는 길에 이곳을 지났고, 호계서원에 머물며 강학하였다 한다. 또 무
릉武陵 사람 장신蔣信과 왕래하며 논강論講하였고, 현지의 진사進士
였던 당유현唐愈賢 등이 그를 따라 한 때는 사방에서 온 학자들이 매
우 많았다 한다. 이는 현지의 폐쇄된 문화를 깨는 역할을 하였다.

상서 이북의 영순현永順縣은 토가족土家族이 모여사는 곳으로 원
대에 토사제도土司制度[41]와 우민정책愚民政策을 실시하여 현지인들이
글을 읽는 것을 금지해 문화교육이 불가능하였다. 명대에 이르러 조
정에서는 "토사 및 토관土官 자제들 중, 무릇 토직土職의 계승을 원하
는 자는 반드시 학교에 들어가야 하고, 학교에 들어가지 않는 자는

---

40 『辰州府志』 참조.
41 역자주 : 소수민족의 장에게 관직을 주어 일정 정도 자치를 인정하는 제도로, 일종
의 이이제이 통치법이다.

계승할 수 없다."⁴²고 규정하여 토사의 자제들이 진주에서 배우게 되었다. 명 만력년간에는 유명한 토사 팽원금彭元錦이 관아의 소재지인 복석성福石城에 현지의 첫 번째 서원인 약운서원若雲書院을 세우고 토사 및 사관의 자제들을 입학시켰다.⁴³ 그러나 그 교육정도는 의학義學 및 사숙私塾에 불과했다. 청대에 이르러 영순부永順府로 승격되면서 비로소 의학義學을 설립했다. 당시 조정의 지원하에 부府에는 숭문崇文·영계서원靈溪書院이, 현縣에는 대향서원大鄕書院이 세워져 현지에서 많은 인재들을 배출하고 현지 문화교육사업의 발전을 이끌었다.

또 상남湘南의 강화江華 지역은 변두리라는 지역적 위치와 불편한 교통으로 그 문화수준이 매우 낮았다. 송대 각지의 유민들이 들어와 깊은 산속에 자리 잡고 원시적 생활을 영위했다. 청대에 이르러 관부는 '신민新民으로의 귀화歸化'라는 목적을 가지고 이곳에 의학을 설치했다. 이에 따라 서원도 들어섰다. 『강화현지江華縣志』의 기록에 따르면 건륭 9년(1744) 읍령邑令 진가곡陳嘉谷이 금강錦崗(원 금강의학錦崗義學이 있던 곳)에 수봉서원秀峰書院을 세우고, 같은 해에 금전의학錦田義學의 옛 자리에 금전서원錦田書院을 세웠다 한다. 건륭 38년(1733)에 읍령 구양계歐陽桂가 상오보의학上五堡義學의 옛 자리에 삼숙서원三宿書院을 세워 요족瑤族의 자제들이 공부하게 하여 요족의 문화교육을 크게 발전시켰다.

청 전기 조정의 민족문화 통치에 대한 방침은 "그 가르침을 고치나 그 풍속을 바꾸지 않는다."였다. 하지만 문화가 낙후된 민족이 선진

---

42 『辰州府志』:"土司及土官子弟, 凡要承襲土職者, 必須入學, 不入學者不得承襲"
43 中華民國, 『永順縣志』 참조.

문화를 가진 민족을 점령한 후에는 필연적으로 문화에서는 선진적인 민족에게 정복되게 되어 있다. 이는 문화발전의 기본 원칙으로 청이 이러하였다. 청은 천하를 복종케 하기 위해 어쩔 수 없이 한족의 선진적 유가문화로 그 통제를 강화했다. 순치順治 원년(1644) 조정은 한족 출신 관료의 "만주 팔기八旗 지방 빈 방 하나를 두어 서원을 세워야 한다."는 건의를 받아들여 팔기의 자제들을 가르쳤다.[44] 옹정雍正 11년(1733) 조정은 정식으로 각 성에 서원을 설립하라 명령하여 서원과 관학은 함께 당시 주요한 교육기구가 되었다. 또한 청대에는 부현학府縣學만 세우고 성학省學을 세우지 않아 서원은 각 성에서 성학의 지위를 대신하여 더욱 중요한 역할을 하였다.

분포지역으로 볼 때 청대 북방지역의 서원은 점차로 많아져 만족滿族의 문화에 큰 영향을 끼쳤다. 지방지의 기록에 따르면 만족 자제를 위해 세운 백산서원白山書院은 가경 19년(1814) 부준富俊 장군이 현재의 길림吉林에 세워 팔기의 자제들이 공부하게 하였다고 한다. 광서 7년(1881)에는 만한교습滿漢敎習을 확대하여 팔기의 자제들에게 한문을 가르쳤다. 용성서원龍城書院은 강희 15년(1676)에 영고탑寧古塔(현 흑룡강黑龍江 영안寧安)의 장군 하달哈達이 '만주학방滿洲學房' 십칙十則을 상주해 건립한 것으로 황제에게 '용성서원龍城書院'이라는 이름을 하사받고 팔기의 자제들을 가르쳤다. 장백서원長白書院은 청 동치 11년(1872)에 수원성綏遠城의 안정安定 장군이 팔기의 관병들을 설득해 세운 곳으로, 팔기의 자제들을 학생으로 받아들여 교육하였고, 광서 5년(1879)에 계수서원啓秀書院으로 바꾸었다.

남방에는 총독總督 오당吳棠이 동치 10년(1871) 성도成都에 만성서

---

44 『淸世祖實錄』 11권 : "滿洲八旗地方個覽空房一所, 立爲書院"

원滿城書院을 세워 팔기의 자제들을 교육시켰고, 보문서원輔文書院은 희원동希元同 장군이 광서 4년(1878)에 호북湖北 형주荊州에 세운 곳으로 팔기의 자제들에게 활쏘기를 겸해 문무를 함께 가르쳤다.

이외에도 각지에 주둔해 있는 팔기의 자제들을 위해 청 중엽에 많은 서원들이 세워졌다.

이상은 비록 민족주의적인 경향이 담겨있지만, 객관적으로 볼 때 만족문화의 발전을 촉진시켰고, 만한滿漢 민족문화의 교류와 융합을 앞당겼다. 이 외에도 청대 기타 소수민족 지역의 서원도 지속적으로 증가하였다. 옹정 2년(1724) 토묵특土默特 도통都統 단진丹津은 귀화歸化에 서원을 세우고 몽골족 자제를 입학시켜 사서에는 몽고학서원蒙古學書院이라 불린다. 광서 초기 위그르족 사목호색특沙木胡素特은 신강新疆 합밀哈密에 이주서원伊州書院을 세워 위그르와 한족 자제들이 함께 『백가성百家姓』·『천자문千字文』·『삼자경三字經』·『논어』, 『맹자』와 같은 유가의 기초 교재를 배우게 하였다. 심지어는 대만에도 고산족高山族 자제를 교화하기 위한 지심서원止心書院이 세워지기도 하였다.

소수민족 지역에서의 서원발전은 물론 그 정치적 목적이 있지만, 서원의 교육보급 역할에 대한 인식과 깊은 관계가 있다. 이렇듯 서원은 민족문화의 소통에 적극적인 역할을 하였다.

2. 서원과 향속鄕俗의 교화

향촌의 민속문화는 중국 전통문화의 중요한 부분을 구성하고 있다. 실제로 유가의 수신·제가·치국·평천하 이상은 꼭 사상가의 전유물만은 아니다. 역사적으로 이 자체는 중국 고대사회 윤리문화의 소산이었다. 예악 교육 역시 사회 풍습문화의 총체總體이다. 이는 또 반대로 향촌 민속문화에게 올바른 방향을 제시하면서 이를 통제하는 역할을 하였다.

그러나 향속문화는 스스로 생겨난 것으로 일정한 범위를 벗어나면 유지되기 힘들어, 사상가의 정의定義와 개괄槪括을 통해 이성을 자각하는 산물이 되었다. 또 통치자들에 의해 선전·확산되어 국가와 사회생활의 공통 준칙으로 변해 사회생활과 사람의 마음을 통제하는 문화형식이 되었다. 그러나 중국 고대 전통사회에서는 모든 사람들이 학교 교육을 받는 기회가 주어지지 않았기에, 중국의 전통적 교육은 정규 학교교육에만 그치지 않고 대중의 교화도 책임졌으며, 각종 방식으로 백성에게 전통윤리를 주입시켰다. 이로서 서원교육은 향속의 교화와 깊은 관련이 있고, 심지어는 향속의 교화에 이용당하는 실질적인 향속교화 기구가 되었다. '가족 서원'이 바로 이 중 하나로 이러한 서원은 당대에 이미 나타났고, 청대에도 여전히 지속되었다.

당 대순大順년간(890~891)에 진씨의문陳氏義文이 건립한 의문서원義文書院(별칭 동가서당東佳書堂)이 바로 가족 서원이다. 이 가족 서원들은 처음에는 자신 집안의 자제들만 가르쳤으나, 나중에는 현지에서의 영향력이 커져 집안 외의 제자들도 받아 들였다.

당대 강서 고안高安의 계암桂岩 행씨幸氏 집안도 서원을 세웠다. 행씨의 후예 행원룡幸元龍은 "계암서원桂岩書院은 고안군高安郡 북쪽 60리에 있고, 당의 국자감 좨주 행남용幸南容 공의 옛 자리이다.", "예전에 이 산에 관을 열고 수업했다."[45]며 집안의 자제들을 학생으로 받아들였다.

---

45 『桂岩書院記』: "桂岩書院在高安郡北六十里, 唐國子祭酒幸南容公之舊址也", "昔嘗卜此山開館授業"

강서지방에는 오대와 송대에도 가족적 성격이 강한 서원이 많았다. 건창建昌에 진사열陳思悅이 세운 사평서원社平書院, 분녕分寧의 황씨黃氏가 세운 지대서원芝臺書院, 축씨祝氏가 세운 유방서원流芳書院, 남창南昌의 정씨程氏가 세운 비린서원飛麟書院 등이 그것이며, 그 중 건창의 홍씨洪氏가 세운 뇌당서원雷塘書院, 봉신奉新의 호씨胡氏가 세운 화림서원華林書院이 가장 유명하다.

뇌당서원은 뇌호서원雷湖書院이라고도 불리며, 『송사宋史』의 기록에 따르면 홍문무洪文撫가 "뇌호雷湖에 살면서 북쪽에 서사書舍를 짓고 학자들을 불러모았다."[46]고 한다. 지도至道년간(995~997)에 송 태종은 내시 배유裵愈를 시켜 어서御書와 재물을 주었다 한다.

화림서원은 오대시기 봉신의 호당胡瑭이 지었다. 송 순우淳佑 6년(1246) 호당의 12세손 호일가胡逸駕는 호당이 "오직 장자 (호)당 할아버지만이 화림에 계셨고 대종가가 되었다. 원수봉元秀峰 아래에 서원을 건립하고, 방을 백 개 짓고 영호英豪들을 받아들이며 만권의 책을 소장하여, 그 꽃을 활짝 피웠다."[47]고 기록하였다. 위의 기록은 조상을 너무 받드는 면이 없잖아 있지만, 호당이 서원을 지었다는 것은 사실이었다. 후에 호당의 3세손인 호중요胡仲堯가 그것을 확장하여 송대 유명 서원 중 하나가 되었다.

위의 진씨 의문서원·홍씨 뇌당서원·호씨 화림서원은 비록 가족적 성격이 강한 서원이었으나, 자신의 가족들 외에 다른 이들도 학생으로 받아들여 후세에도 많은 칭송을 받았다. 양억楊億 이 지은 『뇌당

---

46 『宋史·洪文撫傳』: "就所居雷湖北創書舍, 招來學者"
47 『祭華林始祖侍御史城公祝妣耿氏大人之墓文』: "唯長子瑭祖居華林, 家風成友爲大宗家。元秀峰下建立書院, 築室百區, 廣納英豪, 藏書萬卷, 俾咀其葩"

서원기雷塘書院記』에는 이 세 서원을 '강동江東에 정립鼎立'[48]한 3대 명서원이라 기록하고 있다.[49]

가족 서원은 청대에 더욱 발전하여 이전의 가족 서원이 흥건 또는 재건된 것 외에도, 새로운 가족 서원이 다수 생겨났다. 호남의 신전新田 지역만 하더라도 청대에 한 집안 혹은 여러 집안이 함께 만든 서원이 13개소에 달한다.[50]

가족 서원이 흥성한 이유는 먼저 당 중후기 및 송 이후 종법조직 성격의 변화를 들 수 있다. 중국 종법조직은 하상주 시기에 시작한다. 당시 정치와 혈연은 높은 정도로 관련되어 가족은 실제로는 권력기구를 위해 존재하였다. 동한 및 육조 시기의 가족은 정치의 변화로 인해 약간 감소하였으나, 가문과 출신을 중시하던 문벌세가 또는 호족세력은 여전히 통치집단과 긴밀히 연계하였다. 수당대에 이르러 시험으로 인재를 뽑는 과거제가 구품중정제九品中正制를 대체하면서 호족과 문벌의 세력이 크게 약화되었고, 결국은 역사의 무대에서 사라졌다. 그러나 당 중후기 조전제租佃制의 실시로 소농들이 붕괴되어 서족庶族 지주地主들은 자신의 안전과 이익을 지키기 위해 적극적으로 가족조직을 보호, 제창하여 양자강 유역 및 화남 각지의 새로운 가족조직이 또다시 신속하게 발전하였다. 하지만 이러한 가족조직은 이전과는 다른 성격을 가졌다. 이들은 가족들의 정치 및 문화 각 방면에서의 수요를 만족시키며 가족내 전통관계를 안정화하며 더 나아가 전통사회 질서의 유지를 목표로 하였다. 이리하여 이는 정치권력

---

48 光緖, 『江西通志』: "鼎峙於江東"

49 光緖, 『江西通志』: "鼎峙於江東"

50 謝義遜, 「新田縣族辦書院」, 『書院硏究』 제2집, 湖南省書院硏究會, 1989.10. 참조.

기구도 아니며 호족세력도 아닌 서족庶族내 자발적으로 생겨난 지방 조직이 되어 향촌에 뿌리 깊게 박혀 갔다. 이러한 가족조직의 주요 업무는 내부 관계의 조정과 가족내의 수요를 만족시키는 것이었다.

다음으로 가족 서원은 또 많은 편리함을 가지고 있었다. 한 가문은 자신들의 넓은 땅과 자금을 가지고 있어 서원 건립이 용이하였다.

또 서원교육은 본래 신분에 따른 것이 아닌 평민교육의 색채를 띠고 있다. 게다가 가족 서원은 빈부에 따르지 않고 자신의 가족들이 입학하게 하여 많은 인재 배출이 가능하였다. 가족 서원이 오랫동안 쇠락하지 않았던 점은 바로 이러한 점 때문이었다.

가족 서원은 주로 가족들의 수요를 만족시키고 가족내 관계를 조정하기 위해 세워졌다. 그 대부분은 지식의 전파와 과거에 편중되어 문화교육적인 일면을 가지면서 집안을 세우는 면도 가지고 있다. 이것이 바로 서원의 사회교화 기능의 가장 두드러진 특징이었다. 실제로 후세의 무수한 명유, 대가들이 서원에서 강학할 때 학술연구를 중시하는 것 외에도 서원의 이 방면에서 능력을 홀시 하지 않았다. 명대 대유 왕양명이 바로 이 전형적인 인물이다.

양명학은 '심학心學'이라고 한다. 주희의 학설과는 다르게 그는 이理를 '천리天理(자연법칙)'에서 인간의 내심에 끌어들였고, '지선至善'은 마음의 '본체本體'로 '심心은 이理이다. 천하에는 심 외의 일은 없고 마찬가지로 심 외의 이도 없다.'[51]는 '심즉리心卽理'설을 주장하였다. 이로서 객관적 의의인 '이'를 주체적 의의인 '양지良知'로 삼았다. 양지는 또 인간의 영혼 깊은 곳에 숨어있는 것으로 비록 어리석은 사람이라 할지라도 모두 양지를 통해 성인의 경지에 이를 수 있다 하였

---

51 『傳習錄』上 : "心卽理也。天下無心外之事, 同樣無心外之理"

다. 그러나 심은 신비한 것이 아닌 반드시 구체적 사물과 행동으로 드러나야 한다. 이러한 사상에서 출발하여 왕양명은 강학은 실생활, 구체적 사물과 동떨어져서는 안 된다는 '지행합일知行合一'설을 주장하였다. 또 다른 면에서 왕양명은 명 조정에 있을 때 다년간의 정치 경험에서 비롯한 '마음 속 도적을 무찌른다'는 생각으로 사람들의 사상과 행동을 통제하였다. 그리하여 그는 귀주貴州 용장龍場으로 좌천되었을 때 교육을 통해 풍속을 바꿔야 한다고 생각했다. 용강서원龍崗書院에서 강학할 적에 그는 하층사회 풍속의 교화에 매우 주의했고, 현지 주민들에게 전통예의를 가르쳐 현지인들의 존경을 받았다. 이후 그의 강학생애는 사학社學[52]의 흥기와 향약鄕約의 설치 등의 사회교육의 실천활동을 매우 중시했다.

비록 왕양명의 이러한 행동은 '정치와 교화의 합일政敎合一'이라는 자신의 정치적 목적에서 비롯되었지만, 그는 서원교육의 범위에 향촌의 교화를 포함시켜 서원의 사회문화 기능을 충분히 발휘하였고, 이는 역사의 진보를 나타냈다.

동시에 이는 송대 서원의 '독서궁리讀書窮理'라는 폐쇄적 양식에서 벗어나, 사회현실에 부응하는 새로운 학술과 교육으로 바뀌게 하였고, 또 후세의 서원교육에 큰 영향을 끼쳤다.

---

52 역자주 : 원명청 대에 설립한 지방의 소학小學으로, 원대에는 50가구를 하나의 '사社'로 삼고, '사' 한 곳당 학교 한 곳을 세워, 초등교육과 지방의 교화를 시행하였다.

제3장

발전과 변질: 서원의 변혁

　전통사회 후기의 신형교육기구로서 서원은 교육과 학술의 진흥, 사회문화 보급 등 방면에서 중요한 역할을 하였다. 그 특징은 아래와 같은 세 가지로 볼 수 있다. 첫째는 교육내용에서 관학이 과거에 중점을 둔 것과는 달리 학문의 연구와 문화지식의 보급에 중점을 두었던 것이다. 둘째는 교육방법에서 관학의 강제성과는 달리 서원은 자유로운 강학, 스승과 제자 사이의 자유로운 토론과 개방적인 교육에 중점을 두었던 것이다. 셋째는 교육체제에서 관학이 엄격한 관방의 통제하에 있었던 반면, 서원은 조정의 통치에서 자유로웠다는 것이다. 이러한 특징으로 서원은 과거가 중시되고 관학이 부패하는 추세에서 전통사회 후기교육의 중요한 기둥이 되어갔다. 하지만 바로 이 때문에 서원은 조정의 관심을 끌었고, 관방의 개입에 따라 점차로 '관학화官學化' 및 '과거화科擧化'로 변질되었다.

　그 원인으로 외부적으로는 통치자들이 끊임없이 서원에 개입, 통제를 강화했기 때문이었다. 서원은 '관의 지원을 통한 민간의 건립'에서 점차로 '관의 건립' 위주로 바뀌어 인사·재무·교육내용 등이 조정에 의해 통제되는 등 관학교육의 길을 걸으며 관학화 되어갔다.

　내부적 원인으로는 서원의 건립자들은 관학과 다른 특징을 갖으려고 노력하였지만, 서원의 건립으로 학교의 부족과 미흡한 점을 보완하는 것에만 그쳤다. 그리하여 서원과 관학은 실제로는 파派만 다를 뿐, 실제로는 같은 가문家門이었던 것이다. 또 서원교육의 최종 목표는 여전히 전통국가를 위한 인재 배양이었고, 당송 이래로 과거 인재 선발의 가장 중요한 방법은 과거시험이었다. 이러한 사회역사 환경 아래에서 서원은 필연적으로 과거와 관계를 맺을 수밖에 없었다.

제1절 서원의 관학화

서원은 비록 사학에서 탄생했지만, 통치자들은 처음부터 이 새로운 기구의 발전에 관심을 갖았다. 송초 조정은 지원과 자금원조의 방식으로 서원을 통제하려고 하였다. 당시 각 서원은 거의 모두 황제의 어서御書와 현판 등을 받았다. 숭양서원嵩陽書院·응천부서원應天府書院·악록서원嶽麓書院·모산서원茅山書院·석고서원石鼓書院·백록동서원白鹿洞書院 등이 이러하였다. 하지만 송대 서원은 아직까지는 '민간'의 성격이 강했다.

서원의 관학화가 본격적으로 시작된 것은 원대이다. 비록 원대 서원은 전체적으로 민간의 성격이 강하였지만, 조정은 정치권력을 이용해 서원에 대한 통제를 강화하기 시작했다. 원 인종仁宗 연우延祐 2년(1315) "회시會試에 합격한 거인擧人은 70 이상은 종7품 유관流官에 임명하고, 60 이상은 부주府州의 교수敎授에 임명한다. 그 외는 산장山長·학정學正에 임명한다."[1]하였다. 혜종惠宗 지정至正 3년(1343) 감찰어사 성준成遵은 또 "종장終場(마지막 시험)에 합격한 자는

---

1 『元史·仁宗本紀』: "賜會試下第擧人, 七十以上從七流官致仕, 六十以上府、州敎授, 餘竝山長、學正"

학정學正·산장山長에 임명하고, 국학생國學生으로 회시會試에 불합
격한 자는 종장의 거인擧人과 같다."[2]고 하였다. 학생들의 진로에 관
해서는 "경학京學, 부주학府州學 및 서원에 이르기 까지 무릇 여기에
서 공부한 학생은 수령守令이 추천하고 대헌臺憲이 검사하여 교관敎
官으로 삼거나 관리로 삼았다."[3]고 한다. 이렇듯 원 조정은 서원의 산
장·학정 등 인사의 임면권을 가지고 있었으며 심지어는 학생의 진로
까지 관여하였다. 동시에 원의 통치자들은 정주리학程朱理學을 일종
의 학술사상에서 통치사상으로 승화시켜 관학 및 서원의 교육내용으
로 삼았다. 이리하여 서원은 필연적으로 관학화의 길로 빠져들었다.
실제로 원대 관에서 설립한 서원의 비중 역시 확연히 증가하였다.

　명의 통제는 원보다 심하였다. 명대 서원은 그 수에서 비록 많은
발전이 있었지만, 관에서 설립한 서원이 60% 이상을 점유하여, 일반
서원은 관학과 그다지 큰 차이가 없었다. 이런 심각한 정치 개입은
심지어 명말 4차례에 걸쳐 서원을 폐지한 결과를 초래했고, 서원의
우수한 전통에 심각한 타격을 가져왔다.

　청대에 이르러 통치자들은 앞 왕조의 경험을 통해 더욱 서원을 통
제하여 절대다수의 서원을 조정이 관할하였다. 이로서 서원은 수적
으로는 전에 없는 발전을 이루게 되었지만, 민간에서 설립한 서원은
거의 사라져 전통적 서원의 정신 역시 절대다수의 관에 장악된 서원
에 묻혀 사라져갔다.

2　『元史·順帝本紀』: "可用終場下第擧人充學正、山長, 國學生會試不中者, 與終場
　擧人同"
3　『元史·仁宗本紀』: "自京學及州縣學以及書院, 凡生徒之肄業於是者, 守令擧薦之,
　臺憲考核之, 或用爲敎官, 或取爲吏屬"

1. 장교掌教 임명권의 통제

원대 서원의 산장은 관의 임명과 파견으로 이루어졌고, 조정의 명관命官[4]이 되었다.

청대 서원의 산장은 비록 조정의 명관은 아니었지만, 건륭원년(1736) 조서에서 각 성의 독무督撫·학정學政은 "무릇 서원의 장은 경에 밝고 행동을 닦아야 하며 많은 사인들의 모범이 되는 자로 예로서 초청해야 한다.", "본 성과 옆 성에 구애받지 않고, 또 이미 관직에 있는지 없는지도 관여 받지 않고, 오로지 품행이 방정하고 학문에 정통한 자로 사림士林의 존경을 받는 자를 골라 예로서 초대하고, 많은 녹봉을 주어 그가 편안하게 가르치게 한다."[5]하였다. 만약 성회省會[6]의 서원 산장이 잘 가르치고 인재가 많아졌다면 6년 후에 그 성과를 황제에게 올린다고 규정하였으나, 건륭 원년에서 30년까지 각 성의 독무들은 한 번도 황제에게 알린 적이 없었다. 건륭 30년에 이르러서야 비로소 유조劉藻가 운남 오화서원五華書院 산장 장견도張甄陶의 성과를 황제에게 아뢰었다. 이에 건륭제는 크게 화를 내며 "재소남齊召南이 있는 부문서원敷文書院, 요홍장廖鴻章이 있는 자양서원紫陽書院은 어찌 6년밖에 안 되었겠는가? 왜 한 번도 보고를 안 하는가? 짐은 이미 2명을 알고 있고, 각 성의 이와 같은 자가 적지 않을 것이다. 각 성의 독무는 왜 명령에 따라 그것을 보고하지 않았는지 상세히 조

---

4 역자주 : 왕명을 받아 임금을 대신하여 일을 주재하는 관리.

5 『淸會典事例』 395권 : "凡書院之長, 必造經明行修, 足爲多士模範者, 以禮聘請", "不拘本省鄰省, 亦不論已仕未仕, 但擇品行方正, 學問博通, 素爲士林推重者, 以禮相延, 厚給廩餼, 俾得安心訓導"

6 역자주 : 중국 성省의 정치·문화·교육·교통 등의 중심지, 우리의 '도청소재지'에 해당한다. 간혹 '성도省都'라는 말도 쓰나 ,이는 실제로 중국에서는 사용하지 않는 말이다.

사해서 올리고, 이후에는 모두 6년을 만기로 자세히 조사하여 보고하라!"고 하였다.[7]

『청회전사례清會典事例』등의 기록에 따르면 청대에 조정의 지원을 받은 성회 서원 산장으로는 호남 악록서원의 원장 나전羅典·구양후균歐陽厚均과 섬서陝西 관중서원關中書院의 대조계戴祖啓 등이 있다. 나전은 27년간 장교掌敎[8]로 있으면서 동안 4차례에 황제에게 그 성과가 보고되었고, 구양후균 역시 27년간 자리에 있으면서 3000여 명의 제자를 양성하여 수차례 황제에게 보고되었다. 대조계는 국자감 학정에 임명되기도 하였다. 강소 자양서원의 원장 심덕잠沈德潛과 팽계풍彭啓豊은 건륭제에게 '사유師儒를 석권'한 자라는 칭호를 내려받았다. 또 광동 월수서원越秀書院의 원장 유빈화劉彬華는 임기 만료 시에 학생들이 집단으로 상소하여, 스스로 재삼 사직을 청하였으나 다시 장교를 맡았다.

청대 가 성 성회 서원 산장의 수입은 상당하였다. 익록서원은 건륭년간에 매년 은 465량과 함께 매년 11월에는 쌀 22석도 하사받았다. 매년 11월 쌀 22석을 하사받았고, 광주 월수서원粵秀書院의 원장院長은 가경년간에 매년 720량 이상의 은을 수여받았으며, 광동 단계서원端溪書院의 원장은 광서년간에 매년 은 1000량을 받았다. 다른 큰 규모의 서원 역시 이와 비슷하였다. 광주 영원서원影院書院 산장은 매년 은 800량을 받았고, 월화서원越華書院의 원장은 매년 324량을

---

7 『淸會典事例』395권:"卽如齊召南之在敷文書院, 廖鴻章之在紫陽書院, 豈止六年之久? 何以從前未經辦及? 朕所知已有二人, 恐各省似此者尙復不少, 著各該省督撫將因何不行遵旨辦理之處查明具奏, 嗣後均以六年爲滿, 秉公考察, 分別核辦, 庶於勸學程功, 均有實濟"

8 역자주 : 서원의 장長은 '산장山長'·'원장院長'·'장교掌敎' 등으로 불렸다.

4분기로 나누어 주고 매월 소신은蔬薪銀·수사은隨使銀·지필은紙筆銀·백미절은白米折銀·교금轎金 등 20량을 받았다. 각 부주현府州縣[9] 서원 산장의 연수입은 그 출신, 학생과 과정 수에 따라 달랐다. 안휘 육문서원毓文書院은 거인擧人 연 200량, 진사進士 연 300량, 한림翰林 연 400량으로 분기별로 나누어 주었고, 식비 160량은 달마다 따로 주었다. 일반적으로 성회 또는 대도시 서원 산장의 연수입은 약 500량 정도였고, 부주현 서원 산장의 연수입은 200량 정도였다.

서원 산장은 수입이 많았을 뿐만 아니라, 사회적 지위 역시 상당히 높았다. 청대에는 새 산장이 오면 지방관은 반드시 학생들을 데리고 영접해야 했다. 호남 예릉醴陵의 녹강서원淥江書院은 "산장이 새로 오면 읍존邑尊 및 두 학사學師는 학생들을 공부하게 하고, 읍존은 지의은摯儀銀 4량 및 향·초·술자리 등을 준비한다."고 규정해 놓았다. 또 새로운 지방관 및 학관이 취임하면, 역시 현지에서 명망 높고 사림의 추앙을 받는 산장을 찾아갔다. 일부 산장 역시 고관들과 자주 왕래하여 국가와 지방의 대사를 의논하였다. 가경·도광년간에 진수기陳壽祺는 오봉서원鰲峰書院에서 11년간 있으면서 "무릇 이利를 흥하게 하고 폐弊를 없애려면, 보고 들은 바를 반드시 고관高官에게 말해야 한다."고 하여 그는 도광 초기에 양광총독 완원阮元에게 보낸 편지에서 광동 일대에 아편 밀수입이 끊이지 않는 현상에 대해 자신의 견해를 피력했다. "오랑캐가 가져다 팔며 중국인을 해하고 중국의 재산을 소모시킨다. 그 폐단이 끝이 없다."고 하며, 수년간의 노력에도 아편이 사라지지 않은 원인은 "해관海關은 이로서 세금을 충당하

---

9 역자주 : 청대 지방행정구획은 간략히 말하자면, 성省·부府·주州·현縣 순으로 내려간다.

고, 관리는 이로서 주머니를 두둑하게 하고, 양상洋商은 이로서 막대한 영리를 도모하기 때문이다."[10]고 하며 관부의 부패현상에 대해 비판하였다. 이는 후에 완원이 광동에서 아편 밀수입을 엄금했던 것에 큰 영향을 끼쳤다. 산장이 지방관의 좋은 스승이자 친구가 되었던 것은 관리와는 달리 이해관계에 얽매여 현재의 정세에 흔들리지 않고, 자신의 주장을 관철하며 하고 싶은 말을 할 수 있었기 때문이다. 심지어 어떤 이는 소송에서도 산장을 불러 중재하기도 하였다.

청대 서원의 산장은 매년 한 번씩 초빙하였고, 대다수는 지방관이 이미 그 전해에 보낸 초청서를 받아 내정되었다. 이는 서원의 제도화를 뜻하였고, 예로서 대접하고 상당한 자금을 보수로 지불하고 귀빈으로 대접했던 것은 유가를 존경했던 것과 관련이 있었지만, 전통전제주의 하에서 이러한 행위들은 도리어 서원의 활력을 감소시켰다.

송과 명대 서원의 산장은 대부분 학자 출신으로 사인들이 추종하였고, 임기 역시 관여하는 사람이 없었다. 청대에 들어와 조정에서 초빙한 이후 산장의 임기는 비록 명확한 제한(전대흔錢大昕은 소주 자양서원에서 27년간 장교로, 유월俞樾은 고경정사詁經精舍에서 32년간 주강主講으로 있기도 하였다.)은 없었지만, 일반적으로 1년에 한 번씩 초빙하였고, 연장하려면 조정의 초청서를 다시 받아야만 했다. 광아서원廣雅書院의 제2대 원장이었던 원 섬서 도감찰어사 주일신朱一新은 환관 이련영李蓮英을 탄핵해 자희태후慈禧太后(서태후)의 분노를 사 육부주사六部主事로 강등되었다. 그는 모친의 병을 이유로 관직을 떠나 고향에 내려가길 청했고, 이에 장지동張之洞은 그를 단계서원端溪書院

---

10 陳壽祺, 『上宮保尙書儀徵公書』, 『左海文集』 5권 : "凡興利除弊, 修擧廢墜, 有所見聞, 必言於大吏", "夷人販運, 旣以戕中國之人, 又以耗中國之財, 用心回測, 流毒無窮", "在海關藉是充榷稅, 吏役藉是以肥囊橐, 洋商藉是以牟奇贏"

의 원장으로 초빙했다. 광서 15년(1889)에 또 양정분梁鼎芬을 대신해 광아서원의 원장이 되었다. 당시 장지동은 양호총독으로 옮겨졌지만 여전히 광아서원에 많은 관심을 보였고, 원장에 대한 초청서 역시 여전히 그가 발송하였다. 광서 18·19년에 장지동이 초청서를 보내지 않자, 주일신은 초청서 유무에 상관없이 스스로 처리하였고, 이에 장지동은 그를 책망하며 사직시키려고 마음을 먹기 시작했다.[11] 이렇듯 조정이 산장을 초빙하는 행위는 조정의 서원에 대한 통제를 강화하고 서원의 자유로운 강학 분위기를 억눌렀다.

청은 중국 전통사회의 마지막 왕조로서 건륭·가경 이후로 갈수록 부패하였다. 조정에서 산장을 임명하고 자금을 주었던 것은 서원 부패의 중요한 원인이 되었다. 관리들의 추천으로 산장이 되고 또 이러한 과정에서 산장이 되려고 뇌물을 바치는 경우도 다반사하였다. 『곽숭도일기郭嵩燾日記』에 위와 같은 사례들이 많이 기록되어 있다.

청대의 통치자들은 또 산장의 자격에 대해서도 제한을 하였다. 과거 출신 외에도, 건륭 30년에 건륭제는 감숙甘肅 난산서원蘭山書院이 부모의 상으로 고향에 내려와 있는 부승府丞 사무史茂를 원장으로 삼자, "성회의 서원에 거주하며 학생을 가르치고 지방관과 자주 만난다면 관직에 있는 것과 무엇이 다른가?", "이는 매우 옳지 않다."하였다. 또 "각 성의 서원은 스승을 모셔 수업을 했고, 이를 산장이라 칭했으나, 이름이 매우 타당하지 않다. 서원이라 부르니 주로 강석講席하는 자는 원장院長이라 부르는 것이 옳다."하여 오랜 세월 동안 일컬어지던 '산장'이라는 호칭을 '원장'으로 바꾸었다. 50년에는 또 "각

---

11 蘇雲峰, 「廣雅書院(1888~1902)」, 『近代史硏究所』 第13期, 台灣中央硏究院, 1984 참조.

성의 서원은 오랜 기간 가르쳐서는 안 된다. 가르치는 직업은 본래 사인을 양성하는 책임이 있어 원장을 겸해서는 안 된다."[12]했다. 그러나 백성들은 산장을 원장으로 바꾼 황제의 명령에 불만을 가져, 성회 서원이 원장으로 바꾼 것 외에 대다수 서원은 여전히 산장이라는 호칭을 사용하였다. 일부 유명한 학자들은 심지어 부모가 작고하면 3년간 상을 지내는 것을 지키지 않고 서원의 산장이 되기도 하였다. 진수기陳壽祺는 공자·맹자·주희·명의 황도주黃道周·청의 채세원蔡世元 등과 같은 사람을 예로 들어 "상복을 입고 있는 중에도 제자의 따름을 폐하지 않는다.", "상을 지내며 학생을 받는다."[13]는 증거로 삼았다. 관학의 교관이면서 서원의 산장을 겸임했던 자들도 있었는데, 이는 주로 문화가 낙후된 지역에서 유명한 스승을 찾기 힘들었던 것 또는 비용의 원인 때문이었다.

조정의 추천으로 산장에 임명된 자들에 대해 일부 사인들은 "아첨하여 추천을 따냈다."머 시풍율 훼손했다하며 "서원이 섬자 관과 같이 되어 모든 과정이 신사紳士가 아닌 조정으로부터 이루어진다."[14]고 비판했다. 비록 도광 14년에 "각 성회 서원의 원장은 학정과 독무, 사도司道가 함께 추천하고, 각 부주현의 원장은 지방관과 교관, 신사가 추천한다. 상사가 추천해서는 안 된다."[15]고 하였으나 실행되지 않

---

12 『淸會典事例』 395권 : "住居省會書院, 敎授生徒, 與地方官長賓主應酬, 則與居官何異?", "此甚非是", "各省書院, 延師訓科, 向有山長之稱, 名義殊爲未協, 旣曰書院, 則主講席者, 自應稱爲院長", "各省書院不得久虛講席, 敎職本有課士之責, 不得兼充院長, 以專責成"

13 陳壽祺, 『與葉健安巡撫書』, 『左海文集』 5권 : "服中不廢弟子追隨", "居喪而受生徒"

14 李元春, 『潼川書院志』 : "鑽穴求上憲薦剡", "書院遂如官缺, 全操自上憲而不由紳士"

15 『淸會典事例』 395권 : "各省會書院院長, 令學政會通督撫、 司道公周擧報, 其各府州縣院長, 由地方官會同敎官、 紳士公周擧報, ……槪不得由上司挾薦"

았다. 이는 각지 서원 산장이 지식이 없이 단지 수를 채우기 위한 사람들로 충당하는 결과를 초래했다. 그리하여 "서원을 손님을 초대하는 도구로 삼고, 매 현에 추천한 자가 10여명이고, 작은 현은 가장 적은 것 역시 3, 5인이며 모두 서원에 갈 필요 없이 그 이름만으로 녹봉을 받았다."[16]고 한다. 건륭부터 광서년간, 상소를 올리거나 대신의 주의奏議에서 서원 산장의 과도한 수에 대해 자주 언급하나 대규모의 정돈은 끝까지 실행되지 않았다. 이는 서원 산장의 임명권이 조정에 있었던 것과 큰 관련이 있다.

하지만 서원의 '비규칙성非典制'은 서원교육에 열정을 품은 지식인들의 개혁에 여러 가지 편의를 제공하였다.

많은 학자들이 서원 산장이 학업에 정진하지 않는 폐단을 없애야 한다고 주장하며, 서원 산장의 임명권을 조정에서 사신士紳에게로 돌려받아야 한다고 강조하였다. 도광년간부터 일부 부주현의 신사들은 지속적으로 관리의 추천에 반대하고, 서원의 관리권 역시 돌려받으려 많은 노력을 하였다. 대균형戴鈞衡은 안휘 동성桐城의 동향서원桐鄕書院에서 "산장은 동사董事 및 학생들이 의론하여 경에 밝고 행위가 바르며 덕망이 높은 사인을 초청하고, 관리의 추천을 받지 않는다. 관의 직위가 낮아서 거절하는 것이 아니다. 또한 관리가 그것을 주관하지만, 결국은 관리가 주관하지 못 하기 때문이다."[17]라는 규칙을 정했다. 또 어떠한 서원은 "서원이 해를 거듭해 몰락하는 것은 모두 산장이 대부분 권력가들에게서 왔기 때문이다. 지금 서원의 모든

---

16 梁章鉅, 『退庵隨筆』 6권 : "以書院爲市惠應酬之具, 每縣薦至十餘人, 小縣至少者亦三五人, 皆不必赴館, 其名謂之食干俸"

17 戴鈞衡, 『桐鄕書院四議』 : "山長由董事及諸生議請經明行修, 老成碩德之士, 不由官長推薦, 非輕官長而故拒之也. 夫亦以官長主之, 終且有不能爲官長所主者矣"

사무는 신사들이 경영, 관리해야 하며, 이후 산장 역시 신사들이 초
청해야 힌다."[18]고 규정하었다. 하북 당현唐縣 환문서원煥文書院은
"만약 현관縣官이 초청을 한다면 그 대금은 현관이 내야 한다."[19]고
정해 놓았다.

일부 서원 교육개혁에 적극적인 관원들은 서원 창립시에 스스로
그 권한을 낮추었다. 이중 가장 유명한 것은 완원이 정한 학해당學海
堂의 '학장제學長制'이다. 학해당은 여덟 명의 학장을 정해 놓아 "학
장이 관직에 나아가거나 하여 자리가 빌 경우 7명의 학장들이 상의해
서 다른 이를 초청해 보충한다." 하였으며, "영원히 산장을 세우지 않
고, 또 산장을 추천하는 것도 허락하지 않는다."[20]고 정하였다. 지방
학자로 구성된 학술위원회의 지도자들이 산장이라는 한 사람의 임무
를 대신하는 것으로 조정의 산장 추천을 원천봉쇄하였다.

도광 이후 지방민들이 자금을 모아 세운 향촌서원은 교육관리 방
면에서 조정이 세운 군현서원에 비해 우월하였다. 이러한 서원들의
자금은 백성들에게서 나왔기 때문에 백성들은 분명히 자신이 투자한
서원의 '효율'에 대해 많은 관심을 가졌고, 서원을 감독 및 실제 관리
했기 때문이다. 임원과 감원 등 직책에 관한 인사와 서원 교육의 감
시 및 기타 활동에 대한 백성들의 권한이 강화되었고, 이는 서원의
관학화 저지에 많은 공헌을 하였다.

하지만 한 지역의 인재 중에서 산장을 정했던 제도에는 한계가 있

---

18 『定州志·學校志』: "書院連年廢弛, 皆因山長多來自權要. 今書院一切事宜旣議歸
紳士經管, 嗣後山長亦歸紳士延聘"
19 光緒, 『唐縣志』 4권 : "如縣官徇情延請, 其束金卽由縣官賠出"
20 林伯桐, 『學海堂志』: "同同得事, 其有出仕等事, 再由七人公擧補額", "永不設立山
長, 亦不允薦山長"

었다. 하나는 정해진 지역에서 선출된 산장은 오랜 세월 교육을 해온 명유와 비교할 바가 못 되었다. 둘째는 현지의 간부가 현지인을 뽑았기에 혈연·지연 등에 의거한 인사가 될 수 있었다. 그리하여 일부 서원은 "본 읍의 사람을 초청해서는 안 되고 반드시 동사董事는 다른 주현의 인품과 학문이 우수한 자를 구해 주강主講으로 삼고, 매년 의론하여 정한다. 동사가 혈연·지연에 따라 임명된다면 벌금에 처한다."[21]고 정했다. 일부 유명 서원은 대부분 그 자신이 속한 부주현에서 명유를 초청하여, 지역 내에서 산장을 선출하는 폐단을 해결하였다. 물론 서원의 산장은 일반적으로 교육만 담당하여 구체적인 재무 등의 업무는 현지의 감원 또는 임원들이 맡았다. 그리하여 서원 관리의 성과는 감원과 임원의 역량이 크게 좌우했다.

이상으로서 서원 산장 혹은 원장의 민간 또는 조정의 임명을 살펴보았다. 청대에는 이 두 형식이 혼재하였으나, 조정의 관여가 더욱 큰 비중을 차지하였다.

2. 서원 재무에 대한 조정의 간섭

서원의 관학화 이후 서원 재무에 대한 관리들의 차용과 경영 역시 종종 서원의 교육활동을 저해하였다.

청대 관립서원의 연예산은 관부에서 한 번에 발급하였고, 대부분 이자나 학전學田으로 충당하였다. 지방민들의 기부나 관부와의 합자로 서원 건립에 필요한 자금을 마련해 가끔은 관리가 경영하기도 하였다. 이 과정에서 횡령 등 현상이 자주 발생하였다. 순무巡撫로부터

---

21 『聖泉書院規條』, 光緒, 『無極縣志』 2권 : "不須請本邑人, 必衆董事訪求外州縣品學兼優者主講, 每年議定……董事徇情, 公議罰款"

부주현의 각관에 이르기까지 서원 자금을 노리는 자가 적지 않았다. 귀주의 순무 이상아尹桑阿는 서원의 자금을 횡령해 딸 시집 자금으로 사용하여 정본正本·정습서원正習書院이 자금이 없어 운영불가 상태에 빠지기도 하였다. 담자문譚子文 역시 양천洋川의 육문서원毓文書院 건립 시에 서원의 건립 자금은 은 3000량을 관아에, 은 1000량을 결영석전決永錫典[22]에 저축해 이자를 벌어 경비를 충당했다. 이에 지현知縣은 담자문이 결영석전에 저축하는 것을 금지하고, 모두 관아를 통해 지급하도록 명령하였다. 그러나 이 막대한 금액을 전 현령縣令과 그 가족들이 횡령하여 6년간 서원에 준 금액은 겨우 300량에 불과했다. 담자문은 어쩔 수 없이 현縣의 상급 행정단위인 성省의 관아에 소송하였고, 그 결과 전 현령은 횡령했던 금액을 모두 돌려주어야 했으며, 현령의 가족에게 돈을 받은 자들 역시 처벌을 받았다.[23] 함풍·동치년간 태평천국군과 영불연합군의 전쟁을 위해 각지의 관부는 "서원의 공금을 사용하여 공부하는 이가 없게 되었다."[24]고 한다. 원래 공전公田과 사전私田은 명백히 주인이 있어 함부로 강탈하는 것이 금지되었으나, 가끔 지방관은 서원과 마찰이 있을 때 서원의 학전을 빼앗아 보복하기도 하였다. 절강 여요餘姚의 요강서원姚江書院은 명대에 창건되었고, 그 전답은 청 건륭년간에 이르러 다른 이에게 강탈당해 얼마 남지 않았다. 건륭 14년(1749)에 어떤 이가 현령이었던 좌左씨에게 민원을 제기하였으나, 좌씨는 터무니없는 소리라며 신경 쓰지 않았다. 3년 후 새로 부임한 지현 이화남李化楠은 그 전답

---

22 역자주: '전典'은 전당포, 현재 은행의 개념.

23 『毓文書院·創建』 참조.

24 『清續文獻通考』 100권 : "竟將書院公項藉端挪移, 以致肄業無人, 月謀廢弛"

을 신성서원信成書院으로 옮기고자 하여 신사들을 모아 의론하였고, 오직 한 명만이 공개적으로 반대하였다. 결국 이화남은 전답을 신성 서원으로 옮기길 강행했고, 이에 현지의 생원들은 부府에 상소하여 순무에 의해 전답은 요강서원에 돌아가게 되었다.[25]

서원의 원사院舍는 비교적 넓은 편에 수려한 자연환경을 가지고 있어, 일부 지방관은 그곳을 사무실 또는 별장으로 삼으려 하였다. 아편전쟁 기간 순무 유겸裕謙은 상해 보산寶山의 학해서원學海書院에 주둔해 있었으며, 광서 하지河池의 봉의서원鳳儀書院은 동치·광서년 간에 지주知州의 공관이 되었고, 광서 부천현富川縣은 함풍년간에 태 평천국군에 의해 관아가 불타 지현은 서원을 임시 관아로 삼아 수년 후에야 비로소 나갔다. 섬서 예천禮泉의 종남서원嵏南書院은 동치년 간에 관아로 쓰이는 동시에 교육을 진행했다. 광서년간에 지현 장봉 기張鳳岐는 아예 서원의 현판을 내리고 관아로 바꾸었으나, 가숭실賈 崇實 등의 신사들이 상소하여 장봉기는 어쩔 수 없이 다른 곳에 서원 을 세워줘야만 했다. 이 외에도 서원을 별장 또는 숙소로 사용한 경 우는 더욱 많다. 항주 고경정사詁經精舍는 배산임수의 지형에 풍경이 아름답기로 소문난 서호西湖 근처에 지어져, 관찰사 고高씨는 이를 자신의 별장으로 삼으려 했으나 돌연 병사하였다. 그 유체를 서원에 놓고 제사를 지내 그 가족들이 잠시 그곳에서 생활하였고, 중간에는 귀신이 나왔다는 이야기도 전해진다.[26] 서원을 숙소로 삼은 경우는 하북 동록東鹿 남지서원南池書院을 들 수 있다.

---

25 『姚江書院志·歸復院田紀事』 참조.
26 『壺天錄』 下卷 참조.

3. 입학 학생의 제한과 선택

청대 대다수 서원과 송명시기의 서원은 다른 점이 한 가지 있다. 즉, 학생 수와 본적本籍에 제한을 둔 것과 학생 모집에 관한 권한이 서원에 있지 않고 조정에 있었다는 것이다.

청대 부주현 학생은 각기 일정한 수가 있었고, 소위 '문풍文風'으로 대중소로 나누었기에 그 수가 늘어나면 지방의 영광으로 생각했다. 서원의 수는 주로 자금의 다소, 규모의 대소, 관아의 등급과 학생자격에 따라 정해졌고, 정正(내內)·부과附課·외과外課 혹은 기숙하는 학생과 그렇지 않은 학생으로 나누었다. 또 일부 극소수의 서원은 인원수에 제한을 두지 않기도 하였다.

일반적인 성省의 대서원은 생원生員과 동생童生만 가르쳤는데, 후에는 거인擧人도 가르쳐 그 수가 적지 않았다. 노문초盧文弨는 건륭 41년(1776)에 처음 종산서원鐘山書院에 도착했을 때 "공부하는 자가 수백 명이고, 지금은 그 배이다."[27]라고 하였다. 항주 자양서원紫陽書院의 학생수는 가경년간에 이미 328명이었다. 부문서원敷文書院은 도광년간에 입학한 거인만도 내과內課 18명·외과外課 18명·부과附課 20명으로 모두 56명이었다.

그러나 성에 세워진 일부 유명 서원은 학술로 이름이 높아 학생수에 별 관심을 갖지 않았다. 고경정사는 최초에 학생수가 30여명으로 정해진 인원수는 없었다. 도광초기에 내외과로 나누어 각 18명씩을 두었고, 동치년간에는 내외과 총 60명이 되었다. 학해당學海堂도 전문적으로 과를 나누어 수업한 이후 동치년간 학생수가 40명에 달했다.

부주현 중에서 특히 각 현의 서원 학생수는 매우 큰 차이를 보였

---

27 盧文弨, 『寄孫楚池書』, 『抱經堂文集』 18권 : "肄業者數百人, 今則倍之矣"

다. 광동 산현山縣의 풍산서원豊山書院과 같은 대형서원은 총 320명의 학생수를 가져 광동에서 가장 많았지만[28], 광동 증성增城의 명고서원鳴皋書院은 학생수가 내외과 각 5명뿐이었다.

청대 서원의 학생은 대부분 본적本籍에 따라 입학하였다. 하북의 영주서원瀛洲書院은 군군郡에서 24명의 학생을 선별했고, 강소 소주蘇州의 평강서원平江書院은 장주長洲·원화元和·오현吳縣에서만 학생을 받았으며, 연운항連雲港 해주海州의 석실서원石室書院 역시 해주海州·공유공贛榆·목양沈陽의 학생에게만 입학을 허락했다.

이 외에도 서원에 기부한 자와 지역에게도 학생의 입학을 허락하였다. 상요上饒의 신강서원信江書院은 원래 부에 소속된 서원으로 부의 관아가 속한 현의 학생들만 받아 다른 현은 들어가고 싶어도 못 들어갔으나, 후에 보수비를 다른 일곱 개의 현에서 지원하여 이들에게서도 학생을 받기 시작했다. 회의의 결정에 따라서 상요에서는 12명의 학생을 받고 옥산玉山·광풍廣豊·연산鉛山에서는 8명을, 익양弋陽·귀계貴溪에서는 5명을, 흥안興安은 가장 작은 현으로 4명만 받았다.[29] 강소단양丹陽 명봉서원鳴鳳書院은 육陸씨가 기증한 27개의 방을 가진 큰 저택에 세워진 것으로, 육씨 성을 가진 학생을 고정적으로 받았다.

또 일부 성의 서원 혹은 자금이 풍족한 대서원은 다른 지역 및 다른 부의 약간의 학생을 받기도 하였다. 강소 종산서원鐘山書院은 다른 지역의 사람이라도 현지 학관學官의 도장이 있다면 부시附試를 볼 수 있어 외과 70명, 부과는 무제한 수용하도록 규정하였다. 잠언서원箴言書院 역시 "무릇 다른 지역 학생이 소식들 듣고 와서 공부하려

는 자는 학사에 자리가 있으면 들어온다."[30]고 규정하였다.

이렇듯 서원은 본적으로 학생수를 규정하여 다른 지역 관리의 자제들에게 많은 불편함을 가져다줬다. 광서 12년(1886) 천진天津의 운사運使 계방정季邦楨·진해관도津海關道 주복周馥·천진도天津道 만배인萬培因은 총독 겸 염정鹽政을 만나 "천진은 중요한 지역으로 관리들이 많이 모여 있습니다. 관리를 따라 온 자제와 가족들을 양성해서 유용한 인재로 삼아야 합니다."고 건의 하였다. 이에 점차로 집현서원集賢書院을 세우기 시작하여 "외성外省의 학생들이 공부하는 곳"이라 규정하고, 다른 지역 출신 관료들의 기부로 서원을 운영하였다.[31]

청의 통치자들은 학생의 선택에도 아래와 같은 규정을 세웠다.

> 공부하는 학생은 반드시 鄕里의 우수한 자로서 학문에 열심인 자를 그 안에서 공부하게 한다. 자신의 재주를 믿어 방탕하고, 행동이 가볍고 경박한 자는 받아서는 안된다.[32]

각 서원은 학생의 품격에 대해 매우 엄격한 규칙을 적용했다. "사인은 먼저 도량과 견식이 있고, 후에 문예를 익힌다.(士先器識, 而後文藝)"라는 말은 중국 전통교육에서 인재등용의 원칙이었다. 학해당은 학장들이 함께 의론하여 학생을 뽑았다. 학생의 입학은 일반적으로 우열을 구별하기 위한 '견별甄別'[33]이라는 시험을 보았다. 견별은 대

---

30 『箴言書院志』上卷 : "凡他籍生童有聞風來學者, 學舍可客則客之"

31 光緖, 『天津府志』24권 : "津門地當孔道, 冠蓋雲集, 凡雖任子弟與夫幕友僑寓者, 宜加培植, 俾成有用之才", "爲外省擧貢生監肄業之所""

32 『淸會典事例』395권 : "負笈生徒, 必擇鄕里秀異, 沈潛學問者肄業其中, 其恃才放誕, 佻達不羈之士不得濫入"

33 역자주 : '견별甄別 zhēn bié'이란 현대 중국어에서도 사용하는 말로, '우열을 가리

부분 11월·1월·2월에 거행해 11월의 견별에 합격한 학생은 다음 해 봄에 입학하였고, 1·2월의 견별에 합격한 학생은 그 해에 입학하였다. 먼저 감독관이 견별 일자를 공지하고, 응시생들은 관아의 예방禮房 또는 문묘文廟에 가서 등록한 후에 임시 시험장에서 시험을 보았다. 만일 다른 지역의 학생이 길이 멀어 혹은 다른 일이 있어 견별을 보지 못하면 정상을 참작하여 4월 3일에 다시 시험을 보게 하였다.

학생이 직접 등록하는 것 외에 '조취調取'와 '자송咨送'도 가능하였다. 조취 또는 자송이란 총독·순무·학정 등 비교적 높은 관리가 시험감독 혹은 다른 시험에서 재능 있는 인재를 발굴해 특권으로 서원에 입학시키는 것이었다. 광아서원廣雅書院은 장지동張之洞이 세운 것으로 장지동이 문제를 내 학생들에게 풀게 하였고, 그중 재능 있는 자를 발굴, 조취하여 서원에 입학시켰다. 또 한편으로는 광동·광서의 학정에게 재능 있는 자를 선발하여 자송하게 하였다.

서원의 견별은 '상문扃門'과 '산권散卷' 등 몇 가지 형식이 있었다. 종육룡鐘毓龍의 기록에 따르면 항주 부문敷文·자양紫陽·숭문崇文 세 서원의 견별은 매년 2월 초하루에 거행하고, "학생들은 서원의 시험장에 모여서 시험을 본다. 매 학생에게 점심표點心票 한 장을 준다. 후에는 일이 번잡하고 비용이 많이 들어 산권散券으로 바꾸었다. 산권을 사용한 이후 어떤 이는 밤낮으로 십수 권을 만들었다."[34]고 한다. 위조와 대리시험을 방지하기 위하여 일부 서원은 견별의 답안지와 평소에 쓰던 필적을 대조했고, 만일 부정행위가 발각되면 곧바로

'다'라는 의미이다.

34 鐘毓龍, 『科場回憶錄』, 『文史資料選輯』 94輯 : "集中學院之試場而竝試之, 沒人給發點心票一紙. 後以事煩費多, 改爲散卷. 自散卷後, 有人於一晝夜中, 作十數卷者"

퇴출시켰다.

서원의 학생은 일반적으로 연령에는 제한이 없었다. 어린 사람은 십여 세, 나이 많은 이는 칠팔십에 이르기 까지 매우 다양하였다. 고경정사에서 심도沈濤는 14세에 입학했지만, 광동 월수서원粵秀書院의 학생 양금梁錦은 80여세에 입학하기도 했다. 건륭 4년(1739) 순무가 쌀 한 석, 고기 열 근으로 지부에게 직접 서원에 있는 양금에게 하사하라고 하며, 면학을 장려하였다. 이 외에도 심지어는 "아버지가 아들을 데리고, 형이 동생을 데리고 왔다."는 기현상도 발생했다.[35] 이는 과거시험에서 부자가 같은 시험을 보고 8, 90세에도 여전히 동생童生이었던 현상과 일치한다. 광서년간에 이르러 서양교육의 영향을 받아 서원의 교육내용에도 다소 변화가 일어나 입학 연령에 제한이 생기게 되었다. 항주의 구시서원求是書院이 광서 23년(1897)에 정한 규칙에 따르면 "누구든지 30세 이내에 배우길 원하는 자로 부친, 형제 혹은 가문의 어른이 신사를 모셔와 공정하면 된다."고 하여 시험 볼 수 있는 자격을 부여하였다. 만약 이미 서학西學 또는 언어, 문자에 능한 자이며, 행실이 올바르고 총명한 자라면 면접시험 합격 후에 바로 입학이 가능했다.[36]

청대 서원은 비록 나이에 별다른 제한이 없었고 빈부에도 별다른 규정이 없었지만, 반드시 학생의 신분과 가문에는 문제가 없어야 했다. 과거시험은 천한 신분이 볼 수 없었다. 즉, 기녀·광대·관노·옥졸獄卒(娼優隸卒)의 자손은 시험을 볼 수 없었다. 서원에 입학 시에도

---

35 鄒鳴鶴, 『增修彝山書院碑記』, 『彝山書院志·碑記』: "父携其子, 兄絜其弟"
36 『求是書院章程』, 『經世報』第二册: "無論擧貢生監, 凡年在三十以內願學者, 由父兄或族長邀同公正紳士出具保結"

반드시 '三代·연령·외모·본적·주소'를 기재해야 했다. 단계서원端
溪書院은 "무릇 서양인의 하인 자제 및 가문이 깨끗하지 않은 자, 대
리 시험을 보는 자, 명성이 안 좋은 자는 모두 시험을 볼 수 없으며
발각되면 쫓아낸다."[37]고 규정하였다.

청대 서원 학생을 견별, 선발하는 권한은 일반적으로 조정에 있었
고, 각 관리들은 학생의 조치와 평가, 상벌의 권한이 있었다. 이렇게
관리의 권한이 강해지다 보니 서원의 자립적인 권한은 상대적으로
축소될 수밖에 없었다. 그리하여 학생을 아무렇게나 선발하고, 평가
하는 경우가 빈번하여 서원은 갈수록 부패해져갔다.

제2절 서원의 과거화科擧化

서원은 본래 과거科擧로 출세하는 것을 비판하고, 학문 연구와 전
수에 그 중점을 두며 탄생했다. 그러나 서원 교육은 과거를 통해 입
신양명하는 길을 벗어날 수 없었고, 이에 서원은 그 발전과정에서 과
거의 영향을 벗어날 수가 없었다. 서원이 과거의 부속품이었다고 할
수는 없지만, 과거화의 병폐는 처음부터 내재해 있었고, 서원의 발전
과정에서 끊임없이 커가며, 결국은 서원을 변질시키는 중요한 요소
가 되었다.

송대 서원은 주로 관학의 대립을 위해 존재했다. 그러나 과거제도
는 이미 국가정치제도의 주요 부분이 되어 서원은 어쩔 수 없이 이를

---

37 『杭州林太守啓招考求是書院學生示』: "開具三代、年貌、籍貫、住址"
　　梁鼎芬, 『端溪書院章程』, 『端溪書院志』 4권: "凡洋傭子弟及身家不淸者、好做狀
棄及遇事包攬者、好作槍替、聲名狼藉者均不得與考, 査出驅逐"

통해 인재를 제공해야 했다. 서원의 교육자들이 반대한 것은 단지 과거를 공명리록功名利祿의 수단으로 삼는 것이었고, 과거제도 자체를 부정한 것은 아니었다. 주희 역시 "과거가 사람을 잘못되게 하는 것이 아니라 사람이 스스로 과거를 잘못되게 하는 것이다.(科擧不誤人, 人自誤科擧)"고 주장하였다. 그리하여 서원 역시 학생이 과거시험에 응시하는 것을 반대하지 않고, 반대로 과거를 통해 인재를 배출하는 것을 중시하였다. 육구연 역시 "배우는 자의 뜻은 밝히지 않을 수 없다. 과거는 문文으로 사인을 뽑는다. 명유와 거공巨公이 모두 이로서 나온다. 지금의 사인은 물론 이를 면할 수 없다."[38]고 주장하였다. 이처럼 송대 서원이 과거를 대한 태도는 후대 서원의 '과거화'와는 확연히 달랐다.

원대에 이르러 통치자들은 원래 사학으로서 발전된 이학을 국가통치사상으로 삼았고, 이를 과거시험의 기본내용으로 삼아 사상문화의 발전을 저해했다. 원 인종 황경皇慶 2년(1313) 과거제도의 형식을 제정해, 어떠한 이라도 첫 번째 '경문經問' 혹은 '명경경의明經經疑' 시험을 봐야했고, 이 시험들은 모두 『대학』·『논어』·『맹자』·『중용』 내에서 문제가 출제되었으며, 주자의 주석으로 답을 해야만 통과했다. 이 외에도 원대에는 거인만이 서원의 산장·학정 등 직책을 맡을 수 있도록 규정하였다. 이리하여 과거는 갈수록 경직화되었고, 서원 역시 과거화하는 병폐를 가져왔다. 원대의 교육자 정단례程端禮 역시 『정씨가숙독서분년일정程氏家塾讀書分年日程』을 편찬하여, 주희의 '독서육법讀書六法'을 원칙으로 삼았고, '사서집주四書集注'와 같은

---

38 『陸九淵集』 32집: "學者之志, 不可不辨也。科擧取士文矣, 名儒巨公, 皆由此出。今爲士者, 固不能免此"

과거시험의 내용을 열거하였다. 이는 일종의 시험 교재로서 당시 많은 서원에서 사용되었다. 이렇듯 원대 서원교육은 과거시험의 내용이 중요한 부분을 차지하였다.

명대 서원의 관학화는 더욱 심해졌고, 이와 함께 과거로 관직에 나아가는 것이 더욱 강조되었다. 명초 태조 주원장朱元璋은 "과거로 합격하지 않은 자는 관직을 주어서는 안 된다."[39]고 규정하기도 하였다. 과거의 중요성이 부각됨에 따라 명대 서원은 점차 관학을 위한 고과제도考課制度를 받아들이기 시작하였다. 만력년간에 조정은 서원에 과거를 목표로 한 고과제도를 제정하여, 과거의 모의고사 형식인 월과月課와 월고月考를 실행하였다. 이로서 서원은 과거시험 준비와 연습을 위한 장소가 되는 동시에 '과거의 노예'가 되어갔다. 심지어 일부 향읍의 서원은 자금 부족으로 유지할 수 없는 상황에서도 월과를 강행하였다. 이러한 형세 속에서 서원정신의 제고를 주장한 왕양명 역시 어쩔 수 없이 정덕 5년(1510)에 학생들에게 보낸 편지에서 "거업擧業은 쉬지 않고 이어가면 성공할 수 있지만, 뜻을 빼앗길까 두렵다. 이전에 약속한 바와 같이 순차적으로 해나간다면 둘(학업과 과거 공부)이 서로 방해받지 않을 것이다."라며 서원의 과거화에 대해 타협적인 태도를 보였다.

청대에 들어와 과거제도는 비록 갈수록 부패하였지만, 조정의 강력한 지원 아래 사회에 전에 없는 큰 영향을 끼쳤다. 1644년 10월 순치제가 즉위하고, 이듬해 과거제를 실시해 한인 관리를 등용하기 시작했다. 과거제도는 많은 사인들을 유혹하였고, 심지어는 이민족 통치라는 치욕을 잊어버리게 하였다. 이는 청 조정이 한족 사대부의

---

39 『明史·選擧志』: "非科擧者, 毋得與官"

'관본위官本位' 심리를 명확히 꿰뚫고 있었다는 것을 나타낸다. 이에 대해 고염무顧炎武는 "팔고八股의 해악은 책을 태우는 것과 같고, 인재를 부패하게 만든 것은 함양咸陽 교외보다 깊어 거기에 매장된 이는 460여명(갱유坑儒의 비유)에 그치지 않는다."[40]며 강력하게 비난하였다.

명말 이래로 많은 지식인들은 팔고의 해악을 비판하고 과거의 폐단을 뿌리 뽑길 원했다. 조포ㄱ包는 "팔고를 폐기하고 사서오경을 부흥시키자.(廢八股興四子五經)"는 주장을 폈고, 강희 2년에도 역시 "팔고의 문장은 실로 정사와 관계가 없다. 오직 나라와 백성을 위한 책策·논論·표表·판判에서 시험문제를 출제해야 한다.(八股文章, 實於政事無涉, 惟於爲國爲民之策、論、表、判中, 出題考試)"고 하였다. 그러나 이러한 주장은 실현되지 않았다. 당시 사인들은 모두 이러한 문제에 공감하고 있었으나, 수백 년에 걸쳐 뿌리 깊게 박힌 병폐는 쉽게 고쳐지지 않았다. 게다가 팔고로 관리를 등용하는 과거제도는 "지사志士를 새장에 가두고, 영재英才를 명령한다.(牢籠志士, 驅策英才)"라는 통치술의 중요한 부분이었기 때문에, 청의 통치자들은 정치적 각도에서 이득과 폐단을 저울질하며 지속적으로 시행했던 것이다. 이렇듯 과거제도는 청대 서원교육을 심각하게 변질시켜갔다.

1. '전구시예專究時藝'의 교육

청대의 지방 관학은 정체와 마비의 상태에 빠져, 서원은 지방 관학을 대신해 교육의 임무를 행사했다. 그러나 청대 서원은 옹정 이후

---

40 顧炎武, 『日知錄』16권『擬題』: "八股之害, 等於焚書, 而敗壞人才, 有甚於咸陽之郊, 所坑非但四百六十餘人也"

각지에 퍼졌으나, 학자들의 호감을 얻지 못하고 반대로 학자들의 비난과 비판을 받았으며, 그 비판의 주요 대상은 '전구시예專究時藝'[41]였다.

　서원의 발전 역사에서 학교가 쇠락하면 서원은 그것을 보완하는 역할을 하였다. 청대 지방관학의 쇠락은 '제예制藝(팔고문)'로 인재를 양성, 선출하였기 때문이었고, 청대 서원이 쇠락한 이유 역시 자유로운 강학의 전통을 버리고, "사유師儒가 가르치는 것은 모두 과거시험 문제였다."[42]라는 이유 때문이었다. 서원의 장교는 이미 학술로 학생을 이끄는 기능을 잃어버렸고, 일부 서원은 산장을 초청할 때 학술보다는 시문時文[43]을 더 중시하였고, 학생을 얼마나 더 많이 과거에 급제시키는가에 중점을 두었다. 명말 동림서원의 학생들은 기개氣槪와 절조節操를 가장 중시하여, "바람소리·빗소리·책 읽는 소리, 소리마다 귀에 들린다. 집안일·나랏일·천하일, 일마다 관심을 갖는다."라는 대련對聯[44]이 천하를 풍미했다. 하지만 청대의 서원은 운남 옥병서원玉屛書院의 대련 "어떠한 일에 관심을 갖는가? 2월 행화杏花와 8월 계화桂花이다. 누가 나를 재촉하는가? 황혼의 등화燈火와 오경五更을 알리는 닭이다."(청의 과거제도는 2월 회시會試, 8월 향시鄕試를 치뤘다.)에서 볼 수 있듯이 과거급제를 최우선시했다. 일부 지방의 작은 서원 창시자들은 특히 그러하였는데, 예를 들어 영수靈壽의 지현 호용胡溶은 송양서원松陽書院의 주요 목적을 당당하게 '학생들을 교육해 과거급제시키는 것'에 두었다.

---

41 역자주 : 과거 급제를 위해 오로지 시문과 팔고만을 공부한다는 말.
42 江翰, 『東川書院學規』: "師儒所敎率不出時文試帖"
43 역자주 : 과거 응시에 사용하던 문장.
44 역자주 : 기둥 등에 붙이는 대구.

　대서원 특히 성회 서원의 산장은 '시문'과 '팔고'를 싫어했지만, 생활의 압박과 사회여론의 악화 혹은 학생의 진로를 위해 이것들을 가르치지 않을 수 없었다. 경학자 노문초盧文弨가 건륭년간에 남경 종산서원鐘山書院에서 강학할 때 배우는 자가 수백 명이었으나 오직 한두 명만이 그와 같이 학문 연구에 몰두했고, 대다수는 "점차로 속된 학문에 오염되고 깊이 빠져 시종 바꿀 수가 없었다."[45]고 한다. 이에 그는 어쩔 수 없이 시문을 가르치게 되었고, 이로써 한 위대한 학자의 능력은 허비되었다. 비록 많은 학자들이 개혁을 단행하려 하였으나, 학생들이 시문 외에 관심을 갖지 않아 실행이 어려웠다. 광서년간에 호남의 학정 주통연朱通然은 유학파 곽숭도郭嵩燾와 함께 상수湘水 교경당校經堂을 재건하려고 하였다. 곽숭도는 당시 장사長沙의 악록·성남 등 서원은 시문을 중시하는 폐단이 극에 달해 차라리 다른 서원을 세워 실용적인 학문을 가르치는 것이 간단하다고 여겼다. 이에 그는 영국, 프랑스 학관의 교과과정을 자세히 연구하였다.[46] 곽숭도의 이러한 행위는 뜻밖에도 많은 여론의 관심을 끌었고, 익명으로 간행된 『위교경당기문僞校經堂奇聞』은 곽숭도가 "시문을 가르치지 않고 천문, 산학을 가르치려하는 것은 악독한 계획이다."라며 그를 매국노로 몰아 사인들이 함께 그를 공격해야 한다고 선동한 내용이었다. 여기에서 청대의 서원이 과거의 노예가 되었다는 것을 확실하게 볼 수 있다.

---

45 盧文弨, 『寄孫楚池書』, 『抱經堂文集』 18권 : "漸染俗學已深者, 殆終不能變也"
46 『郭嵩燾日記』 光緒 5年 7月 初二. 참조.

2. 고과考課 제도의 완비

청대 서원은 그 활동내용에서 크게 네 종류로 나눌 수 있다. 첫째는 '강학식' 서원으로 청초 황종희黃宗羲 등이 세운 증인서원證人書院이다. 둘째는 '교육·연구식' 서원으로 고경정사詁經精舍·격치서원格致書院·광아서원廣雅書院이다. 셋째는 '제사식' 서원으로 산동 곡부曲阜의 이산서원尼山書院·수사서원洙泗書院이다. 넷째는 '고과식考課式'[47] 서원으로, 이중 고과식 서원이 가장 많았다. 이들을 고과식 서원으로 부르는 이유는 주로 이 서원들의 활동이 고과를 위주로 하여 학생의 팔고 고과 성적에 따라 과거시험을 보게 하였고, 이 외에는 다른 특별한 강학이 없었기 때문이다. 이러한 이유에서 일부 산장은 서원에 상주하지 않고 집에서 시험지를 고치고, 돈을 주고 고용한 사람이 서원을 관리하는 경우가 많았다. 물론 이러한 서원 외에도 일부 성리性理·경사經史·훈고訓詁·서학西學를 가르치는 서원이 존재했으나 이 역시 고과제도를 실시하였다.

청대 서원의 고과는 일반적으로 관과官課와 사과師課의 두 가지로 나뉜다. 관과는 관리가 주관하여 이와 같은 명칭이 생겼다. 성회 서원은 총독·순무·학정 혹은 포정사布政司·관찰사觀察使·운사도대運使道臺 등이 돌아가며 시험을 보았다. 강음江陰의 남청서원南菁書院과 같은 곳은 학정이 서원을 관리하였다. 부주현의 서원은 도대지부道臺知府·지주知州·지현知縣 혹은 교유敎諭·훈도訓導가 주관하였고, 반드시 부주현의 치소治所가 있는 곳에 위치하였다. 대과大課와 당과堂課는 일반적으로 관리가 직접 문제를 출제, 평가한 후 장학금을 주었다. 산동 황현서원黃縣書院과 사향서원士鄕書院은 "매월 두 과課를

---

47 역자주 : 시험을 통해 학생의 성적을 확인하는 일.

치른다. 초 3일·18일로 한다……매번 과를 보는 날에는 현관縣官이
직접 서원에서 명단을 확인하고, 상시局試의 문제를 출제한다."고 규
정했으며, 등급대로 장학금을 주었다.[48] 안휘 기산祁山의 동산서원東
山書院 역시 "매월 생동生童은 대과를 보고, 읍존을 초청해 직접 시험
장에서 명단을 확인하고 상시를 보고 읍존이 채점한다. 두 명의 감원
이 돌아가며 대신 수행한다. 영원히 이에 따라 거행한다."[49]고 규정
했다. 가끔 관리가 여러 서원의 고과를 주관할 경우에는 서원은 고과
의 일시를 변경하거나, 학생들이 장학금을 위해 여러 서원에서 시험
을 보는 경우도 있었다.

　관과는 일반적으로 한 달에 한 번으로 시문 위주였으나, 다른 과도
추가하기도 하였다. 보진서원寶晉書院은 "월과月課 외에도 따로 시부
詩賦와 시부의 과를 본다."[50]하여 계속 이에 따라 거행했다. 또 한 달
에 여섯 과를 보기도 하였다. 동패董沛가 청강淸江에 임직하고 있을
때 "서원의 고재생高才生에게 한 달에 여섯 과를 보게 하여 직접 채점
하니 학생들이 모두 열심히 공부하였다."[51]고 한다.

　일부 서원의 고과는 과거시험과도 비슷할 정도로 엄격한 규칙이
정해졌다. 동치년간 창립된 거인만 교육시키던 광주의 응원서원應元
書院은 매월 2일 제시制試와 예시藝試의 두 관과官課를 보았으며, 그
격식은 한림원翰林院의 시험과 같았다. 이러한 고과는 모두 거인의

48 『士鄕書院志』: "每月兩課, 以初三、拾捌日爲期……每逢課日, 縣官親到書院點名,
出題局試"
49 『東山書院志略』 3권: "每月生童大課, 請邑尊親臨考棚點名, 局門考試, 邑尊公出,
請二位監院輪期代理, 永以爲例"
50 『寶晉書院規條』, 『寶晉書院志』 4권 : "於月課外, 另課詩賦詩賦"
51 盛朗西, 『中國書院制度』 165쪽 : "飭高才生於書院, 一月六課, 親爲批削, 士皆蒸蒸
向學"

회시를 위한 준비였다.

소주 자양서원의 고과제도는 비교적 활발하였다. 스승과 제자가 함께 토론하는 식으로 진행되었다. 『사서』에 관한 과 외에도 경문·책·고론·금론·시에 대해서도 과를 보았다. 석온옥石韞玉이 이런 형식의 고과로 가장 득을 본 사람이었다. 그는 "매회 과의 명제 후에 서로 문제와 작문의 법에 대해 강론하고 각자 자신의 느낀 점을 말하였다. 나는 그 후에 그것을 듣고 생각하여 스승과 동학들의 장점을 매우 많이 얻었다."[52]고 회상하였다.

완원이 설립한 고경정사·학해당은 처음의 고과는 과거시험과 기타 서원의 상시를 거행하지 않았다. 고경정사는 월과를 보고 선생이 문제를 출제한 후 학생에게 직접 책을 찾아 내용에 대해서 조사한 후, 일정한 기일 내에 제출하도록 하였다. 학해당은 계과季果를 보고 문제를 낸 후, 그것을 인쇄해 학해당 및 각 학장의 숙소에 붙여 모두가 알게 하고, 기일 내에 답안지를 제출하도록 하였다. 성 내의 모든 학생들 심지어는 이미 교직에 있는 자, 산장까지도 모두 참가할 수 있었다.

그러나 위와 같은 시험 방식은 좋은 방법이 아니었다. 특히 서원이 팔고만으로 시험을 보고, 그것으로 학생의 성적을 정하여 장학금을 주었기 때문에 많은 부정행위가 발생하였다. 광동의 단계서원端溪書院은 처음에는 시험장에서 보는 상시를 거행하였으나, 후에 학생들이 많아지면서 시험지를 가지고 돌아가 다음날 제출하도록 하였다. 이러한 시험 방법은 금방 퍼져나가 많은 서원들이 모방하였으나, 이

---

52 石韞玉, 『院課存眞序』, 『獨學廬四稿』 3권 : "每會課命題後, 則相與講論題旨及作文之法, 各出其所心得, 予從其後竊聞之、集思廣益所得於師友之助良多"

렇게 시험을 보고 합격한 자들이 시험장에서 보는 시험에는 합격하
지 못하는 경우가 다발하였다.

사과師課의 시험형식은 대부분 관과를 모방하였으나, 작은 지방의
산장은 종종 직접 강당에 가 명단을 확인하고 시험지를 나누어 주었
다. 큰 서원에는 감원이 시험을 감독하였다. 사과의 상은 일반적으로
관과보다 많지 않아 참가하는 사람이 관과보다 적었다. 그 내용은 관
과보다 풍부해 시험 문제 출제자는 팔고 외에도 사부詞賦와 고론古論
등의 내용을 첨가하기도 하였다.

과의 채점은 일반적으로 관리 또는 관리가 위임한 현지의 명유, 혹은
다른 지방의 산장이 담당하였다. 사과는 서원의 산장이 채점하였다.

고과 성적의 우열은 학생의 장학금 심지어는 퇴학에도 큰 영향을
끼쳤다. 감숙甘肅 난산서원蘭山書院은 정과·부과·외과를 두고, 시험에
합격한 자는 장학금과 함께 상위 시험 응시자격을 부여하였으며, 여러
차례 불합격한 자는 퇴학시켰다. 광동 상강서원相江書院은 내·외과로
나누어, 시험을 보지 않는 자는 10개월 동안 장학금을 지급하지 않도록
규정하기도 하였다.

위와 같은 서원들의 규정으로 청대 서원의 고과제도가 어느 정도
로 완비되어 있는지를 알 수 있다. 이로서 대다수의 서원교육은 '과
거시험'이라는 막다른 길로 몰렸고, 서원은 점차 과거의 노예로 전락
하게 되었다.

청대 서원을 돌아보면 절대다수의 서원은 이미 서원의 원래 목적
과 정신을 상실하여 학술의 탐구라는 전통에 심각한 타격을 입었을
뿐만 아니라, 심지어는 일반 구학舊學의 내용 역시 팔고에 의해 덮여
졌다. 일부 지식인은 이러한 서원의 부패와 관학화 및 과거화에 강렬
하게 저항했다. 또한 서양세력의 외침이 심해지면서 구학을 부흥시

키고 '경세실학'에 힘을 쏟으려는 움직임도 일어났다. 이것은 후에 일어날 서원 변혁의 내재적 원인이 되었다. 이렇게 청대 동서문화교류의 큰 흐름 속에서 서원의 전통 계승과 근대 교육제도를 향한 변화는 청대 서원 발전의 중요한 특징이 되었다.

제4장

동서문화교류와 서원의 변혁(상)

청대에 이르러 서원은 조정의 지원으로 수와 규모에서 전성기를 맞이하여 2000여 소의 서원이 전국에 세워지는 등 전에 없는 발전을 이루었다.

그러나 그 화려함의 이면에는 전성기에서 쇠락으로 치닫는 심각한 위기가 잠재해 있었다. 청대의 서원은 관학화 및 거업화擧業化로 변모해 학술적인 탐구와 사회문화 보급이라는 목적을 상실하였다. 거기에 명청시기 서학西學의 등장과 청말 쇄국으로 굳게 닫힌 문이 서양열강의 대포에 의해 열리면서, 편안하게 성명性命의 학문을 담론하던 서원교육은 점차로 현실과 괴리되는 곤경에 빠지게 되었다. 그리하여 현실을 직시하던 학자들은 다른 각도로 서원에 변혁을 가해 서원교육에 새로운 생명력의 주입하려 시도하였고, 서원교육에 서학의 영향과 구학舊學의 부활이 동시에 복잡하게 뒤섞이는 상황이 연출되었다.

제1절 교육 사조와 초기 변혁

명말 이자성李自成의 반란 및 만주족의 중원 진출로 계급과 민족의 갈등이 전에 없이 첨예하게 대립하였으며, 송명 이학은 통치이념으로서의 지위를 위협을 받기 시작했다. 그리고 이 때 서양의 선교사들은 '서양의 자연과학(서학西學)'을 중국에 소개하면서 중국 고대[1] 문화교육의 새로운 싹을 틔우기 시작했다.

그러나 이 단계의 중국 문화교육은 서학과 많은 연계를 맺기 시작했지만 아직 변혁 중이었고, 서양 문화가 아닌 중국 전통문화의 부활에 변혁의 중점을 두었다. 그리하여, 이 시기의 서원변혁의 역사적인 상황(변화 과정과 특징)을 이해하려면, 당시의 '구학舊學 부흥' 및 '구학과 서학의 관계'부터 알아야 한다.

1. 역사적인 계기와 한계

16세기말 마테오 리치(Matteo Ricci, 이마두利瑪竇) 등의 서양 선교사들이 중국에 와서 포교를 시작하였고, 서양의 자연과학 역시 중국에 유입되어 중국에 '서학'이 퍼지게 되었다.

마테오 리치 등은 이후의 서양 선교사들과는 달리 중국의 상황을 매우 주의 깊게 다루었다. 포교의 실질적인 효과를 거두기 위해 이들은 유가의 옷을 입고, 수염과 머리를 기르며, 자신들을 '서유西儒'라고 칭했다. 이들의 이러한 행위는 중국인들의 호감과 인정을 얻기 위한 것이었으며, 실제로 많은 호응을 받았다. 서양의 선교사들은 명 만력제의 허락을 얻어내, 교회를 짓고 포교활동을 시작하였으며, 사대부들의 많은 관심을 불러일으켰다. 사실 중국인들은 이들의 종교에는 그다지 관심이 없었고, 오히려 그들의 포교 수단인 자연과학지식에 더 호기심을 가졌고, 이를 통해 서학에 대한 이해도를 높이고자

1 　역자주 : 사회주의 국가인 중국에서는 1840년 아편전쟁 이전을 '고대사'로 규정하고 있다.

하였다.

당시 선교사들은 서학을 소개할 때 주로 천문학·역법·지리학, 그리고 서양의 인문과학지식을 소개하였다. 이 중 비교적 유명한 것으로 『기하원본幾何原本』·『산해여지도山海輿地圖』와 줄레 알레니(Jules Aleni, 애유략艾儒略)의 『직방외기職方外紀』·『서학범西學凡』 등이 존재한다. 이들의 내용은 서양 근대과학 즉, 지리학·수학·역법·수리·의학 등에 관련된 것으로, 이를 통해 유럽의 지리·나라·풍습·음식·의복·궁실·제도·교육·관직·종교·정치·무기 등을 소개하였으며, 유럽 여러 대학의 문文·이理·의醫·법法·교敎·도道 등의 여섯 과정에 대한 자세한 소개도 수록하고 있다. 이는 폐쇄상태의 중국인과 성리도덕性理道德의 학문을 중시하며 자연과학을 경시하던 중국의 교육에 신선한 자극이 되었다. 중국인들은 전통문화 외의 다른 여러 학문을 접하게 되었고, 이는 당시 일부 진보인사를 자극하여, 이들에게 당시 교육의 폐단을 개혁하여 실제적인 학문 연구라는 새로운 패러다임을 제공하였다.

명말 서광계徐光啟와 같은 선진인사들은 전통 '실학實學' 부흥의 관점에서 출발하여 산력과학算曆科學으로 교육·과학기술의 정체를 타파하는 동시에, '도道'와 '예藝'의 중시를 주장하였다. 즉, 중국 고대 성현의 "희화羲和(중국의 태양신이자 역법을 제정한 여신)가 역법을 관리한 후로 사공司空·후직后稷·공우工虞"[2]는 모두 "수數를 다루지 않으면 일을 할 수 없었다."[3]며, 이러한 전통은 명대에 사라져 "그것을 익히는 자는 모두 암암리에 찾고 있었다."[4]이라고 하였다. 그리하

---

2 『刻幾何原本序』, 『徐光啟集』 2권 : "自羲和治歷暨司空、後稷、工虞"
3 마테오 리치, 『譯幾何原本引』 : "非度數不爲功"

여 서광계는 마테오 리치의『산해여지도』를 읽은 후 마테오 리치와 친분을 맺고, 한림관翰林館에서 공부하던 시절 매일 오후 3, 4시에 마테오 리치의 거소에 드나들어 토론을 나누었으며,『기하원본』을 번역하여 중국인에게 소개하려 노력하였다. 또 그는 이것이 '당우唐虞(요순堯舜 임금)와 삼대(하상주)의 잃어버린 학문'을 계승하여 '현세를 보충하고 이롭게 하는' 행위라 스스로 일컬었다.[5] 동서의 학문을 겸비한 풍부한 지식을 기초로 그는 "크게는 상제를 받들고, 작게는 사물의 이치를 탐구하는 것이다."[6]라며 진유학眞儒學의 지표를 제시하였다. '격물지학格致之學'이라는 단어 역시 원래 서광계에 의해 탄생한 것이라고 할 수 있다.

당시 서광계 외에도 적지 않은 지식인들이 서학의 매력에 빠져 "수도에 걸출한 학자들이 운집하여 마테오 리치의 집에 가서 서로 학문을 논의했다."[7]라는 진풍경을 자아냈고, 이중엔 이지조李之藻·섭향고葉向高·풍응경馮應京·조우변曹于汴·이지李贄 등이 있었다. 서양 선교사가 전파한 서양 과학과 문화가 당시 학자들에게 얼마나 관심을 끌었는지 잘 알 수 있는 대목이다.

청초 방이지方以智도 서광계와 같이 서양 선교사와 직접적인 접촉을 가져, 아담 샬(Johann Adam Schall von Bell, 탕약망湯若望)과 천문학에 대해 토론하고, 니콜라스 트리고(Nicolas Trigault, 금니각金尼閣)의 『서유이목자西儒耳目資』와 마테오 리치의『천학초함天學初函』을 읽고 "태서泰西(태서)의 목선생穆先生(Jan Mikołaj Smogulecki, 1610-

---

4 마테오 리치,『譯幾何原本引』:"爲其學者皆暗中摸索耳"

5 『刻幾何原本序』,『徐光啓集』2권 :"唐虞三代之闕典遺義", "神益當世"

6 『刻幾何原本序』,『徐光啓集』2권 :"大者修身事天, 小者格物窮理"

7 黃伯祿,『正敎奉褒』, 明萬曆條 :"在京碩彦翕然景從, 時詣瑪竇宅, 相與論道"

1656, 목니각穆尼閣)으로부터 승제乘除와 역산曆算을 배웠다."라고 기
록하고 있다.[8] 그러나 서광계가 서학을 배운 후 천주교에 입교한 바
와는 달리 방이지는 청에 대항하기 위해 불교에 입문했다. 승려가 된
이후 '서원을 부흥시키고, 추鄒·섭聶 등 선생들의 뜻을 닦아'[9] 학생
들에 대한 수업을 이어갔다. 이외에도 서광계와 비슷하게 그는 서학
을 접한 후 송 유학의 '성명지학性命之學'이 '격물궁리格物窮理'의 근
본이라는 것을 부정하고, 자연과학을 기초로 한 사물로 사물의 법칙
을 찾는 '격치지학格致之學'과 '도道'가 '예藝'에 붙어있음을 주장하였
다. 그는 또 서광계와는 다르게 서학을 자세히 익힌 후 서학이 "실물
의 관찰, 실험(질측質測)에는 상세하지만, 철학(통기通幾)의 설명은 옹
졸하다."[10] 하여 '질측'과 '통기'라는 자연과학·철학적인 개념을 주장
하였다. 이로서 전통적인 '격치'의 학문을 충분히 연구하고[11], 이 위
에서 『주례』의 '삼물三物'(육예六德·육행六行·육예六藝)을 중점으로 가
르치는 것을 교학의 근본으로 삼았으며, 성인의 학문은 '육예六藝'(기
예技藝)를 가르치는 것이 가장 먼저이고, 그 후에야 비로소 '도덕교화'
해야 한다고 여겼다.

방이지의 주장이 단지 사상적인 면에서 멈춰있다면, 그보다 조금
뒤인 안원顔元은 장남서원漳南書院의 창립과정에서 실제적인 행동을
중시하였다. 안원과 그 제자 이공李塨은 모두 서학을 접하거나, 서양

---

8 方中通, 『與梅定九書』, 附『數度衍』: "從泰西穆先生學乘除曆算"

9 王夫之, 『船山遺書·搔首問』: "復興書院, 修鄒、聶諸先生之遺緒"

10 『物理小識·自序』: "詳於質測, 而拙於言通幾"

11 방이지는 『通雅』卷首二『藏書·刪書類略』에서 책을 읽는 범위를 정해놨다. 즉, "歷
代儒學、楊墨、名法、縱橫、兵、象緯、算側(附太西算學奇器)、醫衣、卜筮(附三式堪
輿等)、藝術小說、物理總書"라 하여, 농서·의학·산측·공기 등의 책을 가리켜 "格致全
書"라 하였다.

학문에 정통한 여러 학자와의 논의, 또는 기타 서학에 정통한 학자에게 묻는 것을 통해 많은 점을 깨달았다. 안원 역시 송 유학의 민생을 벗어난 탁상공론인 성명지학에 반대하였다. 그는 '하늘과 땅을 평화롭게 하여, 세상을 이롭게 하는'[12]사람의 양성을 교육목적으로 삼아, '기技'와 '예藝'의 실학을 '진유학眞儒學'으로 보고 "예藝에 정精하면 행行이 實해지고, 행行이 실實해지면 덕德이 성成한다."[13]고 여겼다. 그리하여 교육내용에서도 삼사三事·육부六府·삼물三物을 주장하지만, 그 실체는 삼물이었으며[14], 육예六藝교육을 주내용으로 삼았다. 이 점은 방이지의 주장과 상당부분 일치하고 있음을 볼 수 있다.

그러나 이들의 일치는 우연하게 맞아떨어진 것이 결코 아니었다. 송명 이학은 명청시대에 이르러 그 실제적인 내용의 부재와 경직화로 교육의 폐단과 쇠퇴를 불러 일으켜 일부 진보인사의 비난을 받기 시작했다. 동시에 서양 선교사들이 가지고온 서양 과학지식의 전파는 중국인들의 시야를 넓혔고, 고대의 경세치용적인 학설을 다시금 중시하게 하였다. 이로써 일종의 동서양이 합해지는 학문, 즉 '자연과학을 기초로 실학을 숭상'하는 교육 사조가 탄생하기 시작했다. 서광계로부터 방이지, 안원에 이르기까지 사상적으로 공통점 또는 유사점이 출현한 이유가 바로 이러한 배경에 있다. 그리고 이들의 사상과 실천에서 우리는 청대 초기 교육변혁의 기본적인 방향을 볼 수 있다.

예로 왕부지王夫之와 황종희는 방이지의 친구로 서양의 자연과학에

---

12 『習齋言行錄』 상권 : "斡旋乾坤, 利濟蒼生"
13 『四書正誤』 3권 : "藝精則行實, 行實則德成矣"
14 『習齋記余』 9권에 六府는 "사실 삼사일 뿐이다(其實三事而已)", 3권에서는 "육덕은 요순시대의 정덕이며, 육행은 요순시대의 후생이고, 육예는 요순시대의 이용이다.(六德卽堯舜所爲正德也, 六行卽堯舜所爲厚生也, 六藝則堯舜所爲利用也)"라 하였다. 이로서 "三物"이 즉 "三事"라는 것을 알 수 있다.

많은 관심을 가졌다. 왕부지는 자연과학지식으로 인생을 탐구하며, 실학에도 탄탄한 철학적 기초가 곁들고, 사인들이 '치란治亂·예약·군사·병형兵刑·농상農桑·학교·율력律曆·이치吏治의 이리'[15]를 익히길 권했다. 황종희 역시 역산曆算에 관한 많은 저작을 남겼을 뿐 아니라, 전통적인 육예 학문의 계승을 주장하였고, 이것이야 말로 진정한 학문이라고 여겨, '역산曆算·악률樂律·측망測望·점후占候·화기火器·수리水利의 종류가 이것'[16]이라고 하였다. 관중關中의 이옹李顒 역시 '서양의 수리법水利法'을 중요한 학문으로 삼았으며, 강소의 육세의陸世儀 역시 교과과정에 '천문·지리·하거河渠·병법의 과목'[17]을 설치하고, "무릇 현세의 임무로 모두 익힐 만하다."[18]고 하였다.

　주의해야 할 것은 이 저명한 학자들과 사상가들이 모두 서원과 밀접한 관계가 있다는 것이다. 이들의 서원은 청대의 수많은 서원 중의 일부였지만, 청대 서원 변혁에 새로운 바람을 불러오는 데에 큰 공로를 하였다.

　이 시기 서양 선교사들의 서양 자연과학지식의 전파는 종교적인 목적이 강했지만, 중국인이 서양을 이해하고 더 나아가 중국 사회역사, 사상문화 심지어는 교육의 변혁을 시도하도록 직간접적으로 영향을 끼쳤다.

　그러나 18세기 초 포교활동 금지령에 따라 서학의 전파 역시 끊기게 되었다. 이러한 역사의 반전에는 강희제라는 인물이 있다. 그는 청대 300년 역사의 기초를 일군 황제로서 뛰어난 기량과 능력을 가진 이라고

---

15 王夫之, 『噩夢』 : "天人治亂、禮樂、兵刑、農桑、學校、律曆、吏治之理"
16 『明夷待訪錄·取士下』 : "曆算、樂律、測望、占候、火器、水利之類是也"
17 陸世儀, 『治平類·學校』, 『思辨錄輯要』 前集 20권 : "天文、地理、河渠、兵法諸科"
18 陸世儀, 『治平類·封建』 18권 : "凡當世之務俱宜練習"

할 수 있다. 그는 외국문화를 받아들이며, 중국 역법이 서양의 역법에 뒤떨어진다는 사실을 인정하였다. 결국 과감하게 아담 샬의 사형을 면하고, 그의 역법 교체를 강력히 반대한 양광선楊光先의 관직을 파한 후, 서양인이 역법을 관장하게 하였다.[19] 강희제는 또 서양 선교사 남회인南懷仁(Ferdinand Verbiest), 이류사利類思(Lodovico Buglio), 서일승徐日昇(Thomas Pereira), 백진白晉(Joachim Bouvet) 등을 궁궐에 불러 산학관算學館을 만들어 이 방면의 서적 편찬을 장려하였다. 강희제의 이러한 행동은 동서문화교류를 증진했을 뿐만 아니라, 교육변혁에 뜻을 품은 인사들을 고무시켜 자연과학교육을 중시하는 기풍을 만들어낸데에도 어느 정도 공이 있다.

그러나 로마 교황청은 1704년과 1719년 두 번 사신을 중국에 보내 중국 신자들의 하늘·공자·조상에 대한 제사를 금지하는 '칙유勅諭'를 내렸고, 강희제는 이를 중국 전통문화의 깊은 뿌리를 뽑아내려는 행위로 인식하였다. 이에 1719년 강희제는 교황청의 사신에게 아래와 같이 말했다.

"너희 교왕의 조약은 중국의 도리와 크게 어긋난다. 너희 천주교는 중국에서 행할 수 없어 반드시 금지해야 한다. 종교를 행할 수 없다면 중국에서 선교하는 서양인 역시 필요없다."[20]

거의 이와 동시에 강희제는 해금海禁 정책을 부활시켜, 이 이후 중

---

19 서양 선교사 아담 샬은 서양의 새로운 역법을 주장하였으나, 양광선은 이를 예부에 상소하여 사형에 처하게 하였다. 강희제는 서양 선교사 남회인의 건의로 동서역법의 행성의 움직임, 일식, 월식의 정확성을 비교하여 서양 역법의 우세함을 인정했다.
20 陳壇輯, 『康熙與羅馬使節關係文書』: "爾敎王條約, 與中國道理大相悖戾。爾天主敎在中國行不得, 務必禁止。敎旣不行, 在中國傳敎之西洋人, 亦屬無用"

국에 오는 서양인들이 점차 줄어들면서 서학의 유입 역시 거의 중단 되었다.

역사적으로 볼 때 강희제 역시 전제군주 중 하나였다. 그가 아무리 개방적인 정책을 실시하였다 하더라도 중국 전통사회가 생존할 수 있었던 '근본'을 파괴하는 것은 용납할 수 없었던 것이다. '천조天朝 의 위엄威嚴'을 지켜내는 것은 전제군주제 자체를 지키는 것이었기 때문이다. 당시 마테오 리치 등의 서양 선교사가 비교적 성공할 수 있었던 이유는 중국 고유의 문화적 전통을 존중하였기 때문이다. 그 래서 로마 교황청의 이러한 행위가 강희제의 강한 반발을 일으킨 것 은 어쩔 수 없는 필연이었다.

본래 서학은 명말청초에 비교적 제한적으로 전파되었다. 게다가 중국 전통교육사상에 부합하지 않는 서양의 종교 교리가 모든 사인 들에게 쉽게 받아들여진 것이 아니고, 오히려 다수의 회의와 반대를 초래했다. 마테오 리치 시기에 이를 반대하는 이는 이미 아래와 같은 과격한 내용으로 비난했다.

"마테오 리치는 그 邪說로 민중을 현혹한다…… 그가 저술한 『坤輿全 圖』는 내용이 복잡하여 다른 이가 그가 본 것을 보지 못 하고, 발로 갈 수 없어 증명할 수 없는 것으로 사람을 속인다. 그 화공이 그렸다는 그 림은 도깨비이다…… 중국은 당연히 정중앙에 있으며, 지도에서 약간 서쪽에 치우쳐 있는 것은 아무 근거 없는 말이다…… 어찌 중국을 이토 록 작게 그리고, 지도의 북쪽 근처에 두는가? 그 방자함이 이토록 거리 낌이 없다!"[21]

---

21 徐昌治가 輯한 『聖朝破邪集』에 수록된 魏浚, 『利說荒唐惑世』: "利瑪竇以其邪說惑 衆, ……所著《坤輿全圖》洸洋詭渺, 直欺人以其目之所不能見, 足之所不能至, 無可按驗

　선교 금지령 이후 특히 1724년 옹정제 즉위 이후 동서양 교류의 문턱은 더욱 높아졌다. 건륭제 시기 여러 학문에 정통한 기윤紀昀조차도 『사고전서』의 『총목제요總目提要』에서 줄레 알레니(애유략)의 『직방외기』에 기재된 상식에 대해 회의적인 태도를 보여 "예로부터 여도輿圖에 기록하지 않는 내용이다…… 매우 기이하여 연구할 수 없다."[22], 페르비난트 페르비스트(Ferdinand Verbiest, 남회인)가 『곤여도설坤輿圖說』에서 소개한 세계7대 불가사의에 대해서도 "그가 동쪽에 온 이후 중국의 고서를 보고 그것을 모방하여 만든 것으로 의심된다."[23]라고 평가하였다. 청말에도 이와 같은 전통사상은 흔들리지 않았고, 이규李圭는 『환유지구신록環遊地球新錄』에서 "지형은 공과 같다. 우리 중화에서 이 설을 믿지 않는 자는 십에 팔구이다."[24]라고까지 하였다.

　서학에 대한 반대는 후에 반양교운동反洋敎運動으로 이어져 갈수록 격렬해졌고, 청말에 이르러서야 조금 나아졌다. 통계에 의하면 1810년 재중 천주교 선교사는 31인, 1840년 개신교 선교사는 20인 정도였고, 19세기 중엽에 이르러 서양 선교사들이 비로소 조금씩 증가하기 시작했다.[25] 이렇듯 서양 종교에 대한 적대로 서학의 전파 역시 더디었다.

　명말 서양 선교사 니콜라스 트리고(금니각)가 가져온 유럽 도서는 약 7000여권이지만, 번역된 것은 극소수였다.[26] 청중기 이후 강남제조

也, 其所謂畫工之畫鬼魅也。……中國當居正中, 而圖置稍西, 全屬無謂。……焉得謂中國如此葢爾, 而居於圖之近北? 其肆談無忌如此!'

22 "爲自古輿圖所不載, ……多奇異, 不可究詰"

23 "疑其東來以後, 得見中國古書, 因依倣而變幻其說"

24 "地形如球, 我中華不信是說著十常八九"

25 傑西・格・盧茨(Jessie Gregory Lutz), 『中國敎會大學史(China and the Christian Colleges)』, 浙江敎育出版社, 1988 中文版, p.5,6.

국江南製造局[27]에는 1865년부터 갑오전쟁까지 존 프라이어(John Fryer, 부란아(傅蘭雅) 등이 번역한 서학 서적이 상당히 많았지만, 13,000권만 팔리는 등 판매량이 좋지 않았으며, 그가 서양의 선진과학기술을 소개한 『격치회편格致匯編』 역시 1876년부터 시작하여 1892년에 중지될 때까지 비슷한 상황을 겪었다. 양계초梁啓超는 "『격치회편』은 전후 7년간 중간에 중지되었다. 모두 서양인의 새로운 격치 이론을 말한 것으로 크고 작은 것들을 함께 기록했다. 대부분이 많은 외국 책들을 번역한 것으로, 이것을 읽으면 지혜를 늘리는데 도움이 된다. 안타깝게도 당시의 풍기風氣는 아직 깨이지 않아 그것을 좋아하는 자는 끝까지 몇 명 되지 않았다."[28]고 하였다.

아편전쟁 시기에는 양무파洋務派가 중시한 일부 군사기술학교 외에, 학교 교육은 전체적으로 여전히 서학을 배척하는 분위기였으며, 서원교육 역시 마찬가지였다. 광주는 중국 근대에 대외통상이 가장 빨랐던 곳으로 서원 역시 상당히 발달했다. 양계초의 회고에 의하면 그는 1888년 이후의 2년간 학해당學海堂·국파정사菊坡精舍·월수서원粵秀書院·월화서원粵華書院 등 유명한 대서원에서 공부하였으나, '경사'에 관한 내용만 배웠다고 한다. 정식으로 서학을 접하게 된 것은 강유위康有爲를 스승으로 모시고 만락당萬樂堂에서 공부한 후라고 한다.[29] 광주의 서원교육이 이 정도였으니 다른 지역 서원교육은 말할 것도 없었다.

---

26 李之藻, 『刻職方外紀序』에 "金子者, 齎彼國書籍七千余部"라고 기록되어 있다.

27 역자주 : 양무운동洋務運動 시기 상해에 세워진 관영 군기공장.

28 梁啓超, 『讀西學書法』: "『格致匯編』, 前後七年, 中經作輟, 皆言西人格致新理, 洪纖并載, 多有出於所飜各書之外者, 讀之可增益智慧。惜當時風氣未開, 嗜之者終復無幾"

29 丁文江, 『梁任公先生年譜長編』.

결과적으로 명청 전환기에서 청중엽까지 서원은 초기에 서학의 전파로 어느 정도 영향을 받아 기예技藝를 중시하는 학문 및 실학의 제창으로 이어졌지만, 그 후 서양 종교의 금지령으로 인해 서학으로부터 멀어져, 서원교육은 부득이하게 구학舊學의 부흥으로 돌아서게 되었다.

2. 전통세계 속에서의 배회

명말에서 청중엽까지 중국 지식인의 서학에 대한 이해도는 상당히 낮았다. 그들은 여전히 전통세계 속에서 살고 있었고, 전통에 갇혀 있었다. 서학은 그들의 변혁에 대한 탐구를 자극했지만, 탐구 중 그들은 더 많이 앞이나 밖을 내다봤어야 했지만 반대로 끊임없이 뒤를 돌아보았고, 이로서 전통에서 현재의 문제점을 개혁하는 '사상적 무기'를 찾고 있었다. 이로 인해 옛것으로 현재를 바꾸려는 '탁고개금托古改今'의 사상적 경향이 출현하였다.

그 예로 서광계는 자연과학교육의 중요성을 인정하였지만, 옛 성인의 말씀으로 이를 증명하려 하였다. 그는 "선성先聖은 '비물치용備物致用'이라 하였다. 위대한 인물이 되어 천하를 이롭게 하는 것은 성인만 못 하다."[30]라고 하여, '보행보공實行實功'과 '유체유용有體有用'이 바로 공자의 유학의 정수이며, 도道와 예藝의 중시는 전통에 위배되지 않는다고 주장하였다. 방이지는 더 나아가 성인의 학문은 실제로 '비물치용備物致用'으로 성인의 책임은 바로 예藝로 사람을 가르치는 것이라고 주장하여, 육예六藝 교육의 중요성을 강조하고 역대 기

---

30 『泰西水法序』, 『徐光啓集』 2권 : "先聖有言 : '備物致用'。立成器以爲天下利, 莫大乎聖人"

예技藝에 관한 책을 격치格致의 책으로 보았다.

이들의 사상을 단순하게 '복고'로 볼 수는 없지만, 실제로는 옛것으로 현재를 바꾸려는 '탁고개금'의 사상이었으며, 결국은 한계에 봉착하였다. 표면적으로는 형식이 내용을 제한하지만, 실은 내용이 형식을 제한해 그들의 사상은 여전히 전통을 중심으로 하였다.

이러한 현상은 강희제에게서도 나타난다. 강희제는 비교적 개방적으로 서양의 과학지식을 받아들였지만, 동서양 학문의 우위 문제에서 서학이 실은 중국에서 발생했다고 여겼다. 예로 서양의 역법이 "원래 중국에서 나왔고, 극서極西로 전파되었다."라고 여겨 "서양인들은 그것을 잃지 않고 잘 지켜냈고, 측량을 멈추지 않았으며, 해마다 많아져 발달"하였기 때문에 중국의 것보다 낫다고 하였다. 중국의 역법이 낙후된 이유는 역대로 "공명과 관직을 중시하여 역법을 경시"하여 장기간 소홀했기 때문이라고 하였다. 또, "무릇 산법의 이치는 모두 『역경』에서 나왔다."[31]고 하였다. 실제로 주자의 책 중에 성명지학을 논한 것 외에도 천문지리·악률력수樂律曆數에 관한 내용이 확실히 존재한다. 그리하여 강희제는 『율력연원律曆淵源』을 편찬해 율력산법律曆算法이 중국에서 탄생했음을 증명하려 했다.

전통군주인 강희제의 이러한 행동은 이해가 될 수도 있지만, 과학교육자인 매문정梅文鼎 역시 이러한 행동을 했다는 것은 많은 것을 생각하게 한다. 매문정은 "산술은 본래 중국에서 나온 것으로, 먼 서쪽으로 전파되었다."[32]라며, 서학가들은 "요순시대부터 생겼다."[33]고

---

31 王先謙, 『東華錄』康熙87 : "原出自中國, 傳及於極西", "西人守之不失, 測量不已, 歲歲增修, 所以得其差分之疏密", "以功名仕宦爲重, 敬天授時爲輕"

32 『測算力圭序』, 『績學堂文鈔』 2권 : "算數本自中土, 傳及遠西"

33 『上孝感相國』, 『績學堂文鈔』 4권 : "茲事肇唐虞"

까지 하였다. 그는 서양의 '기하학'이 원래 중국의 '구고勾股'[34]와 같다는 것을 발견했을 때, 중국 성인의 '구수九數'[35]가 서학을 완전하게 대체할 수 있다고 여겼으며, 이를 매우 자랑스러워했다. 이로서 그는 수학을 전공하는 학교를 상상해 "고대인들의 잃어버린 학문을 이학異學(서학)에 의해 억압받지 않게 해야 한다."[36]라며 강희제와 똑같은 생각을 하였다.

이런 서학이 중국에서 비롯됐다는 '서학중원西學中源' 사상은 현재로서는 실소를 금치 못 하게 할 것이다. 하지만 이런 사상이 탄생한 원인이 서양 근대과학을 이해하지 못한 시대적인 배경에만 있지 않고, 오히려 민족의 자존심, 더는 중국인의 사상에 뿌리 깊게 박힌 전통적인 '타성惰性'에 의해 생겨난 것이라는 점을 명심해야 한다. 당시의 과학교육가인 매문정이 자주 언급한 실학은 주대周代 성인 학문의 정통이며, "보씨保氏(황제에게 간언하는 관직명)는 덕행을 가르치고, 삼물三物과 예藝는 서로 보완한다."[37]라 하여, 경의와 경제를 같이 연구하는 학문이라고 주장하였다. 다른 사상가 안원 역시 이렇게 복잡한 사상을 가진 인물이다.

안원은 동시대의 진보인사들과 같이 이학이 사회진보적인 정신을 속박하고 있을 때, 극력으로 이학의 탁상공론과 실질적이지 못 함을 비판하고 실문實文·실체實體·실행實行·실용實用의 실학교육을 주장하였다. 그는 장남서원漳南書院의 교육개혁에서 전통교육이 경시하

---

34 역자주 : 중국 고대 산법算法의 일종으로 서양의 기하학과 유사하다.
35 역자주 : 중국 고대 산법算法의 명칭으로, 이를 정리하여 『구장산술九章算術』이라는 수학서가 되었다.
36 『寄李安卿孝廉書』, 『績學堂文鈔』 1권 : "使古人遺緖不致爲異學所掩抑"
37 "保氏教德行, 三物藝相輔"

던 '기예'를 교육의 내용에 포함, 확장하였고, 그의 이러한 행동은 당시의 교육계를 뒤흔들어 놓은 거대한 변혁이었다. 그러나 안원은 철저한 반전통주의자가 아니었고, 전통을 전통 자체로 비판하였다. 그가 주장한 실학은 그가 말한 바와 같이 "즉 공문孔門의 육예의 가르침이 그것"[38]으로 『주례』에서 말한 육부六府·삼사三事·삼물三物 및 공자의 사교四敎·육예六藝였다. 그는 "무릇 내 제자는 먼저 예악사어서 수禮樂射御書數 및 병농전곡兵農錢穀·수화공우水火工虞를 먼저 배워야 한다. 내가 비록 무능하나 함께 배우고 싶다."[39]라 하여 "천하의 사기士氣를 일으켜 공문孔門의 옛 것을 부흥"[40]하는 데 목표를 두었다.

안원이 주장한 교육내용 및 범위는 실제로 구학의 범위를 넘어서, 옛것으로 현세를 이롭게 한다는 실질적인 의미를 지니고 있었다. 그러나 그의 강한 '옛 것의 모방(師古之意)' 경향은 그의 제자인 이공李塨마저도 안원이 '옛 법에만 매달려(盡執古法)', '옛 성인이 만든 법(古聖成法)'에 속박 당할 수 있으니, 반드시 '현 시류에 맞게(宜酌時宜)' 변해야 한다고 설득할 정도였다.[41] 스승을 설득하기 위해 이공은 아래와 같은 중요한 말을 하였다.

우리는 육예를 행하고 익히며, 옛 것을 헤아려 현재의 본보기로 삼아야 합니다(考古準今). 예가 사라지고 악이 없어져, 옛 것을 헤아려 현재의 본보기로 삼는 것은 射, 御, 書로 그것(옛 것)과 비슷한 점이 있어, 현재의 본보기로 삼고 옛 것을 잇기에 마땅합니다. 數는 본래 옛부

38 『習齋記余』 6권 : "卽孔門六藝之敎是也"
39 『習齋年譜』 상권 : "凡爲吾徒者, 當先學禮樂射御書數及兵農錢谷、水火工虞, 子雖未能, 願共學焉"
40 『存學編』 1권 : "挽天下之士氣, 而復孔門之舊"
41 『恕谷年譜』 3권.

터 존재했으나, 근래 서양 학자들을 참고해도 됩니다.[42]

안원의 실학 교육은 "사물을 배우는 것을 가르침으로 삼는다.(以學物爲敎)"를 목표로 해 송명대 서원교육의 '책만 읽는(執書伊吾)', '책만 쓰는(搦筆著述)', '책' 위주의 교육에 반대했다. 그는 "책의 문자는 당연히 도를 담고 있지만, 문자는 도가 아니다. 마치 차가 사람을 싣지만, 차가 어찌 사람이라고 할 수 있는가?"[43]라고 주장하며, 청초 한학漢學의 발단이 이학의 탁상공론을 비판하는 데서 출발하지만, 그 비판의 이유가 이학교육이 육경에 근거하지 않았기 때문이라는 것이었다. 그래서 "육경이 나에게 새로운 분야 개척을 요구한다."[44]라 하여 경사 연구를 통해 '통경지용通經致用'의 경지에 도달하여 문제를 해결하려고 하였다. 언뜻 보기엔 경세치용을 추구하는 듯하지만, 안원이 주장한 학문과 실학은 실제로는 달랐다. 안원은 "예로부터 시서詩書는 나라를 다스리는 재능(經濟)을 익히고 행하는 도구로 단지 그 길만 얻는다면, 그 거짓은 묻지 않아도 된다. 즉, 거짓이어도 무방하다."[45], "그러나 단지 경사와 많은 책을 읽음으로서 이치를 찾아 도를 얻으려 한다면 천리에 떨어져 있는 것이다. 경사와 많은 책을 읽음으로서 이치를 찾아 도가 여기에 있다고 하는 것은 만리에 떨어져 있는 것이다."[46]라 하며 한학가의 행위에 찬성하지 않았다. 그러나 이공은

---

42 『恕谷年譜』 3권 : "吾人行習六藝, 必考古準今。禮殘樂缺, 當考古而準以今者也; 射、御、書有其倣佛, 宜準今而稽之古者也; 數本於古, 而可參以近日西洋諸法者也"

43 『習齋年譜』 하권 : "書之文字固可載道, 然文字不是道。如車載人, 車豈是人?"

44 "六經責我開生面"

45 『習齋記余』 3권 : "古來詩書不過習行經濟之譜, 但得其路徑, 其僞可無問也, 即僞亦無妨也"

46 『存學編』 3권 : "然但以讀經史、訂群書爲窮理處事以求道之功, 則相隔千里矣; 以

"옛 것을 헤아려 현재의 본보기로 삼는다.(考古準今)"라는 한학가와
같은 관점을 가져 스승과 다른 선해를 보였고, 그의 이러한 "그 스승
의 법을 바꾼다.[改其師法]"는 태도는 바로 청초 한학가의 영향에서
비롯된 것이다. 이공은 스스로 "나는 약관의 나이에 집에서 교육을
받은 것 외에 안습재顔習齋 선생을 따르며 돌아다니며 명덕明德과 친
민親民의 학문을 배웠다…… 40이 다 되어 모하고毛河古 선생을 만나
기 시작하면서 경학을 배웠다. 후에 다시 왕초당王草堂·염백시閻百詩
·만계야萬季野는 모두 많은 책[二酉]을 읽은 이들로 나의 부족함을
도와주었다. 그러나 그 경의經義를 얻은 것은 마치 내 도덕道德과 경
제經濟를 증명하기 위해서다."[47]라 할 정도로 한유漢儒에 가까웠다.
이에 후세인들은 그를 더욱 높였으나, 그 스승 안연은 많이 폄하하였
다. 이공은 경서의 연구를 단순히 "그 경의를 얻는 것은 내 도덕, 경
제를 증명하기 위해서[取其經義, 以證我道德經濟]"라고 하며 한학가들
과는 조금 의견을 달리 했지만, 그의 옛 것을 헤아려 현재의 본보기
로 삼는다는 '고고준금考古準今'의 주장은 후대의 한학가들이 주장하
는 경세치용 교육의 근본 특징과 같았다.

　대진戴震과 같은 이는 안연과 이공 학설의 영향을 크게 받았다. 그
가 활동했던 시기는 문자옥文字獄의 잔혹한 통치로 많은 한학가들이
고증考證을 위한 고증을 하던 시기였다. 그러나 대진은 탄압을 두려
워하지 않고, 고염무顧炎武의 경세치용을 계승하고, 안연과 이공의
'탁고준금'을 취해 다시 한 번 실학을 일으키며 한학과 실학을 하나로

讀經史、訂群書爲即窮理處事, 日道在是焉, 則隔萬里矣"
47 『恕谷後集』11권 : "子自弱冠庭訓外, 從顔習齋先生遊, 爲明德親民之學。……年幾
四十, 始遇毛河古先生, 以學樂餘力, 受其經學。后復益之王草堂、閻百詩、萬季野, 皆
學窮二酉, 助我不逮。然取其經義, 猶以證我道德經濟"

통합하였다. 그는 "자字로 그 사詞를 통하게 하고, 사詞로 그 도道를 통하게 한다."[48]고 주장하며, 문자의 음운, 명물제도名物制度 및 천문수학, 지리수리 등을 경사고증학에 편입했다. 그는 이렇게 경학으로 이학을, 실학으로 '난세를 다스리는 도治亂之道'를 대체하는 교육사상을 수립하였고, 이는 완원의 교육사상 및 서원교육에 지대한 영향을 끼쳤다.

청대의 '경학에 날개를 단 공신[羽翼經學之功臣]'이라는 영예를 가지고 있는 완원은 학술적으로 한학의 정통적 지위를 확립하였으며, 서원교육에서 역시 경사위주의 새로운 기풍을 창립하였다. 완원은 경세리민經世利民의 학문은 경사에 있다고 생각하여, 그는 "인재양성은 먼저 통경通經과 성인의 가르침을 받드는 데 있다…… 경학에 통달해 실제에 응용함[窮經致用]으로 창생에 도움이 되게 한다."[49]는 것에 교육목표를 두었다. 그는 옛 성현의 경사 공부를 강조하였고, 경사를 읽기 위해 경사를 읽는 것을 지양하였다. 사회지식에 관해서 "경을 잘 알아 백성의 뜻을 정한 후에 그 실을 구하는 조치를 취해 다스림에 도움이 되게 한다."[50]고 주장하여, 옛 것을 헤아리는 것[稽古]은 정사를 바르게 하기 위한 것이라 여겼다. 자연과학에 관해서는 "수는 육예의 하나로, 그 쓰임이 넓으며, 하늘과 땅의 강기綱紀이며, 이들의 통계統系이다"[51]라 하여 '수'야 말로 경세리민의 기술이라 주장하였다. 이에 유육숭劉毓崧은 "후진양성을 즐거워하며, 군자의 기풍이

---

48 "由字通其詞, 由詞通其道"
49 『奉勅進經籍纂詁折子』, 『研經室集四集』 1권 : "育才首在通經, 奉聖人之教……以窮經致用, 爲諸生勛也"
50 『茗柯文編序』 : "知經上下定民之旨, 然後措施必求其實, 有禪於治"
51 『里堂算學記序』 5권 : "數爲六藝之一, 而廣其用, 則天地之綱紀, 群倫之統系也"

넘치고, 그 교육의 목적을 실사구시에 두어 경사, 소학에서 금석학에 이르기까지 크고 작은 것을 포함하지 않은 것이 없다. 특히 대의의 알림을 위주로 한다…… 옛 성현의 세상에 대한 가르침을 받들고 실 생활에 적합하게 하여 사람마다 몸으로 행할 수 있게 한다."[52]며 완원 을 칭송하였다.

그러나 여기에서 완원이 주장한 경세치용의 실용 역시 역사적인 한계를 벗어나지 못 하고, 본질적으로는 앞의 학자들과 같다는 것을 보게 된다. 이는 그가 서학을 대한 태도에서도 드러난다. 그는 중국 을 드높이고 서양을 낮추려 하였고, 서양의 자연과학이론이 중국에 "예로부터 이미 있었다.[古已有之]"며 "암암리에 우리 중국에서 만들 어진 학설과 법을 이었다."고 여겼다.[53] 완연은 교육변혁에서 자연과 학과 같은 서학의 영향을 받긴 했지만, 구학의 부흥에 더 중점을 둬 전통적 사상문화가 여전히 그의 변혁에 대한 노력을 속박했음을 볼 수 있다. 이것이 바로 이 시기 진보적 사상가와 교육개혁사의 신실된 모습이며, 그 원인은 당시 서원교육 변혁이 여전히 구학의 부흥과 진 흥에 그 근본 목표를 두었기 때문이다. 이러한 상황은 갑오전쟁甲午 戰爭(청일전쟁) 전후에서야 약간의 변화가 일어난다.

---

52 『阮文達公傳』, 『碑傳集續集』 3권 : "樂於涉引後進, 休休有容, 至其論學之宗旨在於 實事求是, 自經史小學以及金石詩文, 巨細無所不包, 而尤以發明大義爲主。……推闡古 聖賢訓世之教, 務在切於日用, 使人人可以身體力行"
53 『續疇人傳序』, 『研經室集再續集』 2권 : "古已有之", "暗襲我中土之成說成法"

제2절 구학 부흥과 서원

경세치용 학설은 본래 명청대의 학자들이 만들어낸 개념이 아니고, 실은 유가가 예로부터 일관되게 주장해온 수신·제가·치국·평천하의 경세학문, 즉 학문과 정치의 유착관계원칙에서 시작하였다. 송명 이학자 정이와 정호는 "경을 탐구하여 실생활에 도움이 되게 한다."[54]하였으며, 주희는 『중용』을 "모두 실학이다."[55]라 하였고, 육왕의 심학 역시 치평治平이 자신의 임무라 하였다.

의심할 여지없이 송명 이학 교육은 당시 관학의 퇴폐와 학술을 경시하는 상황아래에서 학술의 발전과 사회문화발전 추진에 적극적인 작용을 하였다. 그러나 시대의 변천에 따라 사람들이 국약민빈國弱民貧의 원인과 해결 방안을 모색하는 과정에서 점차로 이학이 단지 성명의리만 중시하고 실생활에 도움이 되지 않는 점을 발견했다. 때마침 서학의 전래로 자극을 받은 당시의 학자들은 위의 문제를 해결하기 위한 실용적인 학문을 모색하던 중 실학이 흥기하기 시작한 것이다. 거기에 명청 교체기에 출현한 자본주의 맹아로 신흥도시민층과 상인층이 형성되어 이 시기 실학교육 사조는 전과 다른 특징을 갖기 시작했다. 서원교육에서도 초기변혁의 경향이 출현하였으며, 특히 안원과 완원의 서원개혁에서 이러한 경향을 볼 수 있다. 이들의 변혁은 당시 서원변혁의 추세와 특징을 반영하고 있으며, 커다란 영향을 끼쳤다.

---

54 『河南程氏遺書』 4권 : "窮經將以致用"
55 『四書章句集注·中庸章句』: "皆實學也"

1. 사상문화의 연원淵源

안원과 완원은 유가의 실학을 중시하였지만, 실제로는 시기에 따라 다른 점을 보이고, 주요 목표 역시 약간 차이점이 있다.

안원이 부흥하려한 구학은 "요순堯舜의 삼사三事, 주공周孔의 삼물三物"이었다. '삼사'란 『상서·대우모』의 '정덕正德·이용利用·후생厚生'을, '삼물'은 『주례·대사도』의 '육덕六德·육행六行·육예六藝'를 일컫는다. "정덕이라는 것은 아버지는 자상하고 아들은 효성스럽고, 형은 우애스럽고 동생은 공경하고, 남편은 의롭고 부인은 순종하는 것으로 정민正民의 덕이다. 이용이라는 것은 일을 도구이며, 물건과 돈이 통하게 하는 것으로 백성을 이롭게 하는 용도이다. 후생이라는 것은 옷과 식량으로 배고프거나 춥게 하지 않는 것으로 백성의 삶을 두텁게 하는 것이다."라고 하였다. 이러한 삼사의 내용은 삼물과 이름만 다를 뿐 그 실체는 같다. "육덕은 요순이 말한 정덕이다. 육행은 요순이 말한 후생이다. 육예는 요순이 말한 이용이다."[56]라고 하여 요순시대에는 '삼사', 주공단周公旦시기에는 '삼물'이며 공자시기에는 '사교四敎'였다고 주장하였다.

안원은 이것이야말로 옛 성현 학문의 정수라 여겼다. "삼사·삼물의 학문은 복원해야 한다."며 "경제의 보譜를 익히고 행한다."라고 주장했다.[57] "경제를 익히고 행한다.(習行經濟)"는 안원이 경세제민의 주장에 사용하던 개념이었고, 그는 스스로 자신이 진정으로 성현의 가르

56 『習齋記余』 3권 : "正德者, 父慈子孝、兄友弟恭、夫義婦聽, 所以正民之德也。利用者, 工作計器、商通貨財之類, 所以利民之用也。厚生者, 衣帛食肉、不饑不寒之類, 所以厚民之生也", "六德卽堯舜所謂正德也, 六行卽堯舜所謂厚生也, 六藝卽堯舜所謂利用也。"

57 『習齋記余』 3권 : "三事三物之學可復", "習行經濟之譜"

침을 계승한 자라고 여겼다. 그는 '습행경제習行經濟'를 주장해 필연적으로 '육예에서 배우는 것이 중요'[58]하여 "먼저 육예를 육행의 재능으로 삼고 육덕을 기묘하게 쓴다. 예가 정精하면 행이 실實하고, 행이 실하면 덕德이 성成한다."[59]라고 강조하였다. 여기에서 출발하여 정주·육왕의 학문이 "모두 주공과 공자의 구도舊道가 아니다.(皆非周孔舊道也)"라고 비판하며 진량陳亮·섭적葉適의 반리학反理學적 행위에 대해 크게 칭송하였다. 여기에서 안원의 교육사상과 실천이 진량 등의 영향을 많이 받았음을 볼 수 있다.

진량은 이학의 도덕성명설을 비판하고, 그와 관련된 사공학파 역시 '용用'과 '동動'으로 당시 문제를 바로잡으려 했다. 이는 안원의 실용을 중시하고 공담을 경시하던 뜻과 부합하는 것으로 안원은 여기에서 많은 점을 깨달았다. 『습재선생년보習齋先生年譜』에서 안원은 "정사丁巳, 43살이 되어 말하길: 진동보陳同甫(진량의 자)가 말하길 '인재는 쓰임로 그 능력을 볼 수 있고, 안견安堅하고 능력이 있는 자는 의지할 만 못 하다. 군사와 식량은 쓰임으로 풍부와 부족을 볼 수 있다. 안견하고 풍부한 것은 의지할 만 못 하다. 내가 말하길 덕성은 쓰임으로 순수함과 잡다함을 볼 수 있다. 말과 글의 순수함은 의지할 만 못 하다. 학문은 쓰임으로 그 득과 실을 볼 수 있다. 말과 글을 얻은 자는 의지할 만 못 하다.'", "경신庚申, 46살이 되어 진용천陳龍川이 주자에게 답한 책을 보고 '오늘의 군자는 세상을 편안하게 하여 감동케 한다'고 하였다. 감탄하며 말하길: 송나라 사람들은 말하길

---

58 『習齋言行錄』 상권 : "學自六藝爲要"
59 『四書正誤』 3권 : "先之以六藝, 則所以爲六行之材具, 六德之妙用。藝精則行實, 行實則德成矣"

좋아하고 조용한 것을 익힌다. 나는 오늘에서야 움직이는 것을 익힌다."⁶⁰라고 하였다. 여기서 볼 수 있듯이 안원은 진량의 사상에서 많은 영향을 받았다. 안원의 학생 이공 역시 진량의 "세상에 활과 화살을 끼고 빈손으로 돌아오고자 하는 이가 있겠는가?"라는 말로 기예의 필요성을 강조했고, 이것이 바로 국계민생國計民生의 대사라고 주장했다.⁶¹

안연과 이공의 실학교육사상은 주대 삼물과 남송 사공학파의 영향을 받았다고 볼 수 있는 대목이다.

완안은 '한학에 날개를 단 공신'으로 칭송받았다. '한학漢學'이라는 것은 청대에 '송학宋學'에 비해 한대 경설을 숭상한 학문이다. 전체적으로 볼 때 이는 송학의 성명에 관한 공담을 비판하고 한유漢儒의 경서 중심 고증학으로 그 목적은 '궁경연사窮經硏史'와 '경세치용經世致用'에 있었다. 피석서皮錫瑞는 청대 경학 연구의 변천에 대해 설명할 때 그 연원에 관한 문제를 다음과 같이 언급한 바 있다. "국조國朝(청)의 경학은 세 번 변화가 있었다. 국초 한학은 막 싹을 틔워 모두 송학을 뿌리로 하고 있으며, 문파를 가리지 않고, 각자의 장점을 배웠다. 이는 한송漢宋을 겸한 학문이었다. 건륭이후 허정지학許鄭之學⁶²이 크게 알려져 송학을 하는 사람은 거의 없고, 경을 말할 때 모두 실증을 주로 하였으며, 의리를 공담하지 않아 전문적인 한학이 되었다. 가경·도광 이후 허정지학으로부터 더 위로 올라간다······ 한 14 박사

---

60 "丁巳四十三歲, 曰：陳同甫謂'人才以用而見其能否, 安堅而能者不足恃; 兵食以用而見其盈虛, 安堅而盈者不足恃.'吾謂：德性以用而見其醇駁, 口筆之醇者不足恃; 學問以用而見其得失, 口筆之得者不足恃", "庚申四十六歲, 看陳龍川答朱子書, 至'今之君子欲以安塵而感動之', 浩嘆曰：送人好言習精, 吾以爲今日正當習動耳"

61 『論語傳註問』.

62 역자주：한대 경학대가인 허신許愼과 정현鄭玄을 연구하던 학문.

의 금문설今文說은 위진魏晉에서 사라진 지 천년이 되었지만, 현재에 이르러 다시 알려지고 있다."[63]

완연은 건륭, 도광년간에 활동했던 이로 그의 사상은 한학의 숭상이었다. 그는 "성현의 도는 경에 있고, 경은 불명하다고 훈고訓詁하는 것이 아니다. 한인의 훈고는 성현으로부터 가깝다."[64], 이학가들은 "후의 유자들이 경을 말하는 것은 전의 유자보다 확실하지 못 하다. 왜 그런가? 전의 유자들은 예로부터 멀지 않아 그 진실됨을 얻었기 때문이다."[65] 그래서 "내가 경을 말하는 것은 훈고를 확실히 하여 실사구시를 하는 것뿐으로 감히 새로운 이견을 세우려는 것이 아니다."[66]라고 하였다. 그는 고경정사에서 허신과 정현의 위패를 모시고 제사를 지내며, "무릇 멀리 있는 자의 견문은 결국 가까이 있는 자의 실함에 미치지 못한다."[67]라는 태도를 보였다.

그러나 완원이 비록 한을 숭상하고 옛것을 믿었지만, 시대는 그에게 더 많은 새로운 관점을 제시하여, 그는 결국 한학가들처럼 한유와 훈고학에만 갇힌 것에 만족하지 못 하였다. 이 점에서는 대진戴震과 비슷한 면모를 보인다. 대진은 "의리라는 것은 문장, 고핵考核의 근원이다. 의리에 익숙해지면 후에 고핵과 문장에 능해진다."[68]고 하였

---

63 『經學復盛時代』, 『經學歷史』10 : "國朝經學凡三變。國初, 漢學方萌芽, 皆以宋學爲根底, 不分門戶, 各取所長, 是魏漢宋兼采之學。乾隆以後, 許鄭之學大明, 治宋學者已鮮, 說經皆主實證, 不空談義理, 是爲專門漢學。嘉道以後, 又由許鄭之學, 導源而上。……漢十四博士今文說, 自魏晉淪亡千餘年, 至今日而複明"

64 『研經室集二集』7권 : "聖賢之道存於經, 經非詁不明, 漢人之詁, 去聖賢爲尤近"

65 『小滄浪筆談』4권 : "後儒說經, 美不如前儒說經之確, 何者? 前儒去古未遠, 得其眞也"

66 『研經室集自序』 : "余之說經, 推明古訓, 實事求是而已, 非敢立異也"

67 『西湖詁經精舍記』, 『研經室集二集』7권 : "蓋遠者見聞終不若近者之實也"

68 段玉裁, 『戴東原集之序』 : "義理者, 文章、考核之源也。熟乎義理, 而後能考核、

다. 이중 음훈音訓과 고거考據는 일종의 수단으로 "군자는 도를 깨달
아야 한다. 지금의 문장과 고핵에 능한 자는 모두 도를 깨닫는데 뜻
을 두지 않고, 헛되이 선유先儒에만 매달려 깊게 믿는다."[69] 완연 역
시 "유자는 경에 있지만, 단지 그 올바름만을 구하는 것으로 이것이
있는 곳은 주註 또는 틀린 주가 가능하다. 공가孔賈의 의소義疏와 같
은 예에 정해질 필요가 없다."[70] 실사구시라는 관점에서 그는 제자들
이 옛 것의 이로움을 얻고, 옛 것의 우매함은 배우지 말기를 강조한
것이다.

이밖에도 완원은 실천적인 행동을 중시하여 "논어에서 공자는 절
대 보지 않고, 듣지 않고, 말하지 않고, 움직이지 않고 인을 말할 수
있었겠는가."[71]라 하며 "성현의 도는 실천"[72]이며 "학자는 정치"[73]를
해야 하고 "행하는 일은 나라에 이르러야 한다."고[74] 주장하였다. 그
래서 당시 어떤 이는 완원은 "원래 경술經術의 학문이었으나, 경제의
쓰임으로 나아갔다."[75]라고 하였다.

여기에서 한학을 숭상하던 완원이 왜 안원과 비슷한 사공사상을
갖게 되었나하는 문제가 발생한다. 사실 이 문제는 어렵지 않게 해설
할 수 있다. 안원은 남송 사공학파의 영향을 받았고, 청대 한학 역시

能文章"
69 『答鄭用牧書』, 『戴震集』 9권 : "君子務在聞道也。今之博雅能文章、善考核者、皆未志乎聞道, 徒株守先儒而信之篤"
70 『浙江圖考下』・『研經室集一集』 14권 : "儒者之於經, 但求其是而已矣, 是之所在, 從註可, 違註亦可, 不必定如孔賈義疏之例也"
71 『論語論仁論』 : "一部論語, 孔子絕未嘗於不視不聽不言不動處言仁也"
72 『古學格物說』, 『研經室集一集』 2권 : "聖賢之道, 無非實踐"
73 『古學格物說』, 『研經室集一集』 2권 : "其所以爲學者, 卽其所以爲政"
74 『釋達』 : "所行事功及於家國"
75 趙春沂, 『擬兩浙金石志序』, 『詁經精舍文集』 13권.

실제로 사공학파의 많은 영향을 받았기 때문이다. 남송 사공학파의 경세치용은 경사와 정치 등의 내용을 포함하고 있지만, 그 최종 목적은 '사학史學' 위주로, 역사에서 치세술을 배우는 것으로, 이에 변화를 조금 가해 응용한 것이다. 청대 황종희黃宗羲는 절동학술浙東學術을 창설한 이후로 사학위주의 치용致用 학문을 주장하였다. 황종희의 뒤를 이은 만사대萬斯大 형제·전조망全祖望·장학성章學誠에 이르기까지 모두 역사를 학술의 주로 삼았다. 장학성은 건륭·가경년간에 더욱 '육경이 모두 역사(六經皆史)'라는 것을 강조하였다. 완원은 이러한 분위기에서 이들의 영향을 받지 않을 수 없었고, 그 역시 "경제를 구하고자 하면 경사를 버려서는 안 된다."[76]하였다. 이렇듯 완원은 경세제민의 사공을 중시하여 그 교육사상, 실천에 천문력산天文曆算·여지輿地의 학문을 편입했다. 이리하여 완원의 실학교육사상은 한유의 학문을 많은 부분에서 계승했지만, 실제로는 사공의 학문을 겸한 것이라고 볼 수 있다.

안원과 완원은 구학의 부흥을 빌려 현재를 변혁하려 하였으며, 그들 각자의 사상과 주장의 근본은 다르나, 모두 실학적인 '사공'을 숭상하였다. 이러한 비슷한 점은 과연 무엇 때문일까? 아마도 송명 이학 교육에 대한 공통적인 반성 외에도 적지 않게 서학의 영향을 받은 이유 때문일 것이다.

2. 설립 목적의 개혁

서원은 본래 관학의 거업화와 그로 인한 쇠퇴와 폐단을 보완하고, 더욱 학술을 중시하기 위하여 흥기하였고, 이는 중국 교육사상에서

---

76 『京師慈善寺西新立顧亭林先生祠堂記』: "欲求經濟, 舍經史未由也"

전에 없는 위대한 업적이었다. 특히 송명 서원교육의 발전으로 심성의리의 학문이 서원교육의 주요 내용이 되었고, 이는 문화교육사업을 크게 앞당겼다. 그러나 청대에 이르러 송명의 이학교육은 관에 장악된 '전제문화교육'으로 급속히 변질됐고, 이 과정에서 서원교육에 문제가 발생하기 시작했다. 또한 통치자의 필요에 의해 서원은 또다시 과거제도의 중요한 수단으로 전락해 진보인사들에게서 멀어져 갔다.

안원이 창립한 장남서원漳南書院의 목적은 "천하를 위해 실적을 만드는"[77] 사士의 양성에 있었지만, 당시 대다수 서원은 경서를 읽고 팔고문을 짓는 것을 위주로 하였다. 그는 "천하가 모두 팔고에 매달려 급제하면 어디에 쓰는가? 고로 팔고가 행해지면 천하에 학술이 없어지고, 학술이 없으면 정사政事가 없으며, 정사가 없으면 치공治功이 없고, 치공이 없으면 태평太平이 없다. 고로 팔고의 해는 분서갱유보다 더하다!"[78]고 비판하였다.

그는 또 명리에만 관심이 있는 거업 중심의 교육에 반대하고, 민생을 살피고 나라를 일으키는 실학으로 그것을 대체하려 하였다. 기존의 이학자들이 사공실학을 중시하지 않은 이유는 "그 도리를 바르게 하고 그 이를 꾀하지 않으며, 그 도를 밝게 하고 그 공을 헤아리지 않는다."[79]를 근본으로 삼았기 때문이라고 여겼다. 주희의 백록동서원 역시 이를 교훈으로 삼았으나, 당시 섭적葉適은 "후세의 유자는 동중서董仲舒의 가르침을 행하나, 공리가 없으면 도의라는 것은 쓸모없는 빈 말이 된다."[80]며 비판을 받았다. 이에 대해 안연은 "그 도리

---

77 『存學編』1권 : "爲天下造實績"
78 『習齋言行錄』하권 : "天下盡八股, 中何用乎? 故八股行而天下無學術, 無學術則無政事, 無政事則無治功, 無治功則無昇平矣. 故八股之害甚於焚坑!"
79 "正其誼不謀其利, 明其道不計其功"

를 바르게 하고 그 이를 꾀하지 않은 것은 지나친 것이다. 송인宋人은 그 헛된 말과 쓸모없는 학문으로 도를 좋아해, 나는 그 치우침을 바로 세워 바꿔 말하길: 그 도리를 바르게 하고 그 이를 꾀하며, 그 도를 밝히고 그 공을 헤아린다."[81]라고 하였다. 이렇게 바꾼 것은 명확하게 안원의 실학교육의 공리적 본질을 나타낸 것으로, 기존의 서원 창립 목적과 확연히 다르다. 또 그는 "유자란 배워서 관리가 되어 백성을 이롭게 하는 것이다."라고 주장하며, 서원의 목적은 "경세제민의 공을 세우고, 보세장민輔世長民의 공을 이루어 세운世運을 바로 세우고 생민生民을 넓힌다."[82]는 사람의 양성에 됐다.

안원과 마찬가지로 완원은 과거급제로 벼슬에 올랐지만, 유식지사有識之士인 그는 과거제도하의 교육의 부패와 사풍士風의 퇴패에 문제의식을 품고 있었다. 그는 서원교육이 과거를 위한 학문으로 전락했고, 사풍을 흐리게 하는 근원 중 하나로 여겼다. 당시 서원교육의 부패로 성현의 도를 알 수가 없고, 경사실학과 경세제민은 더욱더 논할 수 없게 되어 반드시 변혁해야한다고 생각했던 것이다.

완원은 19세기 초 절강에 고경정사, 광동에 학해당을 세워 일반 서원과 다른 "거업을 바라는 자는 각 서원들이 이미 많이 있다. 이 (학해)당은 전문적으로 실학에 힘쓴다."[83]라는 설립 목적을 명확하게 내세웠다. 이러한 실학은 경사를 주요내용으로 삼지만, 그 목적은 학생

---

80 『習學紀言序目』 23권 : "後世儒者行仲舒之論, 卽無功利, 則道義者乃無用之虛語爾"
81 『四書正誤』 1권 : "正其誼不謀其利, 明其道不計其功, 過矣. 宋人喜道之以文其空疏無用之學, 子嘗矯其偏, 改云 : 正其誼謀其利, 明其道計其功"
82 『習齋記余』 3권 : "儒者, 學爲君相百職, 爲生民造命", "建經世濟民之勣, 成輔世長民之烈, 扶世運, 莫生民"
83 『學海堂誌·設學長』 : "且課擧業者, 各書院已大備, 士子皆知講誦, 此堂專勉實學"

들로 하여금 정치를 하여 나라를 이롭게 함이었다. 그래서 완원의 사상은 안원만큼 싶지 않지만, 그가 설립한 서원은 팔고문의 기술을 배우거나 의리를 공담하며 이학을 숭상하는 서원과 매우 다른 차이점을 가지고 있었다.

3. 교육내용의 확충

안원은 육예교육으로 서원의 폐단을 극복하려 하였다. "공문孔門은 예악병농禮樂兵農으로 사람을 가르치고, 몸과 마음에 공을 들이게 하는 한다. 이것이 정학正學이다."라며 "1·6일은 수數를 공부하고, 3·8일은 예禮를 익히고, 4·9일은 시詩를 노래하고 악樂을 익히며, 5·10일은 사射를 익힌다."[84]라며 학생들의 수업을 배정하였다.

이외에 그는 예능藝能의 배양도 중시하였다. 장남서원의 설립이전에 그는 "무릇 내 제자된 자는 예악사어서수禮樂射御書數 및 병농전곡수화공우兵農錢穀水火工虞를 배우는 데 뜻을 세워야 한다."[85]고 강조하였다. 여기에서 안원이 부흥을 주장한 육예교육은 사실상 고대의 예악사어서수의 육예에 국한되지 않고 더욱 확대되었음을 볼 수 있다.

안원은 뒤의 서원교육개혁에서 이렇게 확대된 예능교육을 실시했다. 장남서원은 다음과 같은 식으로 지어졌다. "정청正廳 3곳을 지어 '습강당習講堂'이라 하였다. 동쪽의 첫 번째 방은 서향으로 방榜을 붙여 '문사文事'라 이르고, 예악서수와 천문지리 등 과목을 공부했다.

---

84 『習齋先生年譜』 상권 : "孔門教人以禮、樂、兵、農, 心意身世, 一致加功, 是爲正學", "一六日課數, 三八日習禮, 四九日歌詩習樂, 五十日習射"
85 『習齋先生年譜』 상권 : "凡爲吾徒者, 當立志學禮、樂、射、御、書、數, 及兵、農、錢、谷、水、火、工、虞"

서쪽의 첫 번째 방은 동향으로 방을 붙여 '무비武備'라 이르고, 황제
黃帝·태공太公 및 손오孫吳의 병법, 공수攻守·진영陣營·수륙水陸의
전법과 시어기격射御技擊 등의 과목을 공부했다. 동쪽의 두 번째 방
은 서향으로 '경사經史'라 하여 13경·역대사·고제誥制·장주章奏·시
문 등의 과목을 공부했다. 서쪽 두 번째 방은 동향으로 '예능藝能'이
라 이르고 수학水學·화학火學·공학工學·상수象數 등의 과목을 공부
했다."[86] 또 이학재理學齋·첩괄재帖括齋를 북향으로 지어놨으나, 실
은 따로 떼어놔 거의 폐기된 것이나 다름없었다. 장남서원의 이러한
배치와 설강 과목으로 볼 때 역사와 기예를 중시하는 '실리위주'였음
을 알 수 있다. 비록 한 방의 이름만이 '예능'이었지만, 실제로 '문사
文事'와 '무비武備' 역시 예능교학 위주였으며, 예능교육의 내용도 고
대의 육예교육의 범위를 크게 넘어서, 과학기술 교육 위주 실학의 본
질을 실현했다.

뒤의 완원은 한학대가로 안원과는 조금 다른 면이 있다. 완원은 교
육내용에서 경술經述을 중요하게 생각하였다.[87] 그러나 유자로서 완
원은 천문산학 등 자연과학지식을 진정한 학문과 실학으로 보았으
며, 고금의 자연과학 연구와 성취는 매우 많지만, "뒤의 학자들이 공
담을 좋아하여 실학을 하지 않았고, 예를 경시해서 하지 않아, 그 학
문이 쇠락하기 시작했다."[88]고 비판하였다. 그는 이렇듯 서원교육에

---

86 『習齋先生年譜』 하권 : "建正廳三間, 日'習講堂'. 東第一齋西向, 榜曰'文事', 課禮樂
書數、天文地理等科. 西第一齋東向, 榜曰'武備', 課黃帝、太公及孫吳諸子兵法, 攻
守、營陣、陸水諸戰法并射御技擊等科. 東第二齋西向, 日'經史', 課十三經、歷代史、
誥制、章奏、詩文等科. 西第二齋東向, 日'藝能'課水學、火學、工學、象數等科"
87 『學海堂集序』 : "多士或習經傳, 尋義疏於宋齊; 或解文字, 考故訓於倉雅; 或析道
理, 宋晦庵之正傳; 或討史誌, 求深寧之家法; 或且規矩漢晉, 精孰蕭選; 師法唐宋, 各
得詩筆. 雖性之所近, 業有殊工, 而力有可兼, 事或并擅"

서 자연과학지식을 중시하여 고경정사에서 천문산학을 교과과목으로 책정하였다. 아래는 그와 관련된 기사들이다.

> 『先正事略』 21권 『阮文達公事略』: "높은 재능을 가진 학생을 선발하여 그 안에서 공부하게 하고, 경사 疑義 및 小學, 천문, 지리, 산법을 가르친다"[89]
>
> 孫星衍의 詁精精舍題名碑記에서 완연을 초청해 고경정사에 대해 논한 기록으로, "십삼경, 삼사 疑義를 물어 옆으로 소학, 天部, 지리, 산법, 詞章에 미친다."[90]
>
> 古公愚의 『學海堂述略』: "40년을 넘어 郭撫軍은 數學을 증설하기 시작했으나 이전에 증설하지 않았고, (학해)당의 士는 이미 산술을 精硏하고 있다. 學長 중 吳蘭修, 侯度, 陳澧, 張其國, 鄒伯奇 등과 같은 이는 모두 수학에 정통했다."[91]

위와 같이 자연과학지식에 관한 수업에서 완원은 수학을 가장 중시하였다. 육예의 하나인 數는 그 사용처가 매우 넓어 반드시 배워야 할 과목이라 여겼고, 많은 학자들에게 자연과학의 중요성을 알리기 위해 자신이 먼저 중국의 이 방면에서의 성과를 먼저 이해한 후, 중국 최초의 자연과학자들의 열전인 『주인전疇人傳』을 편찬했다. 완원의 자연과학교육의 범위는 안원과 같이 광범위하지는 않았지만,

---

88 『里堂學算記序』, 『硏經室集三集』 5권 : "後之學者喜空談而不務實學, 薄藝事而不爲, 其學始衰"

89 "選高材生讀書其中, 課以經史疑義及小學、天文、地理、算法"

90 『平津學事文稿』 하권 : "問以十三經、三史疑義, 旁及小學、天部、地理、算法、詞章"

91 『新民月刊』 제1권 : "越四十年, 郭撫軍始增數學, 然未增以前, 堂中士固已精硏算術矣。學長中如吳蘭修、侯度、陳澧、張其國、鄒伯奇皆精數學"

수학을 이토록 높은 지위에 올려놓았다는 것은 자연과학교육을 그가 얼마나 중시했는지 잘 알 수 있으며, 이 점은 안원과 같다고 생각한 다. 이들의 이러한 행위는 전통적 서원교육에서는 가히 상상할 수 없 는 일이었다.

안원과 완원이 주장한 교육내용은 시대적인 색채가 진하며, 그들 이 생활한 시대의 산물로 서학의 영향을 많이 받았다. 후세 유자 송 서宋恕는 이러한 이들의 행적을 대거 칭송하였다. "사부전적四部典籍 및 근래 번역된 구미歐美인의 저서를 박람博覽하고 내용을 통합하여 스스로 일가의 학설을 만들어냈다…… 어찌 단지 소강小康일 뿐이겠 는가!"[92] 유사배劉師培 역시 "습재선생은 박야博野에서 태어났고, 연 경燕京에서 가까웠다. 나는 선생이 장년일 때 반드시 서양인들의 학 문을 직접 배웠다고 생각한다…… 이 네 과목을 중시한 것은 서학과 통하는 것이다."[93] 안원은 청초의 인물로 당시 서학연구는 매우 활발 하여 그 자신 역시 서학자들과의 교류가 밀접하여 그 주된 내용 역시 서학의 '치용'과 관련이 깊다. 이렇듯 송서와 유사배는 매우 통찰력 있는 평가를 내렸다. 실제로 안원의 학생 이공 역시 "근일의 서양 제 학자들을 참고할 만하다."[94]라고 하였다. 후대의 손보선孫寶瑄조차 감탄하며 "습재의 행위는 세간의 진정한 학문으로서 천문·율력·병 농·수화·예악을 빼고는 실용제민이 없다. 무릇 금일의 서양 학교의 본을 미리 본 것이다. 나는 국초에 이런 인물이 있었다는 것을 상상

---

92 『六齋卑議』 : "博覽四部籍及近譯歐美人所著書, 包涵兼綜, 自成一家之學……豈但 小康哉!"
93 『幷靑雍豫顔門學案序』 : "習齋先生生長博野, 地邇燕京, 吾意先生壯年必親炙西士 之門……崇此四科, 默契西法"
94 "可參以近日西洋諸法者"

하지 못했다."[95]고 평하였다.

강희·옹정의 그리스도교 포교 금지라는 쇄국정책 때문에 서학이 단절되어, 서학은 안원의 사상적 뿌리에 영향을 주지 않았지만, 그 역시 초순焦循의 "양가(동서양)의 장점을 합해 한쪽으로 치우진 견해를 주로 하지 않는다."는 사상을 주장하였고, 이를 교육의 내용에 반영시켜 수학의 중시로 이어진 것이다. 그의 학생 중 많은 이들이 수학에 정통했고, "추백기鄒伯奇는 특히 천부적 재능이 있어, 동서양을 관통하고 매우 깊이 정연精研했다."[96]라고 한다.

여기에서 볼 수 있듯이 과학기술 교육의 중시는 안원과 완원의 서원개혁에서 매우 중요한 특징이다. 이 점은 그들의 교육 사상과 방법에서 들여다 볼 수 있다.

4. 방법상의 발전

안원과 완원이 제창한 실학의 내용은 이전과는 달랐으며, 그들의 교육사상과 방법 역시 매우 획기적인 것이었다. 스승과 제자의 토론, 학생의 수준에 맞는 교육 등을 강조해 전통서원의 장점을 계승하고 발전시켰다. 또 그들의 교육사상은 '실천'과 '실험'을 중시해 근대 사상의 싹을 틔웠다. 이것이 그들의 서원개혁에 대한 가장 가치 있는 공헌 중 하나이다.

안원은 "공문은 배우기 위해 강학하였으나, 후인들은 강학하기 위해 배운다."[97]하여 "원류로부터 체험하고 인식하는 것은 송유宋儒의

---

95 『忘山盧日記』丁酉(1897)정월21일 : "習齋以爲, 世間眞學問, 不外天文、律曆、兵農、水火、禮樂諸者有實用濟民事。蓋已窺見今日泰西學校之本。吾不意國初時竟有此種人物!"

96 古公愚, 『學海堂述略』, 『新民月刊』제1권 : "鄒伯奇尤天才特絶, 貫通中西, 極深研幾"

잘못이다. 고로 강설講說이 많고 실천이 적으니, 경제 사업은 더욱 적다."[98]라고 여겼다. 강학을 중시하는 것은 본래 송명서원교육의 큰 장점이었으나, 후에 강학은 성명의리에만 머물러 공담이 가득하고 실용과는 거리가 멀게 되었다. 안원은 이러한 시기에 이 폐단을 극복하기 위해 자신이 주장한 '경제사업經濟事業'으로 이에 비판을 가했다. 이는 시대 발전추세와 요구를 반영한 것으로, 그는 학문은 세상에 이로운 실용적이어야 한다며 "읽어서 책을 얻으면 입은 말을 할 수 있고, 글을 쓸 수는 있으나 모두 쓸모없다. 반드시 몸으로 나아가 행해야 비로소 학문이라 할 수 있다."[99]고 하여 '실험'을 중시하는 '견지사見之事'와 '실증'을 중시하는 '증제물證諸物'를 주장하였다. 즉, "요순의 정덕·이용·후생은 삼사라 한다. 견지사見之事하지 않은 것은 비덕非德·비용非用·비생非生이라고 한다. 주공의 육덕·육행·육예는 삼물이라고 한다. 증제물證諸物하지 않은 것은 비덕·비행非行·비예非藝다."[100]라고 주장하였다. '견지사'와 '증제물'의 경지에 이르려면 학생이 수업을 듣기만 하는 것과 문자와 책만 추구하는 경향을 고쳐, 학생이 "몸으로 그것을 실학하고, 몸으로 그것을 실행."[101] 해야 한다고 하였다. '익힘習'과 '강설講'의 관계는 "줄을 맞춰 앉아 강설을 들으며 오직 강설하면 바로 익히는 것이 아니라, 익혀서 어려운 곳에 닿으면 묻고 다시 강설을 듣는 것이다. 강설의 공로는 유한

---

97 『習齋先生年譜』하권 : "孔門是爲學而講, 後人便以講爲學"
98 『存學編』3권 : "從源頭體認, 宋儒之誤也。故講說多而踐履少, 經濟事業則更爲少"
99 『習齋記余』4권 : "讀得書來, 口會說, 筆會做, 都不濟事。須是身上行出, 才算學問"
100 『習齋先生年譜』하권 : "堯舜之正德、利用、厚生謂之三事。不見之事, 非德、非用、非生。周公之六德、六行、六藝謂之三物, 不證諸物, 非德、非行、非藝也"
101 『存學編』1권 : "身實學之, 身實行之"

하며 익힘의 공로는 끝이 없다."102라고 정의하였다.

반드시 이렇게 해야 하는 이유는 천문지리, 병농수화공우兵農水火工虞 등의 경제실용 학문은 책만으로는 지식을 얻을 수 없고, 반드시 몸으로 행해야만 그 정수를 얻을 수 있기 때문이다. 즉, "천문·지리·율력·병기수兵機數라는 것은 만약 그 정수를 얻으려면 모두 반드시 밤낮으로 강습에 힘써야 하며, 수년간 체험하는 공을 들여야 한다. 문자를 이해해 앉아서 얻을 수 있는 것이 아니다."103라는 것이다.

안원은 비록 옛것으로 현재를 말하였지만, 그가 말한 '역련歷練'·'역험歷驗'·'습행習行'은 모두 과학적 방법의 의미를 담고 있다. 중국 전통교육 역시 체험을 중시하였으나, 이는 종종 도덕행위의 실천을 의미하여 안원의 것과는 본질적으로 다르며, 오히려 서양 근대 자연과학의 실증, 실험적인 의미에 가깝다고 볼 수 있다.

완원의 교육내용은 안원과 조금 다르지만, 그가 주장한 실학 역시 실사구시의 원칙과 방법을 매우 중시했다.

완원은 "무릇 송대 이래로 학자들이 공소空疎의 병을 앓고 있다."104며 실천을 경시한 이학자의 수업방식에 반대하며, "선유先儒 중 격물을 논한 자들은 많지만, 허의虛義를 가지고 그것에 참여하였으며, 성인이 한 말의 본뜻이 아닌 듯하다……『대학집주』의 격格은 또 훈지訓至이고, 물物은 훈사訓事이다. 오로지 이르길 '궁지사물지리窮至事物之理'이었으나 '지至' 외에 '궁窮'자를 늘리고, '사事' 외에 '이理'자를 늘

---

102 『存學編』1권 : "非徒列坐講聽, 要惟一講即習, 習至難處來問, 方再與講。講之功有限, 習之功無已"
103 『存學編』3권 : "天文、地志、律曆、兵機數者, 若洞究淵微, 皆須日夜講習之力, 數年歷驗之功。非比理會文字, 可坐而獲也"
104 『馮柳東三家詩異文疏證序』, 『研經室集集續集』1권 : "夫自有宋以來, 學者類沿於空疎之病"

려 변환을 가하니 '궁리窮理'의 두 글자로 변하여, 실천과 매우 달라졌다.["105]고 비판했다. 완원은 『대학』에서 말하는 격물은 조용히 앉아서 궁리하는 것이 아닌 몸으로 행하는 것이라고 여겨 "성현의 가르침은 실천이다. 학자 또한 실사구시로 공언空言과 궁리窮理를 해선 안 된다.["106]라고 주장하였다.

자연과학지식의 학습에서는 실험과 실측을 중시하였다. 그는 "서양인은 정밀한 계산을 중시하고, 여러 번 실측하고 고쳐 정밀하게 함으로서 정밀함을 구한다.["107]하였다. 중국은 이 방면을 중시하지 않았고, 이에 완원은 고경정사에서 서양의 산술에 정통한 사람, 기계에 밝은 사람을 엄선하여 가르쳤다.

이렇게 볼 때 완원은 실로 '실증'과 '실험'적 사상과 방법을 가진 이였던 것을 알 수 있다. 이는 선대 한학자의 영향을 받은 동시에 서양 과학 방법론에서 많은 것을 깨달았기 때문이다. 그 자신 역시 동서양의 방법을 비교한 적이 있다. "당송시기 성리를 말한 것은 고진高陳만이 그 이치를 설명하였으나, 그것을 실험하지 못했다. 서양의 천학天學 책들은 대략 일에서 능히 이理를 구하나, 그 미묘함은 세우지 못했다. 나는 옛 사람들의 책을 보고 서양의 학설을 겸해 실천하지 않는 논리를 하지 않고, 사실을 탐구하기만 바란다.["108] 그가 한 이

---

105 『大學格物說』："先儒論格物者多矣，乃多以虛義參之，似非聖人立言之本意。……『大學集註』格亦訓之，物亦訓事。惟云'窮至事物之理'，'至'外增'窮'字，'事'外增'理'字，加一轉折，變爲窮理二字，遂與實踐迥別"

106 方東樹, 『漢學商兌』중권의 상인："聖賢之敎，無非實踐，學者亦實事求是，不當空言窮理"

107 『續疇人傳序』："西人尙巧算，屢經實測修改，精務求精"

108 『海潮輯說序』, 『定香亭筆談』3권："唐宋說部性理諸書，惟高陳其理，而未能實驗其事。西洋天學諸書，略能於事求理，而未扶其微。余觀古人之書，兼采泰西之說，妄爲扣盤捫燭之論，惟期理明事實而已"

말은 실사구시의 교육사상과 방법이 확실히 서양의 과학적 방법과 관련이 있다는 것을 나타내는 것으로 근대적 느낌을 풍기고 있다.

호적胡適은 "청조의 '한학자'들이 국고학國故學의 대발명자가 될 수 있었던 것은 그들이 사용한 방법이 무형 중에 과학적 방법과 상통하였기 때문이다."[109]라며 "이러한 학문 방법은 전부 마테오 리치의 영향을 받은 것이다."[110]라고 청대 한학을 평가하였다. 모두 맞는 것은 아니지만, 청대 학술과 서학의 관계에 관해서 간단히 정리한 말이다. 안원에서 완원까지의 교육사상과 방법을 연결하면, 서학의 영향을 받은 근대 과학 방법론적 요소가 보이지만, 그들은 자신은 절대 느끼지 못하였을 것이다.

객관적으로 말해 안원과 완원의 서원교육개혁은 진보적 의의를 담고 있지만 전통문화교육의 한계를 넘어서지 못했다고 할 수 있다. 그들의 개혁은 전통문화의 부흥 혹은 개량을 실현하는 것으로서 구학 부흥의 범위 안에 속해 있다. 안연 자신이 말한 바와 같이 '군자의 귀함'은 '의에서 늘어선다.'[111]라 한 것처럼, 그의 공리실학은 도의 속에서 나온 것으로 전통 윤리교육이 여전히 근본이며, 흔들려서는 안 된다는 것을 나타낸다. 그러나 그들이 추구한 실학은 시대적인 영향을 받아 실증을 중시하고 공용功用을 강구하는 새로운 기풍을 가지고 있었으며, 이는 후세에 큰 영향을 끼쳤고, 기타 서원 교육가의 사상을 지배했다.

그 예로 안원은 장남서원에서의 시간은 짧았지만, 매우 큰 영향력

---

109 『論國故學』, 『胡適文存』 2권 : "淸朝的'漢學家'所以能有過古學的大發明者, 正因爲他們用的方法無形之中暗合科學的方法"
110 『考證學方法的來歷』 : "此種學問方法, 全系受到利瑪竇來華影響"
111 『四書正誤』 1권 : "君子所貴", "義中之列"

을 발휘했다. 그의 제자 이공이 있을 때 이미 "안원과 이공의 학문은 수십 년간 중국의 학자들이 모범으로 삼았다."[112] 청 후기에 이르러 혁신파가 정치의 혁신, 변법자강, 동서 학문을 겸용하는 이론을 찾는 중에 안원의 서원교육사상이 또다시 그 서학치용西學致用적인 점으로 인해 다시금 존중을 받았다. 유사배와 같은 사람은 "근세 이래로 중국의 학자들은 폭압에 대하여 조심스러워했고, 서양 과학에 대해 놀라워했다. 안원의 가르침은 옆으로 수화공우水火工虞에 이르고 서양의 치용 학문과 약간 근접하며, 병법을 중시하는 이론은 또 겁이 많은 습관을 교정할 수 있고, 그 법을 존중하여 실행할 수 있다."[113]라 극찬하였고, 강유위와 양계초는 그들이 세운 만목초당萬木草堂과 시무학당時務學堂에서 안연의 학문을 숭상하고 교과과정에 육부·삼사의 가르침을 책정하였다.

완원이 세운 고경정사와 학해당 역시 후기 서원에 대해 큰 영향을 끼쳤다. 그중 유명한 것으로는 강음江陰의 남청서원南菁書院, 황암黃岩의 구봉서원九峰書院·부문서원敷文書院·숭문서원崇文書院, 상해上海의 고경정사詁經精舍·용문서원龍門書院, 무창武昌의 경심서원經心書院, 장사長沙의 상수교경당湘水校經堂, 성도成都의 존경서원尊經書院, 광동廣東의 국파정사菊坡精舍·광아서원廣雅書院 등이 있다. 이들은 남동쪽뿐만 아니라 화남 및 내륙으로도 깊게 퍼져 나갔다. 그리하여 곽숭도郭嵩燾는 "완문달阮文達(완원의 호)이 학해당을 세울 때 만든 장정章程이 지금으로부터 칠팔십년 되었지만 바뀌지 않았다. 그 기

---

112 陶甄夫『秦關稿序』: "顏李之學數十年來, 海內之士靡然從風"
113『非六子論』: "近世以來, 中土士庶惕於强權, 并震於泰西科學, 以爲顏氏施教, 旁及水火工虞, 略近西洋之致用, 而貴兵之論, 又足矯怯弱之風, 乃尊崇其術, 以爲可見施行"

개는 원대하여 현재의 사람들이 들여다 볼 수 있는 것이 아니다."[114]
라고 극찬하였다. 장감지張鑑之 역시 "정사는 절강성에 지대한 영향
을 끼쳤을 뿐만 아니라, 전국에 퍼져 중국 교육사상에 매우 영예로운
일면을 장식했다고 할 수 있다."[115]라고 평가하였다.

---

114 『郭嵩燾日記』光緒五年十一月二十四日 ："阮文達設立學海堂章程，距今七八十年
而規模無改，其意量遠大，非近人所能窺見也"
115 『文瀾學報』 2권 1기："精舍不但影響於浙省者遠大，抑且澤漑全國，堪謂爲我國敎
育史上極光榮之一頁矣!"

제5장

동서문화교류와 서원의 변혁(하)

제1절 근대 서양 선교사와 서원

19세기 40년대에 이르러 굳게 닫은 중국의 '쇄국'이라는 대문은 제국주의열강에 의해 강제로 열리게 되었고, 청정부의 부패와 쇠락이 만천하에 드러나게 되었다. 중국사회가 '오천년 미증유의 대변혁'으로 돌입하면서 전통적 문화교육 역시 급격하면서 헤어나올 수 없는 대변혁의 소용돌이 속으로 휘말렸다. 특히 각종 불평등 조약의 체결로 서양 선교사들이 다시 돌아와 침략적 성격의 문화 활동을 펼치면서 중국 근대 서학 전파의 새로운 막을 열었다.

1. 교회서원의 흥기

1840년대 제국주의는 무력으로 청정부를 협박하여 영국의 '남경조약', 미국의 '망하조약望廈條約', 프랑스의 '황포조약黃浦條約'과 같은 불평등 조약을 맺었다. 이러한 조약들은 중국의 영토를 빼앗았을 뿐만 아니라, 중국이 장기간 지속시켜온 해금정책 역시 무너뜨렸다. 프랑스의 '황포조약' 중 22조는 프랑스인은 다섯 개의 통상지역(광주·하문·복주·영파·상해)에 교당을 지을 수 있고, "만약 중국인이 불란서 예배당, 묘지를 훼손한다면 지방관은 예에 따라 엄중 처벌한다."라고 규정했다. 이뿐만 아니라, 프랑스 전권대사 라그르네(拉鸗尼)는 당시의 흠차대신欽差大臣이자 양광총독兩廣總督인 기영耆英을 위협하여 그리스도교 금지 해제를 황제에게 주청奏請하게 하였다. 결국 1846년 2월 20일 도광제는 '상유上諭'를 발포하여 그리스도교 금지령을 해제하고 교당의 옛 자리를 넘겨주는 데 동의하였고, 120여 년간 금지되었던 그리스도교가 정식으로 회복되었다.

제2차 아편전쟁의 발발로 영프 연합군의 대포 아래 청정부는 1856년 6월 제국주의열강과 불평등 조약인 '천진조약'을 맺어 주권을 더욱 빼앗기게 되었다. 이러한 조약들 중에는 모두 '포교의 자유 조약傳教寬容條款'[1]이 포함되었다. 이로서 선교사들은 중국 내륙에 깊숙이 파고들어 포교할 수 있는 특권을 얻었고, 이로서 청대의 금교령은 완전히 와해되었다.

명말청초와는 다르게 이 당시 선교사는 문화침략을 위해 각지에서 교회학교를 창립하여 포교의 기지로 삼았으며, 복음 전파를 위한 새로운 길을 연다는 기치 아래 서양 언어와 서학의 과정을 설강하였다.

1840년대와 50년대 서양 선교사들은 다섯 개의 통상지역과 홍콩에 중국의 의학義學·의숙義塾에 해당하는 초등과정의 학교를 설립하였다. 60년대에서 70년대 초 역시 초등과정 위주였으나, 중등과정의 교회학교가 점차 나타나기 시작하였다. 70년대 중기 이후로 중등과정의 비율이 조금 올라갔으며, 이내 대학이 출현하였다.[2] 이외에도 60년대 일어난 양무운동과 유신변법운동의 영향으로 교회학교의 교육에 점차로 서학이 증가했다.

---

1 王鐵崖의『中外舊約章彙編』중 제 1책 각 조약 중 상관조항 참조.
2 顧長聲, 『傳教士與近代中國』, 上海人民出版社, 1981, 226-228쪽.

여기에서 주의해야 할 것은 선교사들이 설립한 교회학교 중에 선교사가 주관하거나 선교사가 주도하여 중국인과 함께 만든 서원이 출현하기 시작했다는 것이다. 이러한 서원은 거의 모두 청말 교회교육의 성격을 가지고 있다. 1843년 말레이시아의 말라카(Malacca)에서 홍콩으로 옮겨온 선교사 제임스 레그(James Legge, 理雅各)가 설립한 영화서원英華書院은 중국 땅에 가장 먼저 생겨난 선교사가 설립한 서원으로, 20세기 초 성약한서원聖約翰書院 등이 대학으로 바뀐 후로 이러한 서원들은 점차 사라져갔다.

『교회신보敎會新報』의 1868년 제 3기 보도에 따르면, 1866년 그리스도교 서원은 직예直隸·산동山東·섬감陝甘·소환蘇皖·호북湖北·호남湖南·사천四川·강서江西·복건福建·양광兩廣·귀주貴州·운남雲南 각지에 1개씩 모두 12개가 있었고, 『전지오대주여속통고全地五大洲女俗通考』의 1905년 제 10집 제 17장 34−35쪽에는 기독교가 중국에 세운 학교에 대한 기록이 있으며, 여기에는 대서원과 서원 12개소가 등장한다. 현재 잔존하는 사료를 정리해 아래와 같은 통계를 만들어 보았다.

1. 홍콩香港의 영화서원英華書院. 영국 런던회 선교사 Robert Morrison(馬禮遜)이 1820년에 말레이시아 말라카에 세운 것으로 1843년 홍콩으로 옮겨와 영국 선교사 James Legge(理雅各)가 교장을 역임하였다.
2. 홍콩의 성보라서원聖保羅書院. 영국 성공회가 1860년대 초에 설립하였고, John Fryer(傅蘭雅)가 교장을 역임하였다.
3. 상해의 청심서원淸心書院. 1850년 건립.
4. 상해 성방제서원聖芳濟書院. 1863년 건립.
5. 상해 배아서원培雅書院. 미국 성공회가 1865년 건립. 후에 성약한서원聖約翰書院에 병합.

6. 상해 도은서원度恩書院. 미국 성공회가 1866년 건립. 후에 성약한 서원에 병합.

7. 상해 성약한서원. 미국 성공회 Samuel Isaac Joseph Schereschewsky(施約瑟)가 1879년 건립. 후에 Francis Lister Hawks Pott(卜舫濟)가 교장에 임명되었고, 1905년에 성약한대학으로 개명.

8. 상해 중서서원中西書院. 미국 감리교 Young John Allen(林樂知)가 1882년 건립. 후에 동오대학東吳大學에 병합.

9. 소주 존양서원存養書院. 1870년 건립.

10. 소주 중서서원中西書院.

11. 남경 회문서원匯文書院. 1888년 건립. 후에 굉육서원宏育書院과 병합해 금릉대학金陵大學이 됨.

12. 남경 기독서원基督書院. 미국 기독회가 1891년 건립. 후에 익지서원益智書院과 병합해 굉육서원이 됨.

13. 남경 익지서원. 미국 장로회가 1894년 건립. 후에 기독서원과 병합해 굉육서원이 됨.

14. 남경 굉육서원. 1906년 기독·익지서원이 합병하여 건립. 후에 회문서원과 합병하여 금릉대학이 됨.

15. 소주 박습서원博習書院. 1871년 건립. 후에 상해 중서서원에 병합돼 동오대학이 됨.

16. 항주 육영서원育英書院. 미국 북장로회가 1867년 건립. 이전의 영파 숭신의숙崇信義塾, 항주 육영의숙育英義塾으로 후에 지강대학之江大學이 됨.

17. 영파 장로회서원長老會書院. 1880년 건립.

18. 영파 영국 성도공회서원聖道公會書院.

19. 무창 문화서원文華書院. 미국 성공회가 1871년 건립. 이전의 문화학당文華學堂으로 후에 화중대학華中大學이 됨.

20. 무창 박문서원博文書院. 영국 순도공회가 1885년 건립. 후에 화중대학이 됨.

21. 한구 박학서원博學書院. 영국 런던회가 1899년 건립. 후에 화중대
    하이 됨.
22. 악주 호빈서원湖濱書院. 미국 복초회가 자금 지원. 후에 화중대학
    이 됨.
23. 호남 노덕서원路德書院.
24. 구강九江 남위렬서원南偉烈書院.
25. 등주登州 문회관文會館. 미국 장로회의 Calvin Wilson Matteer(狄考
    文)이 1876년 건립. 이전의 등주 몽양학당蒙養學堂이 1904년 유현濰縣
    으로 옮긴 뒤 점차 제남濟南의 제로대학齊魯大學이 됨.
26. 청주青州의 광덕서원廣德書院. 1894년 건립. 청주 기숙학당寄宿學堂.
    후에 유현으로 옮겨 문회관에 합병.
27. 청주 곽라배진학원郭羅培眞學院. 영국 침례회가 1885년 건립. 이전
    의 청주 신도학당神道學堂으로 후에 제로대학齊魯大學이 됨.
28. 통주通州 노하서원潞河書院. 미국 공리회의 Devello Zelotos Shef-
    field(謝衛樓)가 1893년 건립. 이전의 노하남숙潞河男塾·노하중학潞河
    中學으로 후에 회문대학匯文大學(연경대학燕京大學의 전신)에 병합.
29. 복주福州 영화서원英華書院. 후에 복건 협화대학協和大學에 병합.
30. 복주 격치서원格致書院. 미국 공리회가 1853년 건립. 후에 복건 협
    화대학에 병합.
31. 복주 삼일서원三一書院. 후에 복건 협화대학에 병합.
32. 복주서원福州書院. 미국 공리회 건립.
33. 복주 성마가영화서원聖馬可英華書院. 미국 성공회 건립.
34. 하문 심원서원尋源書院.
35. 광주 격치서원格致書院. 1889년 건립. 후에 영남대학嶺南大學이 됨.
36. 북경 회문서원匯文書院. 미국 기독교 남감리회가 1890년 건립. 이
    전의 회리서원懷理書院으로 후에 연경대학에 병합.

이상의 기록을 볼 때 수량에서 개신교와 천주교 서원의 총수가 매

우 많으며, 이들의 분포지역이 강소·절강·상해·하북·산동·광동·복건·강서·호남·호북 등 전국으로 널리 퍼져있었음을 알 수 있다.

그러나 상술한 교회가 세운 서원들은 명칭만 서원일 뿐 실제로는 중국 고유의 서원과 같다고 볼 수 없으며, 오히려 선교사가 서원의 중국 사회에 대한 상당한 영향력과 명망을 이용한 것이었다. 그 예로 Young John Allen(林樂知)은 『교회신보教會新報』를 창간할 때 '임화서원주인林華書院主人'의 명의로 출판하였으나, '임화서원'은 실제로는 단지 Young John Allen이 사는 곳에 불과하였다. 또 한편으로 당시 학교의 칭호가 일치하지 않아 '서원'이 가끔 '학교'라는 의미로 사용되었다. 예로 19세기 중엽 중국인 왕도王韜는 유럽에 갔을 때 영국의 옥스퍼드 대학에 방문한 적이 있는데, 거기에서 그는 "영국의 북쪽은 옥스포드哈斯佛라 하며, 거대한 서원이 있고 매우 명망이 있다…… 감원자監院者는 특별히 나를 초청하여 (그곳에) 갔고, 중국어로 강학을 했다."[3] 여기에서 왕도는 옥스퍼드 대학을 '서원'이라 칭하고 그 교장을 '감원'이라 하였다. 당시 『만국공보萬國公報』의 필명 '탐보만국자報萬國者'라는 투고자 역시 투고문에서 "서양의 학제는 일정한 규칙이 있어 만약 국원國院이 국가가 세운 고유한 것이라면 향원鄕院은 민간에서 나온 것이지만, 국가가 역시 그 것을 총괄한다. 또 성회서원聖會書院이라는 것이 있어 배운 것을 사용함에 적합하게 하여 나라나 회會에서 모두 그와 같지 않은 것이 없다…… 소원小院은 무릇 성성향진省城鄕鎭에 세우지 않은 곳이 없고, 남녀를 가리지 않으며, 모두 입학해야한다. 고로 온 나라의 남녀가 모두 쓰고 읽을 줄 알며

3 『漫遊隨錄·倫敦小憩』: "英之北土日哈佛斯, 有一大書院, 素著名望。……監院者特邀余往, 以華言講學"

각종 학문을 연구하여 반드시 필요한 사람이 된다. 배워서 이루어지면 대서원大書院에 입학한다. 또 성회서원이 있어 다른 서원과 비교해서 관계가 특히 중요하다…… 현재의 일본은 서원을 넓게 세우고 있다…… 운운."[4]이라 한 기사가 있다.

이렇게 볼 때 선교사가 세운 서원은 대다수가 교회학교에 속하였던 것을 알 수 있다. 앞서 설명한 교회학교 발전과정을 보면, 전반기는 초, 중등과정 위주였지만, 1870년대 중엽부터 대학과 비슷한 서원이 출현하기 시작했다. 당시 중국 역시 당시 많은 향현급의 소학원이 존재했고, 또 의학·의숙의 형태로 규모가 매우 작았다. 교회가 설립한 학원의 상황 역시 이와 비슷하여 학생이 적고 규모가 작았으며, 중국 옛 서원의 교육목적과 내용상에서 조금 다를 뿐 다른 상황은 비슷하였다.

사실 선교사가 세운 학원은 어느 정도 중국 옛 서원의 영향을 받았다고 할 수 있다. 에로 등주 문회관에 '비재備齋'·'정새止齋'를 넣은 것, 상해 중서서원에 유가도덕과 서양윤리를 혼합한 '학규'[5]를 제정한 것 등등이 그 것이라고 볼 수 있다. 그러나 교육체제, 내용 및 수업방법에서는 중국 옛 서원과 매우 큰 차이점을 보이며, 서양 학제를 틀로 삼고, 서양 종교교육을 기초로 동서의 학문을 서로 융합을 목표로 한 시스템을 보이고 있다.

그 예로 등주 문회관의 학제는 비재備齋 3년(초등과정)과 정재正齋

---

4 『萬國公報』, 1877年 7月 30日 13절 650기 : "西國學制有一定之規, 若國院固有國家而立, 卽鄕院出自民間, 而國家亦總其事。又有聖會書院, 使之所學而適於用, 或國或會, 莫不皆然。……小院、凡省城鄕鎭, 無處不設, 無分男女, 例必入學。故通國男女, 皆可揮寫誦讀, 研究各種學問, 爲人所必需。迨學有成就, 升入大書院。又有聖會書院, 較之他書院關係尤重。……而今日本, 廣設書院……云云"

5 『萬國公報』, 1880年 3月 19日 제12권 제581호.

6년(중등과정)으로 총 9년이다.

비재과정

제 1년 : 마태복음 6장, 관화문답官話問答, 맹자 상, 시경선독詩經選讀 1·2, 분학심산分學心算, 필산수학筆算數學 상。

제 2년 : 성경지략聖經指略 하, 에페소서 골로새서, 맹자 하, 시경선독 3·4, 당시선독唐詩選讀, 필산수학 중, 지리지략地理志略, 악법계몽 樂法啓蒙.

제 3년 : 성경지략 상, 시편선독詩篇選讀, 서경書經 1·2, 학용學庸, 작 문작시作文作詩, 필산수학 하, 지리지략.

정재과정

제 1년 : 천도소원天道溯源, 서경3·4, 시경, 논어, 대수비지代數備旨.

제 2년 : 천로력정天路歷程, 서경 전, 예기 1·2, 맹자, 형학비지形學備 旨, 원추곡선圓椎曲綫, 만국통감萬國通鑒.

제 3년 : 구세지묘救世之妙, 예기 3·4, 시경, 학용學庸, 팔선비지八線備 旨, 측회학測繪學, 격물, 성신지장省身指掌.

제 4년 : 천도소원, 예기1·2·3, 경서, 좌전 1·2·3·4, 부문賦文, 양지 법量地法, 항해법航海法, 격물 성聲·광光·뇌電·지석학地石學.

제 5년 : 로마서, 예기 4, 좌전 5·6, 부문, 대형합수代型合參, 물리측산 物理測算, 화학, 동식물학, 21사약편二十一史約編.

제 6년 : 심령학, 시비학, 부국책, 역경 전, 계사系詞, 독문讀文, 미적 학, 화학변질, 천문게요天文揭要.[6]

이상의 과정들은 처음 종교교육, 그 다음은 유가의 경전, 마지막으 로 서학의 순서였다.

6　王元德, 劉玉峰 편, 『天會館誌』.

상해의 중서서원 역시 1, 2 분원分院 및 대서원大書院으로 나누어
"무릇 모든 학생들은 재학 중에 먼저 분원에서 2년을 배운 후에 대원
에서 4년을 배운다. 경지에 이르러 다시 배우고자 원한다면 원院에
2년 더 있기를 허락하며, 전후 8년이다."[7]고 규정하였다. 교과과정은
중학부는 척독尺牘·글쓰기·오경으로 나눈다. 학생의 나이가 각기
달라 그 수준을 예상하기 어려워 구체적인 교칙은 정하지 않았으며,
그 서학 과정의 규칙은 아래와 같다.

제 1년 : 인자사자認字寫字, 천해사구淺解辭句, 강해천서講解淺書, 습학
　　　금운習學琴韻, 매년 이렇다.
제 2년 : 강해각종천서講解各種淺書, 연습문법練習文法, 번역자구飜譯字
　　　句, 습학서어習學西語, 매년 이렇다.
제 3년 : 수학계몽數學啓蒙, 각국지도各國地圖, 번역선편飜譯選編, 사고
　　　문법査考文法.
제 4년 : 대수학代數學, 상十격지求格致, 번역서신등飜譯書信等.
제 5년 : 고구천문考究天文, 구고법칙勾股法則, 평삼각平三角, 호삼각弧
　　　三角.
제 6년 : 화학化學, 중학重學, 미분微分, 적분積分, 강해성리講解性理,
　　　번역저서飜譯著書.
제 7년 : 항해측량航海測量, 만국공법萬國公法, 전체공용全體公用, 번서
　　　작문飜書作文.
제 8년 : 부국책富國策, 천문측량天文測量, 지학地學, 금석류고金石類考,
　　　번서작문.[8]

여기에는 종교 관련 과목은 나열되지 않았지만, 학생들은 매일 수업 전에 『성경』을 '공독恭讀'하고 기도해야 했으며, 매 주일에는 교당에서 예배하길 요구했다.

이상의 두 예로 볼 때 실제로 선교사가 세운 서원은 종교교육을 매우 강조하였으며, 교회가 학교를 연 목적은 선교였다. 유명한 상해 성약한 서원의 설립 초기 창립자 Samuel Isaac Joseph Schereschewsky(施約瑟)는 "우리가 필요로 하는 것은 중국 청년을 훈련시켜 그리스도를 위해 봉사하게 하는 것이다."[9]라고 강조하였다. 후계자인 Francis Lister Hawks Pott(卜舫濟)는 더욱더 서원을 중국의 미 육군사관학교로 양성하려고 하였다. 소주 박습서원의 창립자 Alvin Pierson Parker(潘愼文) 역시 "서원의 설립은 매우 많은 이득이 있다. 1. 선교를 보조할 수 있어 교회에 큰 도움이 된다. 2. 장래 학생의 성취는 교회의 소유가 될 것이다."[10] 그러나 중국에서 서양 종교를 발전시키려면 어쩔 수 없이 중국 고유의 문화 특히 유가의 경전에 대한 공부를 존중하지 않을 수 없었다. 왜냐면 이는 당시 과거의 주요 과목이었을 뿐만 아니라, 사대부가 다른 이의 존중을 받는 근본이었기 때문이다. 서양의 과학지식과 문명(자연과학과 사회과학을 포함함)의 수업은 Calvin Wilson Mateer(狄考文)이 말한 바와 같이 "만약 과학이 종교의 친구가 아니었다면, 이것은 종교의 가장 위험한 적이 되었을 것이다." 이로서 그는 "이교도 또는 그리스도교의 적이 이 강대한 기계를 켜지 않게 하여, 진리와 정의의 발전을 방해하지 않도록 해야 한다."고 주장했고[11], 이는 중국의 선교사들의

---

9 格雷·休門, 『中國敎會史』, 90쪽 : "我們需要的是訓練中國靑年爲基督服務"

10 『博習書院報單』, 『中西敎會報』, 1892년 제2권 제16기 : "書院之設, 甚爲有益. 一、可輔助傳到, 大有神於敎會. 二、將來學生成就, 可爲敎讀師公中所有"

11 『基督敎在華傳敎士大會記錄1877年』, 171-180쪽 : "異敎徒或基督敎的敵人來開動

공통된 인식이었다. 이 외에도 제국주의의 경제침략을 위해, 중국 구식 사대부와는 다른 신식 지식층을 양성하였고, 이는 청정부의 양무운동에도 영향을 끼쳤다. 이로서 선교사가 설립한 서원들은 동서 학문을 겸비한 특징을 갖게 되었다. Young John Allen(林樂知)가 직접 제정한 『중서서원규조』에서 "나는 상해에 서원을 설립하려고 한다. 동서 병중 並重에 그 의의를 두고 특히 인재를 양성하기 위한 행위이다…… 중서서원의 창립은 중국 자제를 양성하는 것으로 감히 허명을 구하려 하는 것이 아니고, 실구실제實求實濟 하는 데 있다."[12]고 명시하였다. 이러한 연유로 선교사가 설립한 서원들은 종종 중국 관리, 신사와 상인의 원조를 받기도 했다.

상술한 두 개의 교과과정은 모두 체계가 잘 갖추어진 서학 과정으로, 당시 청정부가 세운 양무학당도 이에 미치지 못 할 정도였다. 양무학당은 외국어 교육을 중시한 동문관 외에도 군사·무비·공예학당 등이 있었지만, 그곳에서 가르친 서학 내용은 그다지 체계적이지 못하였다. 그러나 Calvin Wilson Mateer(狄考文)이 설강한 심령학(심리학)·시비학(논리학)·부국책(정치경제학)은 중국 최초의 이 방면의 교과과정이었고, 이 과정들은 중서서원과 노하서원에도 설강했다.

또 선교사는 서원에서 실험교육을 중시하였다. Calvin Wilson Mateer는 문회관에 이화실험實理化實驗室을 건립하여 학생들의 실험을 돕고 함께 기계를 만들었으며, 자비로 목공·철공·전기공·자동차 수리공 등 공장을 만들었다. 중서서원 역시 격물(물리), 화학 등 기구를

這個强大的機器, 以阻碍眞理和正義的發展"

12 『萬國公報』제18책 11806쪽: "余擬在上海設立書院, 意在中西竝重, 特爲造就人材之擧。……創立中西書院專爲栽培中國子弟起見, 非敢希圖虛名, 實求實濟"

설치한 '격치관格致館'을 만들었고, 박습서원은 천문대·기기관 등을
설치했다.

서양 선교사는 중국에서 서양 학제를 추진했고, 서양의 과학지식과
방법으로 수업을 진행했다. 종교적인 목적과 많은 비과학적 내용이
포함되긴 하였으나, 당시 중국의 계몽에 적지 않은 역할을 하였으며,
교육풍토의 변화에도 어느 정도 영향을 끼쳤다. 이 서원들이 청정부의
허락을 받지 않았다는 점은 중국의 교육에 대한 일종의 엄연한 간섭
행위로 볼 수 있지만, 그들이 전파한 서학은 중국인의 지지를 얻어
지속될 수 있었다. 이는 당시 청정부의 부패·무능과 함께 근대 중국의
서양 학습이 얼마나 힘들었는지 그 우여곡절을 잘 나타내고 있다.

2. 선교사와 상해 격치서원格致書院[13]

위의 선교사들이 세운 서원 외에, 여기에서 반드시 언급해야 하는
서원이 있다. 그것은 바로 선교사가 참여하고, 중국의 신사와 서양의
상인이 합자하여 세운 유명한 상해 격치서원이다.

격치서원에는 프라이어(John Fryer, 傳蘭雅)가 빠질 수 없다. 프라
이어는 영국 성공회의 선교사로 1861년 홍콩 성보라서원聖保羅書院
의 요청으로 장기간 교장에 역임했으며, 북경 동문관의 교사와 상해
영화학당英華學堂의 교장을 역임했다. 그는 다른 선교사와는 달리 영
화학당 재임 시에 학생에게 종교 교리를 강요하는 것을 반대해 교회
의 배척을 당했고, 결국 1868년에 사직을 하였다. 영화학당을 떠난

---

13 역자주 : '격치格致'는 유가의 '격물치지格物致知'의 줄임말이며, 'Physics(물리학)'
의 초기 한역漢譯 용어이다. 후에 '물리物理'라는 말로 대체하였다. 번역서에는 당시 사
용하던 '격치'라는 용어를 그대로 사용하였다.

후 강남제조국의 번역 일을 하며 서양 과학지식의 번역과 전파에 매우 큰 공헌을 하였고, 중국의 과학자 서수徐壽 부자 등과도 깊은 우정을 쌓았다.

후에 서양의 과학기술지식을 소개하며 1874년 주상해 영국영사 메드허스트(Sir Walter Henry Medhurst, 麥華陀)와 과학교육기구 건립을 상의해, 같은 해 3월 12일 상해의 영자신문 『북화첩보北華捷報』에 메드허스트가 서명한 제의서를 게재하였다. 이 행위는 많은 관심을 받았고 3월 24일 프라이어가 주관한 박물회에서 모금활동에 관한 회의를 하였다. 프라이어의 제안에 따라 격치서원은 종교를 강요하지 않고, 과학을 전문으로 하며, 메드허스트·포브스(Forbes, Francis Blackwell, 福勒士)·와일리(Alexander Wylie, 偉烈亞力)·프라이어와 중국의 당경성唐景星(윤선초상국輪船招商局 총판總辦 당연추唐延樞)을 중역으로 추대하였다. 후에 중국측 중역이 적어 서수와 왕영화王榮和를 추가 영입해 모금활동을 하였다.[14] 중역인 서수는 정부에 신고하여 허락을 받아냈고, 프라이어는 서수의 도움으로 1876년 6월 22일 정식으로 격치서원을 출범시켰다.[15]

격치서원의 목적·교육 내용·방법은 여타 교회학교·양무학당·구식서원과 매우 큰 차이점을 가지고 있다. 격치서원은 "무릇 각종 포교의 책은 관관에 가지고 와서는 안 된다."[16]고 정했다. 또한 과학실

---

14 『萬國公報』 제357권 93~95쪽의 격치서원 이사회 기록(1875) 참고.

15 『上海縣續誌』에서 격치서원을 "同治 13년에 無錫의 서수와 영국의 프라이어가 發起했다."라 하였으나 부정확한 것 같다. 이사회의 기록으로 볼 때 서수는 제2차 이사회에 비로소 보충 투입되었으므로, '발기자'라는 표현은 옳지 못한 듯 하다. 그러나 서수가 이사회에 들어온 후 확실히 상당히 중요한 역할을 한 것은 틀림없다. 南北大臣에게 신고해 허락을 받아내고 대량의 자금을 모금해 온 것으로 볼 때 준비과정에서 중요한 인물이음이 확실하다. 그래서 프라이어는 "서원이 크게 흥한 것은 모두 서수의 노력에 의한 것이다.(『格致匯編』 제3년 3권)"라고 하였다.

16 『萬國公報』 제323권, 제314권 : "凡各種傳敎之書, 斷不可入館"

험을 매우 중시하여 각국의 격치공예·기기설비를 전시한 박물관을 건립해 사람들에게 관람, 강연, 실험을 하도록 개방하여 실험수업의 질을 향상시켰다.

격치서원은 또 구서원의 몇 가지 장점을 계승했다. 즉, 개방적인 방식을 채택해 아무나 자유로이 드나들며 참관(실험관람 포함)·청강 을 할 수 있었고, 자습을 강조하여 "모든 수업은 학자 자신의 고된 노력과 부지런한 학습에 의하며, 본 서원은 약간의 설명으로 그 의미 를 이해하게 할 뿐이다."[17]라고 하였으며, 또 계절학기 방식을 채택하 여 각지의 생원들도 참가하게 했다.

프라이어는 격치서원에 매우 큰 역할을 하였다. 서원 설립부터 서 원감독을 맡았고, 서수가 서원의 업무를 주관하였다. 1884년 서수가 죽고 왕도王韜가 임무를 맡은 후에도 프라이어는 1896년 미국에 건너 가기 전까지 감독직을 사임한 것 외에 수업을 계속하였다. 이 20년간 초기에는 사회 전반에 그 기풍이 자리 잡지 못하여 서원의 참관자수 는 그리 많지 않았다. "매번 이 생각에 미치면, 방법을 생각하여 진흥 시켜 성과와 효율을 이루고 싶었다."[18]고 자주 생각하였다. 그는 강습 반을 만들었지만, 수업 신청자수가 매우 적어 실행할 수 없었다. 후에 1883년에 고과지거考課之擧를 처음으로 만들었고, 왕도가 1885년에 주관을 맡은 후 이를 더욱 중시하게 되었다. 왕도는 "프라이어의 뜻은 국내 인사와 문자로 인연을 맺고, 문자로 더 퍼져나가 격치에 들어가 길 원했다. 매년을 4계절로 나눠 학기로 삼고, 내가 맡아 과시課士의

---

17 傅蘭雅, 『格致書院會講西學章程』: "所有功課, 全賴學者自行工苦, 殷勤習學, 本書 院不過略助講解, 以便明通而已"

18 欒學謙, 『格致書院講習西學記』, 『皇朝舊艾文編』 제70권 : "每念及此, 輒思設法振 興, 以求成效"

문제를 냈고, 그 우열을 갑을로 평점하였다."[19], "이어서 남북양대신
南北洋大臣을 초청해 봄·가을에 특별수업을 연다."[20], 이후 "멀고 가
까이서 시험을 보는 사자가 백수십명이었다."고 했다. 이렇게 서학은
중국 사대부의 중시를 받기 시작했지만, 후에 프라이어는 "그러나 이
는 여전히 탁상공론에 불과한 것으로 실제가 없다. 서학을 흥하게 하
려면 이것만으로는 안 된다."[21]고 여겼다. 그리하여 1895년 프라이어
는 직접 매주 한 번씩 서원에서 강의를 하였다. "무릇 총명한 문인이
뜻이 있어 배우길 원하는 자는 모두 원에 와서 공부하는 것을 허락한
다."[22]며 광무鑛務·전무電務·측회測繪·공정工程·기기汽機·제조製造
의 여섯 개 서학과정 강목을 정했으며,[23] 내용 역시 매우 자세하다.
난학겸欒學謙은 그 수업효과를 "배우는 자는 34인으로 배우길 좋아하
고 깊게 생각하는 자들이 많으며, 프라이어의 가르침을 통해, 수개월
이래로 막힌 것을 뚫었다. 반년의 경험으로 실력이 많이 늘었다……
지금까지 졸업장을 받은 자는 26명이다."[24] 프리이이의 다년에 걸친
노력으로 격치서원의 서학전파는 조금씩 성과를 거두게 되었다.

　　그러나 중국인의 도움과 노력이 없었다면 프라이어의 성취 또한 없

---

19 『格致書院課藝』丙戌권 왕도序 : "傅君之意, 欲與海內人士結文字緣, 由文字引申
之, 俾進於格致. 每年分四季爲課期, 由余請於當道, 出題課士, 卽由當道視其優劣評定
甲乙"
20 『格致書院課藝』己丑권 왕도序 : "繼請於南北洋大臣, 另設春秋兩季特課"
21 傅蘭雅, 『格致書院西學課程序』: "然此猶屬紙上空談, 未必竟有實際. 欲興西學, 猶
未可於此已也"
22 傅蘭雅, 『格致書院西學課程序』: "凡聰幼文人有志考求者, 皆許來院習學"
23 傅蘭雅, 『格致書院西學課程綱目』 참조. 원래는 앞의 4가지 과정만이 있었다. 즉,
자신이 번역을 못했다하며 나중에 보충했다. 양계초는 이를 『西學書目表』에 넣었다.
24 欒學謙, 『格致書院講西學記』, 『皇朝舊艾文編』제70권 : "從學者凡三十四人, 類多
好學深思之士, 經傅君薰陶琢磨, 數月以來, 茅塞頓開, 計歷半載, 術業聚進。……訖今
考取憑課者, 凡二十六人"

었을 것이다. 실제로 모금 및 서원의 주요 업무를 도맡아 하던 사람은
중국인이었다. 서수와 화형방華蘅芳 같은 사람들은 십여 년간을 강의
했고, 서원의 서학 전파에 매우 큰 공헌을 하였다. 또 왕도가 서원을
주관한 십년간 범위를 넓혀 "서학 위주이며 시사, 양무에 관련되지만,
사론史論은 폐하지 않았다."[25], 수험생의 순위를 초등超等·특등特等
·일등一等으로 나누었고, 이 인원수는 무려 1878명이 되었다. 또 문
제 출제자는 대부분 양무관원과 초기 개혁가들 이홍장李鴻章·유신일
劉坤一·성선회盛宣懷·설복성薛福成·정관응鄭觀應 등이었다. 사회적
영향력이 강했던 이들이 출제하여 격치서원과 사회는 긴밀한 연계를
맺었고, 사회의 기풍과 학생에게도 깊은 영향을 미쳐 이후 유신변법
의 사상적 기초가 됐다. 또 우수한 성적으로 졸업한 섭한葉瀚·종천위
鐘天偉·섭란葉瀾 등은 후의 변법운동의 주요인물이 되었다.

이외에 격치서원 자신 역시 뒤의 서원변혁에 큰 영향을 끼쳤다. 당
재상唐才常은 1895년 유양瀏陽에서 "격치서원을 건립한다…… 상해
격치서원 번역자의 책 및 기한의紀限儀·소기기小機器 수 종류를 샀
다."[26], 그 후에 유양 산학격치관算學格致館을 세웠다. 당재상과 담사
동譚嗣同은 각지에 격치서원을 세워 나갔다.

3. 서학 편역編譯이 서원에 끼친 영향

본 편에서는 아편전쟁 이후 선교사들이 소개한 서학의 편역활동이
당시 중국 문교사업에 끼친 영향을 소개하려 한다.

---

25 『格致書院課藝』戊子년 춘계 왕수미批 : "以西學爲主, 而旁及時事、洋務, 然史論
亦在所不廢"
26 『唐才常集』, 229쪽 : "建立格致書院……購齊上海格致書院飜譯諸書及紀限儀小機器
數種"

양계초는 1896년 『서학제요西學提要』를 지어 그 제자들이 "어떤 서양 책을 읽어야 하고, 그 읽음에 앞뒤 순서를 묻는다."고 하여 종교 부분을 제외한 20여 년간 번역한 서양책을 3권의 『서학서목표西學書 目表』로 편찬했다. 양계초는 서문에서 "해금이 풀려 외국의 모욕이 갈수록 심해진다. 중국번曾國藩은 강남에 제조국을 세워 서양 책 번 역을 가장 큰 임무로 삼아 수년간 백종의 책을 번역했다. 동시에 동 문관 및 서양 학자가 중국인을 가르쳤고, 중국인이 이어서 번역하고 있다. 20여년이 지난 지금 읽을 수 있는 책은 대략 300백종이다."고 하였다.

양계초가 언급한 서양서 번역기관은 3가지이다. 첫 번째는 '강남 제조국'으로, 증국번과 이홍장이 1865년에 상해에 건립한 곳이다. 1867년 증국번은 서수·화형방 등을 제조국에 파견해 서양 과학기술 공정 서적 번역 임무를 맡겼다. 서수는 상해의 선교사들과 왕래가 있 어 프라이어와도 매우 친했고, 프라이어는 서수에게 서석 구매와 번 역을 도와주었다. 후에 서수는 번역관을 설립하고 프라이어를 전문 번역으로 추대한 후 Carl.T.Kreyer(金楷理)·Alexander Wylie(偉烈亞 力)·Young John Allen(林樂知) 등 선교사를 참가시켰다. 이중 프라 이어의 재임기간은 28년으로 가장 길었다. 서수, 화형방 등은 그들 과 장기간의 협력을 진행했고, 프라이어가 참가하여 번역한 서양 서 적은 129권이나 되었다.[27]

두 번째는 '동문관'으로 청정부가 1862년 세운 첫 번째 서양 언어 학습 위주의 양학당이다. 청정부는 프라이어, 마틴(William Alexander Parsons Martin, 丁韙良) 등 선교사를 고용해 수업을 진행했으며, 마틴

---

27 顧長聲, 『傳敎士與近代中國』에 열거된 篇目 249-262쪽 참조.

은 1869년에 총교습의 직무를 맡았고, 1898년 경사대학당京師大學堂 총교습을 맡기 전까지 총 32년간 재직했다. 이 기간 동안 그는 수업과 동시에 대량의 서양 서적을 번역하였으며, 그가 참여한 번역서는 200종에 이른다.

세 번째는 선교사가 세운 '교회'이다. 당시 선교사는 각지에 산재해 있으면서 많은 책들을 번역하였다. 그중 가장 유명한 것은 두 가지로 하나는 '학교와 교과서 위원회(學校和敎科書委員會)'이다. 1877년에 상해에 설립해 선교사로 조직하고, 윌리엄(Alexander Williamson, 韋廉臣)이 주석主席을 맡고, 프라이어가 총편집을 맡았다. 매우 많은 책을 번역했으며, 기독교 교의에 관한 서적 외에 수학·과학·화학에 관한 책을 번역하였다. 그 목적은 교회학교에 교재를 제공하는 것이었지만, 사회 상류층에도 많이 제공했다. 또 하나는 '광학회廣學會'로 중국에서 가장 영향력이 컸던 개신교 기구로 1887년 상해에 설립됐다. 처음 명칭은 '동문서회同文書會'로 윌리엄이 세웠으며, 1892년 Timothy Richard(李提摩太)가 맡은 후에 '광학회'로 개명하였다. 20여년의 긴 시간동안 광학회는 대량 서학 서적을 번역, 출판하였고, 그 수량에서 강남제조국과 동문관보다 앞선다. 또 『만국공보萬國公報』와 같은 잡지를 만들어 사회에 커다란 영향을 끼쳤다.

앞의 두 가지는 청정부에서 세운 것이지만, 실제 임무는 선교사들이 맡았다. 역사적으로 선교사의 서양 서적 편역 활동은 중국근대의 양무운동, 유신변법운동에 영향을 끼쳤고, 많은 양무, 유신인사들이 이로서 서학을 접하고 서양에 대한 이해도를 높이게 되었다.

근대 중국교육의 영향으로 볼 때, 선교사들이 서약 서적을 번역, 소개한 것은 근대 중국이 서양문명을 접하는 주요 통로가 되었다. 서양문명의 새로운 내용들은 중국의 전통교육에 커다란 충격을 가져왔고, 심지어는 중국 근대교육 변혁의 중요한 계기와 근거가 되었다.

신교사가 편찬한 서양의 서적은 당시 중국서원의 서학 수업의 주요 교재가 되었다. 강유위가 만목초당에서 서학 교육 시 자주 사용하던 교재의 대부분이 바로 이것이었다. 만목초당은 "강남제조국의 성광화전聲光化電 등 과학 역서는 백수십 종으로 반드시 모두 읽어야 한다. 용굉容閎·엄복嚴複 등 유학 선배의 번역서 및 프라이어, 리차드 등의 외국 선교사의 번역서는 모두 읽어야 한다."[28]고 규정하였다. 양계초는 호남 시무학당 주관에 재직시에『호남시무학당학약』을 제정해 '독서분월과정표讀書分月課程表'에 대부분 강남제조국·경사동문관·광학회에서 편역한 서학의 서적을 열거해 놓았다.[29] 이외 섬서 유예학숙遊藝學塾, 강서 우교서원友敎書院 등에도 서학과정을 설강하여 이 방면의 책과 기구를 구입하였다. 심지어 일부 오지의 서원은 책 구입이 곤란하자 구입을 위해 노력하기도 하였다. 호남 평강현平江縣의 승보건冼保乾은 당시 시무학당의 양계초에게 편지를 보내 서학과정을 설강하고 싶지만, "동문관·제조국·세무사·광학회·익지학회(교회출판기구)가 모두 상해에 있는지 없는지"[30] 몰라 양계초에게 물어 구매를 하기도 하였다.

결론적으로 프라이어와 같은 극소수 선교사가 성실하게 '서학을 전파'한 것을 제외하고, 일반적인 선교사는 근대 중국의 각종 교육 및 서학 전파 활동에서 모두 '포교'와 '문화침략'이라는 불순한 목적

---

28 梁啓超,『萬木草堂回憶』,『文史資料』제25집 : "如江南製造局關於聲、光、化、電等科學譯述白數十種, 皆所應讀。容閎、嚴複諸留學先輩的譯本及外國傳敎士如傅蘭雅、李提摩太等的譯本皆讀"

29 『皇朝京師文續編』제9권 참조.

30 『湘報』제50호 199쪽 : "同文館、製造局、稅務司、廣學會、益智學會, 是否同在上海"

을 가지고 있었다. 그리하여 그들에 대한 평가가 과도하게 높은 것은 옳지 않다. 그러나 반드시 인정해야 하는 것은 그들의 활동이 본의 아니게 근대 중국에 영향을 주었고, 서양문화 학습에 대한 기폭제 역할을 하였으며, 근대 중국의 일부 깨어있던 학자들이 주도하여 중국 사회를 발전시켜 나갔던 것이다. 이러한 역사의 변증은 우리가 근대 중국의 서학 전파역사, 더 나아가 교육 및 서원의 변혁을 이해하는 데 매우 중요한 것이다.

제2절 서원의 근대화와 서학

'늙은 용古龍' 중국은 아편전쟁이 이후 역사의 무거운 짐과 민족의 굴욕을 짊어지고 근대화로의 힘겨운 발걸음을 내기 시작하였다. 중국 대지는 격렬한 사회변동을 겪었고, 이는 문화교육에도 투영되어 동서문화의 충돌과 융합이라는 현상이 발생하였다. 서원의 역시 급격한 변혁을 맞이하였고, 서원교육은 여러 방면에서 점차 근대화되었다.

1. 아편전쟁시기의 문화사조와 서원

아편전쟁 이전 '경세치용의 학문'은 주로 사회와 교육을 개혁하는 주요 수단이었다. 그러나 그것이 중시했던 것은 옛 성현에서 처방전을 찾는 것으로서 본질적으로 근대적인 의의를 갖지 못했고, 단지 일종의 옛 것으로 현실을 타파하려는 전통문화 형태였다. 위원魏源이 말한 바와 같이 통경치용通經致用은 실로 "경서를 치술로 삼는 것(以經書爲治術)"이었다.

"예전에 통경치용으로 비웃고 욕한 적이 있는가? 音聲의 詁訓으로 小學이라 속이고, 器服의 名物로『三禮』라고 속이고, 象數로『易』이라 속이고, 鳥獸草木으로『詩』라고 속여, 평생 경을 읽어봐야 자신에게 도움이 되는 말이 하나도 없으며, 한 가지 일도 증명이 안 된 것으로 어찌 통치를 하겠는가? 오호라! 예전의 이 방책이 오늘에도 이 방책이고, 예전의 이 학교가 오늘에도 이 학교이니, 賓賓은 어찌 선왕의 도가 여기에 있다고 하는가. 나는 선왕의 도가 여기에 있지 않다고 한다. 국가는 어떠하겠는가?"[31]

당연히 경세의 학문은 경학에만 국한 된 것이 아니었다. 안원, 완원 등은 '경제'를 추구하였고, 그들이 주장한 '경국제세經國濟世'의 학문에는 조漕·하河·염鹽·병兵·여지輿地 등 실생활에 유용한 학문이 포함되었다. 그러나 이러한 실학은 실제 사회정치 수요와는 거리가 있어 여전히 전통문화의 폐쇄된 테두리 안에서만 맴돌았다.

1840년대에 이르러 "청왕조의 성위聲威는 영국의 총포 앞에서 쓰러졌고, 천조제국의 만세장존萬歲長存의 미신은 치명적인 타격을 입었다. 야만적이고, 폐쇄자수閉鎖自守적이며, 문명세계와 격리된 상태도 파괴되어 다른 세계와 소통을 하기 시작했다."[32] 이 시기 동서양 교류는 주로 서양의 문명과 과학지식의 중국 전파라는 형식으로 나타났다. 비록 이러한 교류 형식이 명청시기에 이미 출현한 적이 있었지만, 이 시기는 중국의 생존이 걸린 위급한 상황이었다. 당시 선진

---

31 『魏源集』23-24쪽 : "曾有以通經致用爲詁廣者乎? 以詁訓音聲蘇『小學』, 以名物器服蔽『三禮』, 以象數蔽『易』, 以鳥獸草木蔽『詩』, 畢生治經, 無一言益己, 無一事可驗諸治乎? 烏呼!古此方策, 今亦此方策 ; 古此學校, 今亦此學校 ; 賓賓焉以爲先王之道在是, 吾不謂先王之道不在是也, 如國家何?"

32 마르크스, 『中國革命和歐洲革命』, 『馬克思恩格斯選集』 제2권 1쪽.

적인 지식층들이 부국강병의 길을 모색하던 것은 전과는 달리 '진보적' 경향을 띠었다. 위원은 처음으로 이러한 기풍을 이끌었고, "외이를 제압하려면 먼저 오랑캐의 정세를 알고 있어야 한다. 오랑캐의 정세를 알려면 먼저 번역관을 세워 오랑캐의 책을 번역해야한다."[33]고 주장하여 구학이 주장한 경세치용의 부흥으로부터 벗어나 서양을 이해하고, 서양을 배우려는 의향을 내보였다. 왕도는 중국은 시대에 맞게 변해야 한다고 주장하며, 심지어는 "공자가 만약 현재 살아있다면 서양의 배·차·총포·기기의 제도를 반드시 취해야 한다고 할 것이다."[34]라고 주장했다. 또 이정표의 의의를 가지고 있는 풍계분馮桂芬의 『교빈로항의校邠盧抗議』[35]에서는 더욱 명확하게 "서학을 취하자.(采西學)", "양기를 만들자.(製洋器)"라는 주장을 펼쳐, 이후 많은 진보인사들의 공감을 얻어냈다.

그러나 격변하는 시국조차도 몇 천 년을 이어온 전통관념을 하루아침에 바꾸진 못 하였고, 점진적인 발전의 과정을 겪으면서 조금씩 바뀌기 시작했다. 갑오전쟁(청일전쟁) 이전 중국의 선진 지식층은 변화를 체감하고 중국의 약함을 인정하며, '중체서용中體西用'·'동도서기東道西器'[36] 등의 사상을 펼치기 시작하였다. 이에 풍계분은 "중국의 윤상명교倫常名敎를 근본으로 제국의 부국강병의 책을 보조로 삼자."[37]라는 개혁의 주장을 펼쳤다. 설복성薛福成 역시 "서인의 기수지

---

33 『魏源集』, 868쪽 : "欲制外夷者, 必先悉夷情始; 欲悉夷情者, 必先立譯館飜夷書始"
34 『張園文錄外編』, 328쪽 : "誠使孔子生於今日, 其於西國舟車槍炮機器之制, 亦必有所取焉"
35 역자주 : 풍계분이 서양에 비해 낙후된 중국을 개혁하기 위한 여러 방안을 주장한 정론집.
36 역자주 : 양무운동 시기 중국의 사상과 체제 등은 그대로 유지하고 서양의 선진 과학 기술을 도입하자던 주장.

학氣數之學을 배워 우리 요순우탕문무주공堯舜禹湯文武周公의 도를
지키자."고 주장했다.[38] 왕도 역시 "기는 서양 제국을 취하고, 도는
우리 것을 취한다."[39], "서학 서법은 써서는 안 되는 것이 아니지만,
우리와 상보하며 행하는 것은 가능하다."[40]라고 주장하였다. 그 후의
정관응鄭觀應은 더 나아가 "중국의 학문은 그 몸이고, 서양의 학문은
그 말末이다. 중학을 주主로 하고, 서학을 보輔로 삼는다."[41]고 했다.
이러한 종류의 발언과 주장은 이 시기 중체서용의 주장이 이미 보편
적으로 널리 퍼져 있었음을 나타낸다.

이러한 인식은 후의 양무교육에서 서양 기예를 중시하고 정무政務
를 경시하는 것으로 드러났으며, 서원변혁에서도 잘 나타난다. 예로
중서서원의 장원掌院인 심육귀沈毓貴는 "서학을 빌려 중학에 도움이
되게 하고, 중학으로 서학의 근원을 연구한다.", "서학은 당연히 중
학을 본으로 삼아야 한다."[42]는 수업의 목표를 설정했다. 심지어 서
양 선교사 역시 이에 부합해 "형이상을 치평治平의 본本으로 삼고,
형이하를 부강의 술術로 삼는다."[43]라고 하였다. 이상의 주장들은 전
통적인 면이 없지 않지만, 확실히 서양 과학기술의 우월성을 인정하
며 그들을 교육내용에 넣으려고 시도하였다.

이러한 변화의 바람에도 당시 절대다수의 서원은 몇천 년간 이어

---

37 『校邠盧抗議』: "以中國之倫常名教爲原本, 輔以諸國富强之書"

38 『籌洋芻議·變法』: "今誠取西人氣數之學, 以衛吾堯舜禹湯文武周公之道"

39 『杞優生易言跋』, 『張園文錄外編』: "器則取諸西國, 道則備自躬"

40 『張園文錄外編』, 297쪽: "西學西法, 非不可用, 但當與我相輔而行可已"

41 『盛世危言·西學』: "中學其體也, 西學其末也; 主以中學, 輔以西學"

42 『西學必以中學爲體說』, 『萬國公報』 제2책: "假西學爲中學之助, 卽以中學窮西學
之源", "西學自當以中學爲本而提綱挈領"

43 『格致彙編』, 第五年秋『告白』: "形而上之爲治平之本, 形而下之卽富强之術"

온 전통의 타성과 청정부의 관리등용 정책의 무변화로 인해 여전히 팔고문의 연구에 갇혀 있었다. 하지만 시대가 바뀜에 따라 경세지학의 기초 위에서 새로운 시도가 나타나기 시작하였다. 장지동張之洞이 1890년에 광동과 호북에 창립한 광아서원廣雅書院·양호서원兩湖書院과 강유위가 1891년 광주 장흥리長興里에 세운 만목초당萬木草堂이 대표적이다.

　　장지동(1837~1909)은 청말 영향력 있는 관리로서 "어렸을 때 박람하여 특히 경세의 일에 힘썼다."[44]라며 젊었을 때부터 이미 중임을 맡기 시작했다. 그의 관직 일생은 학업을 관리하는 학관이 대부분이었으며, 학관이 아니었더라도 교육에 지속적인 관심을 보였다. 이렇듯 평생 실제업무에 관심을 보인 그는 양무파의 대표인물이 되었으며, 중국 전통교육을 개혁하는 데 앞장서 중국 교육의 근대화를 이룩한 중요인물이었다. 그는 학정에 임직시 "세도世道를 유지하려면, 먼저 인재에 기대야 한다."[45]고 여겨 그가 임명받은 지역마다 서원을 세웠다. 1869년 무창에 경심서원經心書院, 1873년 성도에 존경서원尊經書院, 1882년 태원에 영덕서원令德書院을 세웠다. 그러나 서학에 대한 이해가 부족하여 이러한 서원의 교육은 여전히 경세지학의 범위를 벗어나지 못 했다. 그가 경심서원에서 출판한 『서목답문書目答問』에는 서양 병서 다섯 가지와 『기하원본幾何原本』·『대수술代數術』·『수학계몽數學啓蒙』·『영환지략瀛寰志略』·『해국도지海國圖志』·『신역지리비고新譯地理備考』·『신역해도도설新譯海道圖說』 등 몇 가지에 불과했다. 산서에 순무로 임명된 후에 그는 선교사 Timothy Richard

────────────

44 『張文襄公傳』: "少務博覽, 尤窮心經世之務"
45 湖北通誌館編, 『張文襄公治鄂記』: "維持世道, 首賴人才"

(李提摩太) 등과 접하며 비로소 서양의 사정과 과학지식을 조금 이해 하기 시작했다. 이는 뒤에 새로운 서원 창립과 양무교육에 종사할 때 그에게 많은 영향을 끼쳤다. 양광총독이 된 후 그는 유가오경을 근본 으로 하고 '양무오학洋務五學'을 중시하는 양무학당을 세우고 양광의 영재를 교육하는 광아서원을 창립하였다.

장지동은 『청반광아서원편액절請頒廣雅書院扁額折』에서 아래와 같 이 말했다.

> 신이 서원을 세운 행동은…… 위로는 聖道를 闡明하고 名節을 권장 하고, 옛 것을 익혀 현재에 통달하고 時務를 배우고 體用을 겸비하여 국가의 인재를 만들기 위함입니다. 다음은 역시 鄕黨을 온순하게 하고 利를 중시하는 악습을 멀리하게 하여 몸을 깨끗이 하여 속된 것을 교화 할 수 있습니다.[46]

그는 서원 자리를 직접 골라 자금을 모금하고 원장, 분교를 정해 새로운 규제를 만들었다. 직접 서원과정과 계절과목을 정하고, 호북 학정으로 옮긴 후에도 여전히 광동에 있을 때처럼 광아서원을 중시 하였다.

광아서원의 과정은 처음에는 경학·사학·성리지학·경제지학·사 장지학詞章之學으로 나누었으나[47], 후에는 경·사·이·문의 사문四門 으로 고치고, 사관四館을 설치해 경제는 사학에 넣고 여지輿地 등을 겸하였다. 갑오전쟁 전의 광아서원 과정은 겉으로는 경사지학의 범

---

46 『張文襄公全集』 26권 : "臣設立書院之擧……上者闡明聖道, 砥礪名節, 博古通今, 明習時務, 斯於體用兼備, 儲爲國家楨幹之材. 次者亦能圭璧飭躬, 恂恂鄕黨, 不染浮囂 近利習氣, 足以漱身化俗"
47 『張文襄公全集』 22권.

위를 벗어나지 못한 것 같으나, 실제로는 이미 그것을 뛰어넘어, 서
원의 스승과 학생이 토론하는 논점 중 하나가 바로 서학이었다. 특히
두 번째 원장으로 주일신朱一新이 임명된 1888~1894년에 최고조에
달했다.

주일신(1846~1894)은 절강 고경정사에서 공부하여 전통학술에 대
해 정통했지만, 그는 국시國是를 중시한 경세론자로 서학에도 통달
했다. 1888년부터 장지동이 원장직을 맡긴 이후로 그의 학술은 서원
의 교육에 영향을 발휘하기 시작하였다. 주일신은 수업에서 특히나
경과 사를 중시하였다. 경학은 한학과 송학의 연원이며 사학은 시무
와 경제를 포함한 학문이라 여겨, 현재의 급격한 변화의 시류에 특히
나 중요한 학문이라고 여겼다. 서학도 매우 중시하였는데, 더욱 중요
한 것은 그가 당시의 학자들과 다른 생각을 가지고 있었던 것이다.

> 서학을 배우려면 반드시 그 地勢에 밝고, 그 政俗을 연구해야 그 사
> 람들의 정서와 행위를 알고 그것을 이용할 수 있다. 다음으로는 병법이
> 다. 만약 天算製器의 일들에 정통한다면 더욱 좋다.[48]

그러나 그는 서양 민주주의에 대해 비평적인 태도를 가지고 있었으
며, 이 점은 뒤의 강유위에 훨씬 못 미친다. 그가 서양 지리, 정속에
대한 이해를 가장 우선으로 삼은 것은 당시 매우 신선한 생각이었다.
서예西藝에 대해서도 그는 "서양인의 예사藝事를 취해 우리가 미치지
못하는 것을 보충한다."며 당시 성행하던 서학중원西學中源의 주장에
반대했다. 그는 "서양인은 화학·전학·광학 등을 중시한다. 현재 사

---

48 『無邪堂答問』 4권 : "治西學須明其地勢, 考其政俗, 以知其人之情爲, 爲操縱駕馭之
資。次則兵法。若天算製器諸事, 能通之固佳"

람들은 모두 묵자에서 나왔고, 그 설이 가깝다고 여긴다.", "경전에 갖다 붙이는 것은 쓸데없는 행위이다."[49]라고 지적하였다. 이로서 학생에게 중학·화학·광학 등 지식을 상세히 가르치고, 서양 의학·철로·농업기계 등에 관한 번역서도 소개하였다. 그의 저서 『무사당답문無邪堂答問』은 학생과 토론, 답문한 내용을 주로 기재한 것으로, 그 내용은 매우 넓고 깊어, 당시 광아서원의 서학에 대한 열기가 얼마나 대단했는지 잘 알 수 있다. 그중 왕란상汪鸞翔은 광아서원의 학생 중 가장 걸출한 인물로 『무사당답문』에 그의 서학에 대한 깊은 이해가 잘 나타나있다. 왕란상은 졸업 후 호북에서 수업을 하고 장지동을 도와 『권학편勸學篇』을 편찬하였다.

양호서원은 장지동이 호북 학정에 재임시 세운 것으로 "경학·사학·이학·문학·산학·경제학의 여섯 과목으로 나누고, 교사 여섯 명을 두어 전문적으로 가르친다."[50]고 하였다. 후에 경·사·이·문의 4과목은 당시의 유명 학자가 가르쳐 "인재가 넘쳐 극도로 성행했다."고 한다. 당시 전국 최대 서원의 하나로 불렸지만, 서학 수업은 광아서원만큼 많지 않았다.

부국강병을 위해 신식 인재를 양성하는 것은 양무파와 유신파의 공통점이다. 그러나 양무파는 서예西藝를 빌려 구식 전제군주제를 굳건히 하는 반면, 유신파는 서양의 정치를 배워 전제군주제를 혁파하는 것에 목표를 두었고, 이는 교육에서 크게 차이가 나타났다. 유신파의 지도자 강유위는 1891년 광주에 세운 만목초당에서 진정으로

---

49 『無邪堂答問』 4권 : "西人重化學、電學、光學之類, 近人以爲皆出墨子, 其說近之", "欲附會經典, 則無謂也"

50 『張文襄公公牘稿』 10권 : "分經學、史學、理學、文學、算學、經濟學六門, 延請分敎六人, 專門訓課"

독립된 신식서원을 세웠다. 갑오전쟁 후 서원변혁이 어느 정도 중체 서용설의 영향을 받았다면, 만목초당은 실로 그 시초라 할 수 있다.

강유위(1858~1927)는 문인집안에서 태어나 어려서부터 고전을 많이 읽고 집에 있던 서양 번역서도 읽게 되었다. 난세에 태어난 그는 어려서부터 국사에 많은 관심을 갖고 "호방하고 원대한 꿈이 있었다."[51]고 전해진다. 19세에 예산초당에서 명유 주차기朱次琦를 스승으로 모시고 3년간 공부하며, 어느 날 구학이 현실에 멀리 떨어져 있다는 것을 느껴 집에 돌아갔다. 그 후 홍콩, 상해 등 지역을 돌며 대량의 서양서적을 접하였다. 상해의 강남제조국이 번역한 서양책만도 그는 "사거나 친구가 준 책을 읽은 것이 3000여 권에 달해, 제조국의 책 판매 총서의 4분의 1보다 많다."[52]라 한다. 또 『만국공보』를 구독해 집에서 읽었다. 그는 민족이 처한 심각한 위기에 많은 걱정을 하며, 서양의 장점을 배워야 한다는 생각을 갖게 되었고, 이로서 민족을 구해야 한다는 유신변법사상을 갖게 되었다.

1888년 겨울, 그는 나라와 국민을 구한다는 생각으로 북경에 올라가 변법에 관한 내용을 상소했다가, 거절당하고 오히려 비웃음을 샀다고 한다. 이러한 냉혹한 현실에 그는 "국민의 우매함으로 인재가 부족하다. 새로운 나라를 만드는 인재가 아니면 나라를 구할 수 없어, 광동에서 수업을 하기로 결심한다."[53]하여, 1890년 봄에 광주로 향했다. 그의 목숨을 건 상서는 그에게 유명세를 안겨주어 당시 학해

51 『康南海自編年譜』:"慷慨有遠志矣"

52 張伯楨, 『萬木草堂始末記』:"購以贈友及自讀者, 達三千余册, 爲該局售書總數四分之一强"

53 陸乃翔, 陸敦騤, 『康南海先生傳』上邊:"以國民之愚, 而人才之乏也。非別製造新國之才, 不足以救國, 乃決歸講學於粤城"

당 학생 진천추陳千秋·양계초 등이 그 학문에 감탄하여 배우길 청하
고 학생이 되었다. 후에 많은 청년들이 왔으며, 강유위는 진천추와
양계초의 권유로 장흥리長興里 구씨서옥邱氏書屋을 빌려 정식으로 학
사를 열었다.(후에 다시 한 자리를 옮김)

강유위의 목적은 유신인재를 양성하는데 있었고, 그 내용은 양계
초가 말한 바와 같다.

> 孔學, 佛學, 宋明學를 體로 하고 心學, 西學를 用으로 하며, 그 목적
> 은 정의를 세우고 정신을 드높이고 지혜를 구하는 데 있다.

위와 같이 강유위는 중체서용을 목표로 설정하고 주장했지만, 그
의 중국 학문이 기존의 구학을 뜻한 것은 절대 아니었다. 양계초는
처음 강유위에게 수업 받던 것을 회고하며 "그 때 나는 소년으로 과
거에 급제하였고, 당시 시류가 중시하는 훈고사장학을 배워 많이 알
고 있어 혼자 즐거워하였다. 선생은 이에 열변으로 수백년간 지속되
어온 쓸모없는 구학을 비판하며, 자세히 예를 들어 폐단을 역설하였
다. 진시(7~9시)에 뵈어 술시(19~21시)에서야 나왔다. 식은땀이 등에
흘렀고, 머리를 뭔가 크게 맞은 것 같았다. 그 옛 성벽을 허물고 나니
망연자실하여 뭘 해야 할지 몰랐다. 놀랍고 기뻤으며, 원망스럽고 좋
았으며, 의심스럽고 무서웠다. 통보通甫(노일동魯一同)와 침대에 누웠
으나 밤새 잠을 이루지 못하였다. 다음날 배움의 방침을 구하자 선생
은 육왕심학을 가르치고 사학·서학의 대강을 가르쳐 주셨다. 이때부
터 구학을 버리기로 결심하고 학해당을 나와 남해南海에 들어가길 원
했다. 평생 배우고 아는 것들이 이때부터 시작되었다."[54]고 한다. 여
기에서 볼 수 있듯이 강유위의 '중학中學'은 단순한 구학이라고 할 수

없다.

사실 그의 송명학은 정주리학에 반대하고 육왕심학을 중시했다. 육왕심학은 청대에 그 공소空疎로 사인들에게 버림받았지만, 강유위는 육왕심학을 통해 인간의 의지와 정신을 고양하려고 하였다. 그의 불학佛學에 대한 태도 역시 이러하였다. 공학孔學에 관해서는『장흥학기長興學記』에서 공자를 "도에 뜻을 두고, 덕에 근거하고, 인에 의하고, 예로 움직인다."는 것을 학칙으로 정했지만,『공자개제고孔子改制考』·『신학위경고新學僞經考』에 피력한 바와 같이, 그가 공학을 사용한 목적은 고문학古文學을 반대하고 금문학今文學을 알리려고 했을 뿐만 아니라, 본질적으로 구학을 개조할 유신변법의 이론적 근거를 만들기 위함이었다. 사학에서는 동서고금의 사례와 연혁을 들어 변혁의 필요성을 강조하였고, 그가 주장한 서학은 서예西藝와 서정西政을 포함하여 백성을 일깨우고 서양 정속政俗의 장점을 이해하는 것이었다. 이는 그의『장흥학기』에 열거된 강령과 과목에서 쉽게 확인할 수 있다. 예로 도덕교육에서 정의고양을 중시한 것 외에도, 지력교육에서도 중서병중을 가르쳤다. '서書'는 동서고금에 행해졌던 서예, '수數'는 대수와 미적분, '도圖'는 지도학, '창槍'은 창법연습을 포함시켰다. 4개의 과목 중 '의리지학'은 동서양 철학, '경세지학'은 동서양 정치 역사와 정치원리 및 응용학, '고거지학'은 동서양 사학·지리·수학·격치학(물리학), '문학지학'은 중국 사장학, 외국어문자학을 가리켰다. 이외 '과외학과'로 연설·차기劄記·체조·유력遊歷이 포함되었고, 이러한 행위들은 당시 세상을 놀라게 할 정도로 혁신적이었다.

54『三十自述』,『飮氷室合集』文集 제4책.

만목초당 학생은 고서를 읽고 많은 서양 서적도 읽어야만 했다. "강남제조국의 성광화전聲光化電 등의 과학 역서는 백수십 종으로 반드시 모두 읽어야 한다. 용굉容閎·엄복嚴複 유학 선배의 번역서 및 프라이어, Timothy Richard(李提摩太) 등의 외국 선교사의 번역서를 모두 읽어야 한다."[55] 이 책들은 대부분 당시 강유위가 상해에서 구매해 온 것이었다. 당시 강유위가 가장 많이 강의하고, 학생들이 가장 관심 있어 하던 수업은 『고금학술원류古今學術源流』였다. 양계초는 "선생은 중국 수천 년의 학술 원류를 설명하고, 정치변혁 득실의 역사를 설명하기 위해 만국을 취해 비례로 그것을 추론하였다."[56]하였다. 장백정張伯楨은 『강남해선생강학기康南海先生講學記』(강유위가 강의한 고금학술원류에 대한 기록)의 서문에서 "선생은 무수히 많은 책을 열람하고, 제자백가에 정통하고, 중서에 통달하여 신구新舊의 장점을 참고하셨다."[57]고 한다. 사실 강유위는 만목초당에서 "매번 한 학설, 한 일을 논할 때 반드시 고금을 이야기하여, 그 연혁의 득실을 탐구하고, 또 유럽歐美을 끌어들여 그것을 비교, 증명하였다."[58]고 한다.

결론적으로 강유위와 제자들의 노력으로 만목초당은 중체서용의 목표를 명확히 제시했고, 교육에서는 '중서병중中西幷重'을 채택했다. 만목초당의 개혁은 경사실학만을 전문으로 연구했던 다른 서원

---

55 梁啓超, 『萬木草堂回憶』, 『文史資料』 제25집 : "如江南製造局關於聲、光、化、電等科學譯述白數十種, 皆所應讀。容閎、嚴複諸留學先輩的譯本及外國傳敎士如傳蘭雅、李提摩太等的譯本皆讀"

56 『三十自述』, 『飮氷室合集』 文集 제4책 : "先生爲講中國數千年來學術源流, 歷史政治沿革得失, 取萬國以比例推斷之"

57 張伯楨, 『康南海先生講學記』(未刊稿), 馬洪林, 『康有爲大傳』, 遼寧人民出版社, 1988, 117쪽 : "先生博綜群籍, 貫穿百氏, 通中西之郵, 參新舊之長"

58 梁啓超, 『南海康先生傳』, 『飮氷室合集』 文集 제3책 : "每論一學, 論一事, 必上下古今, 以窮其沿革得失, 又引歐美以比較證明之"

과는 달리 시대의 진보성이 돋보이며, 근대 서원변혁이 새로운 단계로 진입했음을 나타낸다. 이는 강유위가 바란 '새로운 나라의 인재양성'을 실현하였을 뿐만 아니라 이후 서원변혁에도 지대한 영향을 끼쳤다.

2. 갑오전쟁후의 근대화 건설

양계초는 "우리나라의 사년천 꿈이 깨인 것은 실로 갑오전(1894 청일전쟁)의 패배로 대만을 뺏기고, 200조를 배상한 것에서 시작한다."[59]라고 하였다. 수천년의 유구한 역사를 가진 '천조대국'이 생각지도 않게 '최이소국蕞爾小國(일본)'에게 패하였고, 이 '최이소국'이 강국이 된 이유는 서양에게 배워 명치유신을 성공시켰기 때문이었다. 이 역사적 교훈으로 중국인들은 꿈에서 깨어났고, 망국의 위기 속에서 백성의 지혜를 모아 자강하는 방법을 모색하기 시작하였다.

노신魯迅은 "중국의 문화는 어떠한 애국자라도 아마 스스로 낙후됐다는 것을 인정하지 않을 수 없을 것이다. 새로운 사물은 모두 외국으로부터 침입한 것이다. 새로운 세력이 와도 대다수 사람들은 여전히 이해하지 못 한다."[60]라고 지적한 바 있다. 갑오전쟁 이전에는 선진지식층만이 서학에 관심을 두었고 대다수 사람들은 이러한 긴박감을 느끼지 못하였으나, 갑오전쟁 이후 대다수 사람들은 부국강병의 해결책으로 '서학'에 집중하기 시작했다.

서원변혁과 '사회의 분위기思潮'는 매우 밀접한 관련이 있다. 『만국공보』의 편자 심수강沈壽康은 1896년 4월에 『광시책匡時策』을 발표하

---

59 『戊戌政變記』: "吾國四千年大夢之喚醒, 實自甲午戰敗割台灣、償二百兆始"
60 『魯迅全集』 4권, 148쪽.

여 "중학中學을 체體로 서학西學을 용用으로"라는 구호를 주장했다. 그 후 삭계 인사들은 모두 이 구호를 인용하기 시작하여, 당시 유신변법의 기본 원칙이 되고, 심지어는 조정에까지 영향을 끼치게 되었다. 광서제는 1898년 조서에서 "중외中外의 높고 낮은 신하들과 왕공王公에서 사서士庶에 이르기까지, 각각 자신의 역량을 발휘하여 성현의 학문을 근본으로 삼고, 서학의 시무時務에 맞는 것을 넓게 받아들이고 실력을 강구하여, 제변濟變에 통달한 인재가 되어야 한다."[61]라 하였다. 양계초는 『청대학술개론』에서 "갑오의 패배는 온 나라를 진동했고, 나이가 어리고 기운이 넘치는 사람들은 분에 못 이겨 '오로지 유신변법惟維變法'이라 주장한다. 지방의 관리인 이홍장, 장지동이 그것을 조금 행하였으며, 그 유행어는 '중학을 체로, 서학을 용으로'였으며, 장지동이 가장 그것을 말하기 좋아하였고, 온 나라가 지당한 말이라 여겼다."고 하였다.

이러한 것들은 당시 서원의 설립목적에도 잘 나타난다. 유신파 인사가 주관한 호남 시무학당은 양계초를 초청했고, 거기에서 그는 "동지들과 상의해 목적을 만들었다. 하나는 점진법, 둘은 급진법, 셋은 입헌을 본위로, 넷은 철저한 개혁으로 백성의 지혜를 높여 각종 혁명의 본위로 삼는다. 당시 임공任公(양계초)은 두 번째와 네 번째 목표를 극력으로 주장하였다."[62]고 한다. 양계초는 호남에 간 후 다시 『학약』을 만들었고, 그 내용은 다음과 같다.

---

61 光緒朝東華錄4 : "中外大小臣工, 自王公至於士庶, 各宜發憤爲雄, 以聖賢之學植其根本, 兼博采西學之切時務者, 實力講求, 以成通達濟變之才"

62 獲葆賢, 『任公先生事略』: "與同人商進行之宗旨 : 一漸進法; 二急進法; 三以立憲爲本位; 四以徹底改革, 洞開民智, 以種族革命爲本位. 當時任公極力主張第二、第四兩種宗旨"

현재 중학은 經義掌故를 主로 하며, 서학은 헌법관제를 歸로 한다. 먼 법으로 경의치사를 안정시키는 것을 規로 삼고, 가까운 것으로는 서양인의 정치학원을 취하는 것을 意로 삼는다.[63]

이 '중국과 서양', '먼 것과 가까운 것'이 바로 양계초의 경세구국經世救國, 인재양성의 핵심사상이며, 바로 유신교육의 실질이었다. 장지동은 양호·경심서원을 개혁하며 "두 서원을 나눈 목적은 모두 중학을 체로, 서학을 용으로 하여, 오래되고 쓸모없는 비웃음을 면하고, 또 도에만 집착하는 폐단을 멀리하기 위함이다."[64]라 하며 양무교육의 기본원칙을 분명히 드러냈다.

당시 중체서용에 대해 해석이 엇갈렸지만, 이미 서원변혁의 기본적인 목표가 되었다. 예를 들어, 1897년 새로 설립한 절강 구시서원 역시 "세리勢利로 인도한다."며 중서의 학문을 겸하고, "체를 밝히고 용에 이른다."[65]고 하였다. 호남 상향湘鄕의 동산정사東山精舍는 "의론한 장정章程은 의리를 체로 격치를 용으로 하는 것이다."[66]라고 하였다. 섬서에 새로 세운 숭실서원崇實書院 역시 "중학, 서학에 한정될 필요 없이 실용에 도움이 되는 것만을 바란다."[67]라고 규정하였다. 이 외에도 많은 서원들이 문자로 표명하진 않았지만, 실제로는 이와 같은 목표를 정하고 있었다.

---

63 "今中學以經義掌故爲主，西學以憲法官制爲歸。遠法安定經義治事之規，近采西人政治學院之意。"

64 『張文襄公奏稿』29권："與兩書院分習之大旨，皆以中學爲體，西學爲用，旣免迂陋無用之譏，亦杜離經畔道之弊"

65 『杭州府志』17권, 浙江巡撫廖壽豊請專設書院兼課中西實學折："因勢利導"，"務期明體達用"

66 『湘鄕東山精舍章程』附巡撫部院陳批語："所議章程，以義理爲體，以格致爲用"

67 『皇朝經世文新編』5권："不必限定中學、西學，但期有裨實用"

서원 목표의 변화로 서원의 교육내용과 과정에도 변화가 생겼다. 이러한 변화는 주로 서학과정을 증설하는 것으로 나타났으며, 이로서 서학은 정식으로 서원의 중요한 교육내용이 되었고, 중앙과 지방관리 역시 이 필요성을 인식할 정도였다. 광서 22년(1896) 5월 2일 형부좌시랑 이단분李端棻은『청광아학교절請廣雅學校折』에서 서원 과정의 증가, 장정의 변통과 격치·제조·농·상·병·광의 여러 학문의 증설을 건의하였다.[68] 산서의 순무 호빙胡聘은 같은 해 6월에『청변통서원장정절請變通書院章程折』에 서학중원의 견해로 "신이 서학의 장점을 보니, 천산격치天算格致에 특히 정통하나, 그 학문은 자고로 중국에도 있었습니다."라고 하였다. 그리하여, "오직 서원의 법을 선변善變하는 것뿐입니다.", "장정을 고치고, 유학에 통달하고 그것을 가르쳐 경의를 연구하고 그 이를 탐구하고 사사史事를 박람하여 그 변화를 바라봅니다. 이로서 시무를 참고하고 산학을 같이 배워 무릇 천문·지리地輿·농무·병사와 관련된 모든 유용한 학문을 격치에 통합하고 학파별로 나누어 탐구하고 그 오의에 도달하게 해야 합니다."라고 상소하였다.[69] 같은 해 9월 한림원 시강학사 진수장秦綬章이『정돈서원예저인재整頓書院預儲人才』의 상소문에서 정돈에 관한 법을 제시했다. 이 중 과정을 정한 것이 있는데, 이는 서원의 과정을 6 종류로 나눈 것이다. "경학이라는 것은 경설·강의·훈고를 말한다. 사학이라는 것은 시무를 말한다. 장고지학이라는 것은 양무·조약·세칙을 말한다. 여

68 『光緒朝東華錄』4권.

69 『皇朝經世文新編』5권 : "臣觀西學所以擅長者, 特精於天算格致, 其學固中國所自有也", "則惟有善變書院之法而已", "更定章程, 延碩學通儒, 爲之敎授, 硏究經義, 以窮其理, 博綜史事, 以觀其變. 由是參考時務, 兼習算學, 凡天文·地輿·農務·兵事, 與夫一切有用之學, 統歸格致之中, 分門探討, 務臻其奧"

지지학이라는 것은 측량·도회를 말한다. 산학이라는 것은 격치·제조를 말한다. 역학이라는 것은 각국의 언어·문자를 말한다. 배우는 사인은 한 예를 전문으로 공부하거나 여러 가지 예를 겸해서 공부하거나 자신이 편리한 대로 한다."[70] 이러한 상소는 모두 조정의 허가를 받아 각 성에서 행해졌고, 서원 교육의 변혁을 강력히 추진해 나갔다.

구시서원은 화化·산산·도회圖繪 외에 외국 언어문자 등 과정을 포함했고, 매월 초하룻날 서학을 가르쳤다. 섬서 숭실서원은 중학을 치도致道·학고學古·구지求志·흥예興藝의 네 가지로 나눠 서학의 격치 각학格致各學, 형률·공법·조약을 포함한 모든 외국시국정치·수륙병법·지여·농학·광무鑛務·언어문자 등을 포함시켰다. 또 일부 절강 서안학계瑞安學計館, 호남 유양산학관瀏陽算學館, 섬서 유예학숙遊藝學塾과 같은 전문적인 서원에서는 서학이 매우 중요한 위치를 차지했다. 새로운 서원만이 이런 것이 아니고, 구서원에서 역시 이러한 개혁의 바람이 불어 교육과정에서 큰 변화가 일기 시작했다. 섬서의 미경서원味經書院은 시무재장정時務齋章程을 세워 '엄립과정嚴立課程'을 도학·사학·경제·훈고의 4분류로 나눠 서양의 풍토·각국사·『만국공법』·언어문자·역산을 거기에 포함시켰다. 또 지여·병사·전기·광경·화학·의학·광학·기학·산학·중학과 같은 전문적인 과정을 만들었다. 강소 남청서원南菁書院은 농학을 증설하고, 호남 교경서원校經書院은 산학·여지·방언·학회를 증설하였으며, 『상학신보湘學新報』를 만들어 각과의 학문을 소개했다. 이 때 동서의 산학을 융합해 각 학문의 기초에서 전에 없는 중시를 받았다. 운남의 경정서원經正書院, 호남

---

70 『皇朝經世文新編』 5권 : "日經學, 經說·講義·訓詁附焉 ; 日史學, 時務附焉 ; 日掌故之學, 洋務·條約·稅則附焉 ; 日興地之學, 測量·圖繪附焉 ; 日算學, 格致·製造附焉 ; 日譯學, 各國語言文字附焉。士之肄業者, 或專攻一藝, 或兼習數藝, 個從其便"

상덕常德의 덕산서원德山書院, 광서 경고서원經古書院은 모두 산학 과정을 만들었다. 악록서원은 서학을 들여오기 위해 역학譯學의 설립을 주장했다. 강소 강녕江寧의 석음서원惜陰書院과 문정서원文正書院은 시무·산학·병·농·광·화의 각 과정에 "누구라도 수업을 받을 수 있다.(無論擧貢生童, 均可投考)"라고 하여 순위에 따라 장학금을 주며 이를 장려했다.

이중 특히 시무학당과 양호서원이 유명하다. 양계초는 『호남시무학당학약湖南時務學堂學約』에서 "고금古今에 통通하고, 중외中外에 달達한다."는 학업목표를 제정했다. 그가 제시한 '독서분월과정표讀書分月課程表'는 동서고금에 이르렀고, 동서의 정법에 관한 책을 특히 중시하였다. 양계초는 중문교습中文敎習으로서 그의 수업은 역시 "맹자, 공양 위주이며 공자의 개제지설改制之說을 겸해 강의하고, 중국 정치 창조 조건을 개량하는 데 목적을 둔다."고 하였다. 그 수업은 "우리의 교학법은 두 가지다. 하나는 육왕파의 수양론이다. 하나는 공양, 맹자를 빌려 민권을 발휘하는 정치론이다.", "학생들은 교실에 들어와 수업을 들으며 정치를 논해 의지가 매우 강렬하다."[71]고 했다. 여기에서 유신교육의 특징 및 강유위의 영향을 볼 수 있지만, 양계초가 강유위의 만목초당 교육에 대해 내린 평가처럼 "그 가장 큰 결함은 국가주의이다. 선생의 교육 중점은 개인의 정신, 세계의 이상으로 이 두 가지는 필요 없는 것은 아니지만, 현재의 중국에 사용하여 국민을 깨우쳐 경쟁에서 이겨낼 수 없다."[72] 하였다. 이리하여 그는 시

---

71 唐才質, 『湖南時務學堂略誌』.
72 『南海康先生傳』, 『飮氷室合集』 문집 3책 : "其最缺點者有一事, 則國家主義是也。先生敎育之所重, 曰個人的精神, 曰世界的理想, 斯二者非不要, 然以施諸今日之中國, 未能操練國民, 以戰勝於競爭界也"

무학당에서 극력으로 국가주의를 주장하며 "이미 스승의 가르침에 얽매이지 않고 시세와 서로 맞는 것을 추구하였다. 심지어 일부 논점 즉, 자산계급 민주정치를 찬성하는 것은 이미 개량주의의 범위를 뛰어넘었고, 당시 극대한 진보성을 나타냈다."[73]고 했다.

이에 비해 장지동은 이 시기 양호서원의 과정을 개정할 때 역시 후기 양무파의 일부 특징을 나타냈다. 그는 양호서원의 원래 경·사·이·문 4과목을 경학·사학·지여학·산학의 4과목으로 바꾸고, 도학을 지여에 포함했다. 경심서원에서는 외정·천문·격치·제조의 4과정을 증설하였고, 후에 성의 각 대서원에서 천문, 지리, 병법, 산학을 가르쳤다. 양호서원은 경학·실학·천문·여지·지도·산학의 6 과정을 확충하고 지도를 병법으로 바꾼 후 다시 병법사략학·병법측회학·병법제조학의 3과목으로 나누었다. 실제로는 측량·화학·박물 등 서학 과정과 군사훈련, 체조 과목을 더 증설하여 군사과목을 중시하는 경향을 나타냈다.

서원 교과목의 변화는 교육에서 연쇄반응을 일으켰다. 첫째로 서학의 학문별 분류와 전문적인 연구는 기존 중국 구학의 문사철이 분리되지 않았던 것을 변화시켜, 과목별로 수업을 진행하게 하였다. 양호서원과 양무학당 같은 과목별 수업 제도 외에 절강의 구시서원 같은 곳은 분반 수업이 생기기도 하였다. 구시서원은 학생을 3반으로 나누어 날마다 과목별로 바꾸며 수업을 했다. 서학 교사가 부족한 상황에서 외국 교사를 초청해 서학과목의 수업을 맡기기도 하였다. 둘째로, 이 시기 서학은 전체적으로 과학기술에 편중되어 실험을 자주

---

73 唐才質, 『唐才常和事務學堂』: "已不株守師訓, 而力求與時勢相適應, 甚至有某些論點, 如贊成資産階級民主政治, 已超出了改良主義的範疇, 在當時表現了極大的進步性"

해야 해서 "그 기계를 사서 준비하지 않으면, 수업을 할 수 없다."[74], "ㄱ 기계를 보면 각 학문은 쉽게 배운다."[75]라는 현상이 자주 발생했다. 근대의 실험수업이 서원의 교실에 들어온 것이다. 당시 신구서원이 앞 다퉈 기계를 사들이는 것은 이 시기의 재미있는 현상이었다.

여기서 주의해야 할 것은 근대화건설의 과정에서 중국서원의 전통적 특징이 버려지지 않았다는 것이다. 시무학당은 수업에서 토론을 중시하고 "매 1주를 수업기간으로 하여 책을 가르치거나 정치를 논하거나 국내외 시사를 토론하고, 유명한 학자와 명류를 돌아가면서 발표했다."고 한다. 이 서원의 학생들은 수업을 듣고 "관·신사·민이 모인 자가 매우 성대했다."고 하며, 평시에는 "스승과 제자의 관계가 매우 좋고, 학생들이 가르침을 구하려면 교습실에 가서 따로 담화를 나누고 교훈을 얻었다. 몇 사람이 단체로 회담을 하거나 해도 구속받는 일이 없었다.", "학생들은 신문을 보고 수업을 들으며 책을 보고 자습한다. 가끔 뭔가 얻은 것이 있다면 의견을 발표하고 교사 역시 즉시 대답하여 지도한다."[76]고 하였다. 이러한 학풍은 당시의 서양학교의 수업과는 달리 서원에 생기를 불어넣었지만, 이와 같은 중체서용의 과정내용은 그 광대함과 복잡함으로 학생들이 깊은 연구를 하지 못하게 하였고, 그 결과 서양학교와 신식학당의 전문적인 서학교육에 못 미쳤으며, 배출된 인재 역시 전문성과 실용성이 다소 떨어졌다.

---

74 『煙霞草堂文集』 6권 : "非備購其器, 無以講求"
75 『煙霞草堂文集』 7권 『味經書院時務齋章程』 : "見其器則個學均易學矣"
76 唐才質, 『湖南時務學堂略誌』.

제3절 시대의 선택과 역사의 종결

갑오전쟁 이후 서원의 근대화에 따라 '서원'을 '학당'으로 바꿔 부르기 시작했다. 광서 21년(1895) 윤5월, 순천부 부윤 호율분胡燏棻이 변법자강에 관한 상소를 올리며 "성회의 서원을 통합, 개혁하여 학당을 창립해야 한다."는 것을 시작으로, 광서 24년(1898) 강유위가 각 성의 서원을 학당으로 바꿔야한다는 상서를 올리기까지, 학당으로의 개칭에 관한 상소가 빈번하게 올라왔다. 결국 광서제는 광서 24년 5월 22일(1898년 7월 10일) 조서를 내려 "각 성부주현의 현재 대소서원을 일률적으로 중학, 서학을 같이 배우는 학교로 바꾼다.", "민간의 사묘에 대해서는 제사를 지내지 않는 것은 지방관이 민간의 의향을 물어 일률적으로 학당으로 바꾼다."고 하였으나, 무술변법의 실패로 자희태후(서태후)는 예부의 주청인 "각 성의 서원은 예전대로 하며 학당을 정지한다."는 안을 채택하여 광서 24년 9월 30일(1898년 11월 13일) 황태후의 명령으로 서원을 부활시켰다. 그러나 유신변법의 깊은 영향과 국권을 상실한 『신축조약辛丑條約』[77]의 체결 이후, 청정부는 국내외의 압력을 받았고, 이에 자희태후는 어쩔 수 없이 각종 신정에 관한 제의를 받아들였다. 이 중 양강총독 유신일劉坤—과 호광총독 장지동이 정치인재 변통을 이유로 올린 서원을 학당으로 바꾸자는 주청을 받아들였다. 광서 27년 8월 2일(1901년 9월 14일) 조서를 내려 서원을 학당으로 바꾸어 서원은 드디어 오랜 역사의 여정을 끝냈다.

---

77 역자주 : 청말 의화단 운동 진압을 위해 8국연합군이 북경을 점령하고 맺은 조약으로, '북경의정서北京議定書'라고도 한다.

1. 근대화와 서원 명칭의 변경

이 전국적인 개혁은 학교 명칭의 변화만이 아니라, 사회정치의 근본적 변혁을 나타내는 것이었다. 갑오전쟁 후 강유위를 대표로 하는 개혁파는 변법자강의 근본은 서양 자산계급의 선진적 민주정치제도를 배워 현재 조정을 개혁해야 한다고 여겼다. 그들은 민주주의를 세우려면 반드시 서양 자본주의 국가를 모방해 전국에 학교를 세워 실용적 인재를 양성해야 한다고 여겼다. 갑오전쟁의 경험과 교훈을 통해 그들은 일본이 승리할 수 있었던 이유는 "그 장상병사가 우리를 이길 수 있었던 것이 아니다. 그 나라에 퍼져 있는 학교로 인재가 충분하였기 때문에 실로 우리를 이길 수 있었던 것이다."[78], "일본은 유신이래로 일이십년밖에 안 지났지만 부국강병하였고, 서양을 모방해 학교를 세우고 서법을 한 현명한 경험이 있다. 현재 중국의 관건은 모두 여기에 있다. 무릇 인재는 국가의 근본으로 성쇠의 시기에 서로 기대야 한다."[79]고 주장하였다. 강유위는 또 아래와 같은 말을 하였다.

> 서양의 변법은 300년으로 강하고, 일본의 변법은 30년으로 강합니다. 우리 중국의 넓은 땅과 많은 백성이 만약 대변법을 한다면 3년에 성공할 수 있습니다. 3년에 성공하려면 반드시 전국 四萬萬의 백성이 모두 학교를 나오고 후에 지혜가 열리면 인재가 족해집니다.[80]

---

78 康有爲,『請開學校折』,『康有爲政論集』 상권 : "非其將相兵士能勝我也。其國遍設各學, 才藝足用, 實能勝我也"

79 胡燏棻,『變法自強疏』,『光緒政要』 17책 21권 : "日本自維新以來, 不過一二十年, 而國富民強, 爲泰西所推服, 是廣興學校, 力行西法之明驗。今日中國關鍵, 全系乎此, 蓋人材爲國家根本, 盛衰之機, 互相依仗"

80『請飭各省改書院淫祠爲學堂折』,『知新報』 63책 : "泰西變法三百年而強, 日本變法

이 원대한 목표를 실현하려면 반드시 막대한 자금이 필요하여 서원에 사용할 자금을 학당비용으로 충당하게 되었다. 정치변혁의 흐름 속에서 서원을 학당으로 바꾸는 작업이 진행되었다.

물론 서원을 학당으로 바꾸는 것은 청말 교육의 발전과 관련이 있다.

첫째로, 청말 서원에 쌓인 폐단은 매우 심했고, 과거만을 중시하여 실용적이지 못 하여 사회의 실제 수요를 벗어나게 되었다. 당시 서원은 2000여개 소로 비록 수량에서 역대 최고이지만, 호율분이 『변법자강소』에서 언급한 바와 같이 "현재 중국 각 성 서원, 의숙은 제도가 이미 완정되었지만, 사장경의를 팔고로 만드는 것 외에 어느 것도 강구하는 바가 없다. 또 그것이 쓸모없음을 알면서 쓸데없이 법령으로 계속 고치지 않았고, 인재가 소모된 것은 실로 이것 때문이다." 강유위도 『청칙각성개서원음사위학당절請飭各省改書院淫祠爲學堂折』에서 다음과 같은 말을 했다.

> 우리 각 省과 府州縣은 모두 서원이 있어 많은 곳은 십여소, 적은 곳은 한두 곳이다. 그 민간에도 역시 공립서원, 義學, 社學, 學塾이 있어 모두 스승과 제자가 있으며, 모두 經費가 있다. 안타깝게도 모두 팔고문을 가르치고, 쓸모없는 스승을 초청해 수업을 하지 않거나, 앉아서 뇌물을 받는다. 그 省會 간에 詞章에 급제한 학자는 천하에 얼마 되지 않는다. 스승과 제자는 만천으로 날마다 서로 쓸모없는 학문을 가르친다. 고로 경비는 비록 적지만, 낭비는 많다.

서원이 이 지경에 이르니 당연히 사회의 급속한 수요에 부응을 못

三十年而强, 我中國之地大民衆, 若能大變法, 三年而立, 欲使三年而立, 必使全國四萬萬之民, 皆出於學, 而後智開而才足"

하였고, 이에 변혁은 필수였다.

두 번째로 서원이 팔고문, 사장의 급제를 주요 교육내용으로 하였기에, 그 내용의 수정과 서학과정의 증설은 어쩔 수 없이 서양식 학당을 모방할 수밖에 없었고, 이에 서원을 학교로 개정하기에 이르렀다. 그리하여 호율분은『변법자강소』에서 다음과 같은 말을 하였다.

聖旨를 내리셔서 성의 督撫에게 반드시 선입견을 없애고 방법을 생각하여 변경하고 章句小儒의 습성을 버리고 經濟匡時의 인재를 구하라고 하셔야 합니다…… 현재 京師 總署, 상해 제조국은 이미 각종 서학의 책을 번역하고 인쇄, 발매하고 있습니다. 한편으로는 격치신문을 여전히 많이 번역하여 최근 새로 나온 서양 역사를 포함하고 있습니다. 학식 있는 서양 학자 및 중국의 서학에 오랜 성과가 있는 사람을 불러 교습하게 해야 합니다.

형부자시랑 이단분李端棻은『청추광학교설請推廣學校折』에서 "매 성, 매 현에 그 서원 하나를 바꾸어 수업을 증설하고, 장정을 변통하여 학당으로 해야 합니다."며 그 '증설'하고자 하는 수업은 바로 서학과정이었다.[81] 당시 서원을 학교로 개정하는데 동의하지 않고 변통을 주장한 이들 역시 서학과정의 증가와 확립을 '서원을 좋게 변하게 하는 법善變書院之法'이라고 여겼다. 한림원 시강학사 진수장秦綬章의『정돈각성서원예비인재整頓各省書院預儲人才』상소문에서 과정의 새로운 제정에 중점을 두고 경설·강의·훈고를 경학에, 시무를 사학에, 양무·조약·세칙을 장고지학에, 측량·도회를 여지지학에, 격치·제조를 산학에, 각국 언어문자를 역학에 포함시키자고 주장하였다.

---

81 『光緖朝東華錄』 4 참조 : "每省每縣各改其一院, 增廣功課, 變通章程, 以爲學堂"

또 새로 설립한 섬서 숭실서원, 구시서원 등 역시 중서지학을 같이
수업하는 것을 변통의 중점으로 삼았다. 이에 백일유신기간 동안 광
서제는 현존하는 대소서원을 "일률적으로 중학과 서학을 같이 배우
는 학교로 개정한다."는 것을 제외하고, 심지어는 "지방에서 스스로
행하는 의학, 사학 등 역시 일률적으로 중서학을 같이 배운다."[82]라
는 조서를 내렸다. 신정시기 다시 서원을 학당으로 개정하는 조서에
서 역시 "그 가르치는 법은 마땅히 사서오경, 강상대의 주로 하며,
역대 사감史鑒 및 중외정치 예학藝學을 보輔로 하며, 심술心術을 순
정純正케해야 하며, 행하면서 수정하고 시무에 박학하며 실학을 강
구해야 한다."[83]고 했다.

이상에서 볼 수 있듯이 서원을 학당으로 개정하는 것은 근대 중국
이 서양을 배우려 했던 분위기가 서원변혁에도 반영된 것임을 알 수
있다. 비록 청말의 서원변혁에 근본적인 변화가 일어나지는 않았지
만, 이미 양적인 변화에서 질적인 변화로의 추세가 나타났으며, 일부
서원은 이미 질적인 변화를 실현해 후대의 전면적인 개혁의 도화선
이 되었다.

2. 학제변혁과 서원의 학당 개정

갑오전쟁의 냉혹한 현실은 '천조대국', '난공불락'이라는 환상을 깨
뜨렸고, 시정 개혁에 뜻을 품은 사람들은 변법자강의 길을 걷기 시작
했으며, 시선을 서학에서 서양의 정치로 확장하게 되었다. 이때 서양

---

82 『光緒朝東華錄』 4 참조 : "一律改爲兼習中學西學之學校", "其地方自行捐辦之義
學、社學等, 亦令一律中西兼習"
83 『光緒朝東華錄』 4 참조 : "其敎法當以四書五經、綱常大義爲主, 以歷代史鑒及中外
政治藝學爲輔, 務使心術純正, 交行交修, 博通時務, 講求實學"

정치西政에 대한 사람들의 주장과 태도는 달랐지만, 중서 정치제도의 차이는 확실히 의식하고 있었다. 이로서 학제의 변혁 역시 사람들이 관심 갖는 중요한 문제가 되었다.

예전부터 중국은 자신만의 학제가 있었다. 주에는 국학으로 대학, 소학이 있었고, 향학으로는 당양黨庠·주서州序·이숙里塾이 있었으며, 8세는 소학, 15세는 대학에 입학하는 제도가 존재했다. 그러나 장기간 중국 전통교육은 널리 보급되지 않았고, 후세에는 과거를 중시하며 학교를 경시하는 현상이 나타나 학교의 제도는 거의 없는 것이나 다름없었다. 송 이래로 서원은 또 과거를 통한 입신양명의 길로 가게 되었고, 연령과 같은 등급의 구별이 없었으며, 과정의 순서 역시 불명확하였다. 근대 서양의 학제가 들어오자 이는 서양과 비교해 매우 뒤떨어진 모습을 보였다. 이에 사람들은 변법자강이 인재 양성에서 출발한다면, 선진적 교육은 반드시 선진적 학제가 있어야 진행될 수 있다고 여기게 되었다. 그리하여 학제의 변혁은 당시 매우 중시 받았고, 서원을 학당으로 개조하는 주요 원인이 되었다.

중국은 Ernst Faber(花之安)·Calvin Wilson Mateer(狄考文) 등 선교사의 소개로 서양 근대 학제에 대해 이해하기 시작했다. 그들이 저술한 『독일학교론략德國學校論略』(1873)·『진흥학교론振興學校論』(1881)·『신학팔장新學八章』(1888)·『정돈학교整頓學校』(1893)의 논저는 독일, 미국 등 서양 국가의 학제에 대해 자세한 소개를 하고 있다. 갑오전쟁 후 일본은 명치유신으로 서양교육제도를 배워 새로운 학제를 발표하여(1872), 국민의 교양을 최대로 높여 동방의 강국으로 급부상하게 되었다. 이는 당시 중국인들에게 학제 변혁의 시급함을 일깨워 주었다.

1895년 성선회盛宣懷는 서양의 법제를 모방하여 천진 중서학당의 설립을 주청할 시에 이급일관二級一貫의 소형 학제를 제시했다.[84] 이

등학당二等學堂(외국에서 소학당이라 이름)과 두등학당頭等學堂(외국에서 대학당이라 이름)으로 나누고, 학생은 '13세부터 50세까지' 받으며, 이등학당에 입학한 후 정도에 따라 반을 나누고, 순위에 따라 승급했다. 4년 졸업 후 두등학당에 입학해 "두등학당 공과는 반드시 4년으로 비로소 전문적 학문(공정·전학·광학·기기·율례)을 배울 수 있다."고 정했다. 졸업 후 취업을 하거나 유학을 보냈다. 이는 중국인이 비교적 일찍 서양 학제를 모방한 것이다. 성선회는 후에 상해에 남양공학을 세워 외원外院(사범), 중원中院(이등학당), 상원上院(두등학당)으로 더욱 상세히 분류하였다.

진정으로 학제와 서원의 학당 개정을 이은 것은 이단분이다. 광서22년(1896) 『청추광학교절』에서 3급 학제를 제시해, 학당을 부주현학·성학·경사대학의 3급으로 나누었다. 부주현학은 민간에서 12세에서 20세 사이의 준수한 인재를 뽑아 입학시킨 후 3년을 기간으로, 성학은 25세 이하인 자를 입학시켜 3년을 기간으로, 경사대학은 30세 이하인 자를 입학시켜 3년을 기간으로 했다. 이 학제는 성선회의 것보다 더 자세하지만, 3급 사이에 명확한 승급의 기준이 존재하지 않고, 입학자격은 여전히 과거공명을 조건으로 하였다. 그러나 이단분은 "이처럼 사람들이 경쟁하고, 사인이 알아 오고 싶어 하고, 풍기가 스스로 열리며, 기능은 스스로 이루어져 인재가 쓰임보다 많아졌다."[85]고 여겼으며, 이로서 서원을 학당으로 개정하는 중요한 이유로 삼았다.

---

84 盛宣懷, 『擬設天津中西學堂章程稟』, 『皇朝經世文新編』 5권 참조.
85 『光緒朝東華路』 4 : "如此, 則人爭濯磨, 士知向往, 風氣自開, 技能自成, 才不可勝用矣"

당시 이단분의 주장 및 서원의 변통에 관한 기타 의견은 청정부의 중시를 받지 못하였다. "각 성 도무, 학정에게 알려, 참작하여 사용하여 옛 규칙을 넓혀 실효를 거둔다."[86]고 하며, 서원과 신식학당이 함께 발전하는 국면이 여전히 계속되었다. 이는 서원변혁에도 많은 영향을 끼쳤다. 항주의 구시서원은 광서 23년(1897) 창건 시에 신법을 참고해 학당을 세우려 했지만, "항주의 신사들에 의한 중지를 고려해 구시서원이라 명한다."[87]고 했다. 같은 해 호남 시무학당의 창립 시 양계초를 주석으로 삼았고, 양계초는 호남에 가기 전에 진삼립陳三立, 웅희령熊希齡에게 편지를 보내 수업의 방법에 관한 이야기를 하였다. "양계초의 뜻은 학당과 서원의 장점을 겸하고, 서문을 겸학하는 것을 내과로 삼고, 학당의 법으로 그것을 가르친다. 중학을 전문으로 배우고 서문을 배우지 않는 것을 외과로 하여 서원의 법으로 그것을 행한다."[88]고 하였다. 이는 당시 사람들이 학당과 서원의 제도에 대해 여전히 차이(실제로는 중서교육세노의 자이)를 이미 인식하였지만, 조정의 명령이 없고, 구습이 잔재했기 때문에 양자를 함께 채용할 수밖에 없었던 것을 나타낸다.

유신운동의 고조로 광서 24년(1898)년 정월, 강유위는 서양 자본주의국가 교육의 보편화와 인재의 양성을 모방하기 위해 서원, 음사를 학당으로 개정하자는 주장을 펼쳤다.[89] 강유위는 "서양 각국은 향학

---

86 『禮部議復整頓各省書院折』,『皇朝經世文新編』5권 : "一倂通行各省督撫學政, 參酌採取, 以擴舊規而收實效"

87 陳仲恕,『本校前身一求是書院成立之經過, 國立浙江大學同學會會刊』9쪽 : "慮杭紳或又中阻, 定名爲求是書院"

88 『戊戌變法』2, 592쪽 : "超之意欲兼學堂、書院二者之長, 兼學西文者爲內課, 用學堂之法敎之 : 專學中學不學西文者爲外課, 用書院之法行之"

89 康有爲,『請飭各省改書院淫祠爲學堂折』,『知新報』63책.

을 특히 숭상해 그 중등학교, 소학교는 널려있어, 학교는 십수만이며 학생은 무수히 많고, 온 나라의 남녀가 책을 알고 글을 읽으며, 도회를 알아보고 산학에 통하고, 역사를 알며 천문지리를 알고 있다. 중학이상으로는 천문·지여·광화전중·법률·농공상광·각국 언어문학·사범으로 학문이 매우 많다. 고로 사인만이 홀로 알고 배우는 것이 아니다."고 하며 그들의 대학은 모두 중학, 소학에서 승급하지만, "중학, 소학이 각 성에 없다."하여 그는 아래와 같은 말을 하였다.

> 省, 府, 州, 縣, 鄕, 邑에 없기 때문에 公私의 현존하는 서원, 의학, 사학, 학숙을 모두 중서를 겸학하는 학교로 개정하여 省會의 대서원은 高等學, 부주현의 서원은 中等學, 의학, 사학은 小學으로 개정해야 합니다.[90]

그리고 "백성에게 명령하여 6세가 된 사람은 모두 반드시 소학에 들어와 공부해야 한다."고 강조했다. 그는 같은 해 『청개학교절請開學校折』에서 유럽과 일본 등 여러 나라를 모방한 자본주의 교육제도의 상상도를 제시하였다.

> 멀리로는 독일, 가까이는 일본을 배워 학제를 정해 주십시오. 조서를 내리셔서 모든 지역이 배우는 것을 흥하게 해 향에는 소학을 세워 백성이 7세 이상인 자는 모두 입학하게 하시고, 현에는 중학을 세워 그 省府가 전문 고등학인 대학을 세우게 해야 합니다.[91]

---

90 "莫若因省府州縣鄕邑, 公私現有之書院、義學、社學、學塾, 皆改爲兼習中西之學校, 省會之大書院爲高等學, 府州縣之書院爲中等學, 義學、社學爲小學。"
91 "請遠法德國, 近採日本, 以定學制, 乞下明詔, 遍令省府縣鄕興學, 鄕立小學, 令民七歲以上皆入學, 縣立中學, 其省府能立專門高等學大學。"

같은 해 4월 장지동은『권학편』을 출간하여 강유위가 서양 자본계급제도를 모방하는 주장에는 반대했지만, 학제의 변혁에 대해서는 의견을 같이 했다. 서양의 '소·중·대학' 3급 학제 및 각 급 학교의 연한·과정·졸업·취업에도 매우 많은 관심을 가졌다. 경사와 성회에 대학당, 도부에 중학당, 주현에 소학당을 세워 세 등급이 서로 통하고 순서대로 올라가는 학제체계를 제시했다.[92]

강유위와 장지동의 주장은 모두 광서제의 결심에 큰 영향을 끼쳤다. 여기에서 광서 24년 5월 15일(1898년 7월 3일) 경사대학당에서 반포한 장정을 빼놓을 수 없다. 강유위는 그 장정의 초안 작성 중 "4월 말 대학당의를 시작으로 추단樞壇은 나에게 장정의 초안을 맡겼다. 나는 당시 만날 시간이 없어 탁여卓如에게 초고를 맡겼고, 영미일의 제도를 참작해 그것을 만들었고, 매우 주밀했다."[93]고 적었다. 여기에서 볼 수 있듯이 이 장정은 양계초가 강유위의 명령으로 작성한 것이다. 장정은 총강總綱·학당공과례學堂功課例·학생입학례學生入學例·학성출신례學成出身例·빙용교습례聘用教習例·설관례設官例·경비經費·신장新章의 8장을 만들어 학당과정 내용·분과·분반 교습 및 입학자격·교사임용 등에 관련된 상세한 규정을 제정하였다. 서양 학제의 장점을 흡수하여 서원을 학당으로 개정하는 데 모범이 되었다. 광서 24년 5월 22일(1898년 7월 10일) 광서제는 다음과 같은 조서를 내렸다.

이전에 조서를 내려 경사대학당을 설립해 입학하고 공부하는 자는 중학, 소학에서 순서대로 올라갔고, 성과와 효율이 괄목할 만한 성과를

---

92 『勸學篇·外篇·學制』 참조.
93 『康南海自編年譜』, 『戊戌變法』 4 : "自四月杪大學堂議起, 樞壇托吾爲草章程, 吾時召見無暇, 命卓如草稿, 酌英美日之制爲之, 甚周密"

냈다. 오직 각 성의 중학, 소학은 여전히 일률적으로 설립되지 않아 각 성의 성회, 府廳州縣에는 서원이 없는 곳이 없다…… 각 省府廳州縣의 현존하는 대소 서원을 일률적으로 중학, 서학을 겸학하는 학교로 개정한다. 학교의 등급에 관해서는 스스로 省會의 대서원을 고등학으로, 郡城의 서원을 중등학으로, 州縣의 서원을 소학으로 하여 모두에게 경사대학당의 장정을 발급하여 그것을 모방하여 운영한다.[94]

이후로 전국 각지의 서원은 점차 학당으로 바뀌었고 후에 무술정변으로 잠시 중단되었으나, 역사의 흐름은 막을 수 없는 것으로, 1901년 9월 14일 다시 한 번 앞의 조서와 같은 내용의 조서를 내리게 된다.[95]

뒤에 반포한 조서는 장지동과 유신일의 『변통정치인재위선준지주의접變通政治人才爲先遵旨籌議摺』에 많은 영향을 끼쳤고, 이 주절奏摺의 내용 중 학제에 관한 구상은 이전에 비해 더욱 완벽하고 자세해진 것을 제외하고 대부분은 여전히 학제변혁에 관한 내용이었다. 동자가 8세 이상이면 몽학에 먼저 입학하고, 12세 이상이면 소학교에 입학, 15세 이상은 고등소학교에 입학하여 3년의 과정을 거쳐 졸업한다. 시험을 거쳐 부중학교에 입학하여 3년에 졸업하고, 학정이 그를 시험하여 省의 고등학교에 보내고, 3년에 졸업하며, 1년간 실습을 하여 4년에 끝난다. 먼저 독무, 학정이 그를 시험하고, 주고가 다시 시

---

94 『光緖朝東華錄』 4 : "前經降脂開辦京師大學堂, 入學肄業者由中學、小學以次而昇, 必有成效可睹。惟各省中學、小學尙未一律開辦, 總計各直省省會及府廳州縣無不各存書院, ……卽將各省府廳州縣現有之大小書院, 一律改爲間習中學、西學之學校。至於學校降級, 自應以省會之大書院爲高等學, 郡城之書院爲中等學, 州縣之書院爲小學, 皆須給京師大學堂章程, 令其倣照辦理。"

95 『光緖朝東華錄』 4, 광서 27년 8월 2일(1901년 9월 14일) 조서.

험하여 합격한 자는 경사대학교에 가는 자를 제외하고 관직에 임명하는 등 효율적으로 사용하였다. 대학교는 3년에 끝나며 회시 총재가 그를 시험하여 합격자에게는 관직을 주었다. 이렇게 5단계의 순서대로 올라가는 학제 체제를 형성하였다. 이 체제는 상소문으로 황제에게 올라가지는 못하였지만, 장지동은 이에 근거해 호북성의 학제 체제를 건립했다. 1년간의 실험과 보완을 통해 후의 주정학당장정奏定學堂章程을 만들게 되었고, 이는 전국적인 학제 체제가 되었다.

결론적으로 서원을 학당으로 개혁하는 이 중국 근대교육사의 중대사는 동서문화의 충돌과 융합이 뒤얽힌 결과였다. 서원이 정치부패의 영향(관학화, 과거화)으로 쇠락의 길을 걷고 있을 때 발생한 정치의 대변혁은 서원의 소멸을 앞당겼다. 이와 동시에 예전의 전통교육제도를 개혁하고, 서양 근대학제를 모방해 근대화한 새로운 학제를 세우려던 것 역시 서원을 학당으로 개정하려는 운동을 가속화했다. 사실상 1905년 과거제도를 폐지한 후 정식으로 서원을 통해 관직에 나가는 통로는 끊겼고, 이때서야 비로소 서원은 그 역사의 마지막에 이르렀다. 그러나 과거의 변혁과 폐지는 교육제도의 변혁과 밀접한 관련이 있다. 교육의 목적·내용·방법·학생의 진로 등 다방면에서 변화하여 현존하는 과거제도는 이를 충족시킬 수 없었다. 그리하여 교육제도의 변화는 과거제도 소멸의 결정적인 원인이 될 수 없지만, 과거제도를 크게 흔들어 놓았고, 내부로부터 과거제도를 파괴시켜 그것을 매우 빠른 속도로 붕괴시켰다. 중국의 교육은 이러한 과정을 통해 '전통'이라는 구시대를 벗어나 '근대'라는 신시대로 진입하게 되었다.

제4절 남은 이야기

- 오사운동 시기의 서원연구와 교육개혁

오사운동 시기 학계에서 매우 명망 있던 채원배蔡元培에서 신문화 운동의 주역 호적胡適까지, 정치에 많은 관심을 보이다 학술연구에 몰두한 양계초부터 교육에 뜻을 품다 정치혁명에 모든 것을 건 모택동까지, 모두 근대 학교에 의해 대체된 고대의 서원에 매우 큰 관심을 가졌다. 당시 서원연구와 학교 교육개혁은 교육계의 주요 관심사가 되었다. 1924년 도행지陶行知 등은 양계초를 전국교육전람회 서원교육조 주비위원으로 초청하는 편지에서 "서원교육제도 및 그 정신은 현재 특히 교육에 종사하는 자들이 반드시 알아야 합니다."[96]라고 강조하였다.

1. 서원연구 열풍의 원인

이 시기 서원에 대한 관심과 중시의 원인은 아래와 같은 두 가지로 볼 수 있다.

1) 문화 반성과 교육개혁이 촉발한 서원연구

서원은 중국 교육사에서 관학과 평행하게 발전한 교육제도로 천여 년간 존속해왔다. 청말 신학제의 성립 이후 각지의 대소 서원들은 학당으로 개정하였고, 이는 역사의 필연적인 흐름이었다. 그러나 서원제도의 폐지는 과학이론과 상세한 연구에서 비롯된 것이 아닌 단번

---

96 丁文江 등, 『梁啓超年譜長編』: "書院教育制度及其精神, 在今日尤爲辦教育者所應知"

에 이루어진 개혁으로, 학교제도와 서원제도가 가진 각자의 장단점
에 관해 세밀한 연구는 이루어지지 않았다.

　오사운동시기 중국은 학교교육을 10여 년간 진행해와 이미 그 부
족함과 틈새가 드러나기 시작하여, 당시 사람들은 청말의 학제개혁
이 단지 독일, 일본 학제를 모방한 형식적 개혁이며, 그 실체는 여전
히 전통에서 현대로 완벽하게 개혁되지 못 했음을 깨닫기 시작했다.
"우리나라 교육계는 여전히 몇 권의 교과서만 고수하며 모든 반 학생
에게 강요한다. 사실 기존의 『삼자경』·『사서오경』 등과 오십보백보
의 차이일 뿐이다."[97] 교육개혁의 출구는 대체 어디에 있을까? 이 시
기 개혁을 주장한 채원배·진독수陳獨秀·호적·장몽린蔣夢麟 등은 모
두 중국교육이 서양을 배우고, 반드시 근대 서양교육의 진정한 정신
을 배워야 한다고 강력하게 주장하였으며, 이러한 정신의 가장 중요
한 것은 "피동被動이 아닌 자동自動으로, 관수灌輸가 아닌 계발啓發
로"[98]라는 것이었다. 동시에 이들은 중국이 처음 학교교육을 개혁할
때 저질렀던 실수를 중복하지 않기 위해 맹목적인 모방을 통한 전반
적인 서양화를 반대했다. 이로서 이들은 주동적으로 서양현대교육이
론 중 특히 존 듀이(John Dewey)의 교육학설을 받아들여 이를 중국교
육개혁의 청사진으로 제시하였다. 즉, 중국을 중심으로 서양의 것을
받아들여 이를 중국에 맞게 바꾸어 활용하자는 것이었다. 또 하나는
문화에 대한 반성으로 가치관을 새로 정립하여 동서고금의 신구교육

---

97 蔡元培, 『新敎育與敎育之歧點』, 『蔡元培全集』 3 : "吾國敎育界, 乃尙牢守幾本敎
科書, 以强迫全班之學生, 其實與往日之《三字經》、《四書五經》等, 不過五十步與百步
之差"
98 陳獨秀, 『近代西洋敎育』, 『陳獨秀文章選編』 상책 : "是自動的而非被動的, 是啓發
的而非灌輸的"

의 관계를 확립하는 것이었다. 진독수는 "우리가 구교육에 반대하는 이유는 서양의 교육이 모두 좋고 중국 구교육이 모두 나쁘다고 여기기 때문이 아니다."[99], "대가들이 공인하는 구교육을 연구하여 방법, 정신이 새롭다면 매우 유용한 것이다."[100]라고 하였다. 또한 중국 과거 교육에도 분명히 귀중한 유산이 있고, 이를 활용하여 현재 외국체제를 모방해 세운 학교의 폐단을 고칠 수 있다고 주장했다. 호적은 과학적 방법과 정신으로 중국 전통문화 교육의 정리를 주장하였다. 이로서 이들은 중국의 서원제도를 포함한 수천 년의 교육사를 돌아보며, 청말 신학제를 실행한 이래로 발생한 성공과 실패의 경험을 분석하였다. 여기에서 얻은 교훈을 통해 중국교육발전의 새로운 방향·중점·과학·교재·수업법 등의 개혁 계획을 제정하였다.

서원이 학교로 대체된 것은 역사의 필연적 흐름이었지만, "서원과 학교는 각각 그 폐단이 있으며, 역시 장점도 가지고 있다."[101], "학교는 확실히 서원에 못 미치는 점이 있다."[102]고 주장한 것에서 볼 수 있듯이, 서원의 형식·정신·교육방법은 당시의 교육개혁에서 여전히 많은 의의를 가지고 있었다. 청말 학제개혁은 "천 년간의 서원제도를 완전 전복하고 일률적인 학당의 형식으로 교육을 대체하였다…… 우리 중국의 일대 불행사이다."[103]라며 안타까워한 이가 적지 않았다.

---

99 陳獨秀, 『教育缺點』, 『陳獨秀文章選編』 상책 : "我們所以反對舊教育, 竝不是說西洋來的教育都是好, 中國的舊教育都是壞"

100 陳獨秀, 『新教育的精神』, 『陳獨秀文章選編』 상책 : "就是研究現在大家所公認的舊教育, 只要他方法新, 精神新, 還是有用的"

101 毛澤東, 『湖南自修大學創立宣言』, 『五四時期的社團』 1 : "書院和學校各有其可毀, 也各有其可譽"

102 蔡元培, 『在北京高等師範學校'教育與社會'社演說詞』, 『蔡元培全集』 3 : "學校確有不及書院之點"

103 胡適, 『書院制史略』, 『東方雜誌』 213(1924) : "把一千多年來的書院制度完全推翻,

호적은 특히 송명청의 서원, 정사와 중국의 4대 발명 중 하나인 인쇄
술을 함께 거론하며, 서양학자들이 주장하는 중국문화가 당 이후 천
년간 진보하지 못했다는 말도 안 되는 이론을 반박하였다.[104]

여기에서 볼 수 있듯이 오사운동시기 교육개혁자들은 서원연구를
중시하였다. 어느 학자들은 당시의 교육개혁이 '전반적 서양화', '전
반적 반전통주의'로 중국문화의 분열을 일으켰다고 주장하지만, 당
시 교육개혁자들은 오히려 서원을 반성과 개혁의 모범이자 중국 전
통문화교육의 정수였다고 여겼다.

2) 호남 자수대학自修大學의 실천과 서원 연구의 모범

오사운동 시기 서원이 교육개혁에 많은 점을 시사한다고 여겨 서원
에 대한 연구를 중시하였으나, 초기의 연구는 많이 미흡하였다. 1921
년 8월 모택동이 호남 장사에 자수대학自修大學을 설립한 후로 서원에
대한 연구는 이론과 실천이 결합된 새로운 단계로 진입하였다.

자수대학 설립 전인 1920년 장백리蔣百里는 양계초에게 아래와 같
은 건의를 하였다.

중국 공학公學을 확대하려면 와세다, 케이오 대학도 부족하지만 백
록동, 고경정사는 매우 큰 가치를 가지고 있다. [105]

1921년 3월 양계초는 『개조改造』 3권 7기에 『자유강좌제의 교육自

而以形式一律的學堂代替教育, ……實在是吾中國一大不幸事"

104 『胡適的日記』.

105 丁文江 등, 『梁啓超年譜長編』: "中國公學如要擴充, 早稻田、慶應都不足法, 白鹿
洞、詁經精舍大大的有可取的價值"

由講座制之敎育』을 발표해 학교교육의 폐단을 비판하며, "이전 강학의 유지를 참고하여 받아들여 그것을 변통한다."라고 주장하였고, 고등교육에 '자유강좌'를 개설하였다. 그러나 그는 서원과 학교교육의 관계에 대해선 명확한 해답을 내놓지 않았다. 이 글의 일부 관점은 자수대학의『선문宣文』에 채택되었다.

존 듀이의 교육사상을 적극 선전하였던 반전통교육의 대표자인 호적은 체계적인 서양교육을 받았지만, 그는 청소년 때부터 중국 고대 서원의 치학방법, 정신에 많은 관심을 가졌다. 실제로 그가 했던 많은 명언들은 서원연구에서 비롯되었으며, 만년에는 심지어 후대인들을 위해 서원에 관한 기록을 남기길 원했다. 그리하여 어떤 이는 "호적이 우리나라 전통 치학정신을 계승한 것은 그 정수에 통달했다고 할 수 있으며, 서학의 그에 대한 영향은 가끔은 표면적인 것이었다."[106]라고 까지 평가하였다. 오사운동 시기 호적은 중국의 교육개혁에 반드시 '근본적인 방법 개혁'에 주의해야 한다고 여러 차례 강조했다. 개성의 발전과 평민주의 교육의 실행을 중시하고 대학 내에 선과제選科制를 도입해야 한다고 주장했다. 이를 통해 순수한 자유학교, 자유연구 분위기를 만들어 학생들이 스스로 갈고닦기를 바랐다. "주입된 지식 학문은 별 쓸모가 없다. 진정으로 중요한 학문은 모두 자수에서 얻는 것으로 자수의 능력은 학문을 구하는 유일한 조건이다."[107]라고 주장하였다. 모택동은 이 시기의 호적을 방문해 많은 영향을 받았다. 1924

---

106 唐德剛,『胡適的自傳』2장 주7 : "胡氏治學對我國傳統治學精神的承繼, 可說是深入骨髓, 西學對他的影響, 有時反而是很表面的"
107 蔣夢麟, 胡適,『我們對於學生的希望』,『新敎育』5권 1기 : "灌進去的知識學問是沒有多大用處的, 眞正可靠地學問都是從自修得來的, 自修的能力是求學問的唯一條件"

년 3월 24일 모택동은 주세쇠周世釗에게 보낸 편지에서 "우리는 장사에서 새로운 생활을 창조해, 동지를 모으고, 집을 빌려 자수대학(이 명칭은 호적 선생이 만든 것이다.)을 설립해야 한다. 이 대학에서 공산생활을 실시한다…… 이러한 조직을 '공독호조단工讀互助團'이라고 할 수 있겠다."[108]라고 하였다.

그러나 모택동이 자수대학을 세우는 과정과 교육과정에서 당시 각종 교육사조와 교육사상의 흔적을 발견할 수 있으며, 그의 주장과 행동은 그가 직접 연구해낸 결과는 아니었다. 이는 그가 '우리나라 고금학설제도의 대요大要를 먼저 연구'하고, 각종 신교육이론을 받아들여 중국교육에 '실지 조사 및 연구'를 진행한 후 구체적 방안을 만든 것으로, 교육개혁의 첫 성공적인 실험이며, 여기에서 그의 독특한 문화관·교육관과 실험적인 성격을 볼 수 있다.

호남 자수대학은 설립 이후 사회각계의 많은 관심을 끌었다. 채원배는 『신교육』에서 자수대학을 "우리나라 서원과 서양 연구소의 장점을 합하고 활용한 것"이며, 고등교육개혁의 새로운 길을 개척했다고 소개하고, "나는 실로 자수대학이 각 성의 모범이 될 수 있다고 생각한다…… 그들의 생각은 실로 대단하다."[109]고 격찬하였다. 양계초 역시 서신성舒新城에게 편지를 보내 자수대학의 자세한 상황을 물어보고 모택동을 중국 공학公學 교직원으로 삼으려고 하였다. 양계초는 1923년 문화학원 설립 시에도 '반학교·반서원을 채용한 조직'

---

108 『新民學會資料』: "我們在長沙窰創造一種新的生活, 可以邀合同志, 租一所房子, 辦一個自修大學. 我們在這個大學里實行共産的生活. ……這種組織, 也可以叫做'工讀互助團'."
109 蔡元培, 『湖南自修大學的介紹與說明』, 『新教育』 5권 1기: "合吾國書院與西洋研究所之長而活用之", "吾實在覺得他們自修大學的組織可以爲各省的模範, ……他們的主意, 實在是顚撲不滅的"

이라고 하였다. 물론 이 시기 대다수 사람들이 관심을 가졌던 것은
서원과 학교의 유기적 결합이었다. 후에 모택동이 서원, 학교의 비평
민주의를 비평하고 학술의 신비성을 타파해 자수대학을 공산당 간
부, 마르크스주의를 선전하는 데 사용하리라고는 아무도 상상하지
못했다.

2. 매력과 계시 – 교육개혁에서의 사고

전통은 단순한 과거가 아니며, 현재에도 살아 숨쉬고 있다. 오사운
동 시기 전통교육에 대한 반성은 실제로는 현실교육에 대한 불만의
표현이었다. 이토록 서원교육을 회고한 이유는 과거 휘황찬란한 중
국 서원역사가 유럽의 대학보다 길다는 것으로 자기만족하려는 것이
아니라, 급박한 '위기감'에서 비롯된 것이었다. 잃어버린 전통에서
좋은 것을 찾아내고 그것을 발전시키는 것이 현실 교육개혁에 교훈
과 계시를 주리라 믿었던 것이다. 그럼 서원 자신은 대체 어떠한 장
점이 있고, 어떻게 당시 학교교육 개혁의 단점을 보완할 수 있었을
까? 결론은 아래의 세 가지와 같다.

1) 자유로운 수업, 개인의 설립, 순수한 학풍

중국 고대의 서원은 처음에는 국가교육제도에 포함되지 않는 개인
의 교육기구로 개인 또는 민간이 스스로 세워 배우고 싶어 하는 사람
들이 자유롭게 배울 수 있는 장소였다. 이는 춘추전국시대의 제자백
가와 한대의 정사 이래로 개인이 설립하고 수업하는 전통을 계승한
것으로, 구체적인 지도방침·교육내용·방법·조직형식·경비관리에
서 독특한 형식을 취하게 되었으며, 관학에 비해 더욱 자유스러웠고

독립적 성격을 가지고 있었다. 통치자가 서원을 관학화의 궤도에 편
입시기려 힐 때 일부 서원은 그 설립자의 노력으로 상대적으로 자유
로운 수업과 학술연구를 유지하였으며, 과거제도로 부패한 관학과
명백한 대조를 이루었다. 그 예로 청대 고경정사는 순무 완원이 설립
하였지만, 실학을 장려하고 이학 교육의 공허함을 반대해 팔고문을
버리고 과거제도를 비판하였다. 또한 탁월한 학술 연구 성과로 세인
의 관심을 받아 절강의 문화학술 중심이 되었다. 동림서원 역시 당시
의 학술, 여론의 중심지였으며, 중요한 의정기관이 되었다. 호적이
"옛날에는 정식으로 민의를 대표하는 기관이 없었기 때문에, 서원만
이 그 직권을 대행했다."[110]라고 한 바와 같이 동림서원의 강학활동과
정치활동은 긴밀하게 연결되었다. 이에 학생들이 몰려들어 정치에
대해 서슴없는 발언을 하였고, 부패한 세력에 저항하는 사회집단이
되어 민의를 대변하는 '정의의 화신'이 되었던 것이다. 청나라가 들
어선 후 청정부가 "서원을 따로 세워 당파를 만들고 지방의 놀고먹는
자들을 모아 쓸모없는 이야기하는 것을 금지한다."라고 한 것은 바로
이러한 이유 때문이었다.[111]

  고대 서원의 내부조직 형식과 교육내용 및 활동 역시 정부의 것보
다 월등하였다. 이에 관해서는 앞의 장절에서 이미 논한 바가 있어
여기에서는 생략하겠다. 그러나 오사운동 시기 채원배가 북경대에
교수 평의회를 설치해 교수로 조성된 위원회에서 대학 총장을 뽑았
던 것은 중국 고대서원과도 매우 유사하다. 이 외에도 당시 북양군벌

---

110 胡適, 『書院制史略』, 『東方雜誌』21 3(1924) : "因爲古時沒有正式代表民意的機
關, 有之, 僅有書院可以代行職權"
111 『圖書集成·選擧典·學校部』: "不許別立書院、群聚徒黨, 及號召地方遊食無行之
徒, 空談廢業"

정부가 교육 예산을 장악하여 그것을 늘리지 않고, 오히려 횡령하거나 군비에 충당했던 점은 서원의 독립적인 예산 운용제도를 더욱 부각시켰다. 장백리는 "과거의 그렇게 폭압적인 독무와 탐욕적인 그 일당들조차 서원의 예산을 감히 삼키지 못했다. 왜냐하면 이 예산은 민간에서 스스로 관리했기 때문이다."[112]라고 하였다.

그리하여 오사운동 시기 사람들은 중국학술사·교육사·서원사 연구 시, 중국은 송대 이래로 "국내의 최고 학부와 사상의 연원은 오직 서원뿐이다."[113]라는 생각을 일반적으로 갖게 되었다. 서원을 중심으로 각종 개인의 학문이 성행하였고, 그 내부에서 자유로이 연구와 강학을 실시해 사회에서 독립적 발전으로 다양한 형식을 낳게 된 것이다. "과거 급제를 부러워하지 마라…… 성취가 이토록 크다."[114] 또 "학문의 길은 국가제도를 떠나 독립하는 것이 좋다."[115]라는 말이 바로 그것이다.

오사운동 시기의 교육가들은 청말 외국의 학당이 중국에서 이미 천여 년간 시행되어온 서원제도를 완전히 무너뜨릴 것이라고 여겼다. "무릇 옛 것을 없앤다 하여 옛 것의 폐단을 하나도 받아들이지 않고 좋은 것도 모두 없앴다. 무릇 새 것을 실시한다 하여 새 것의 이리를 시험해보지 않아 새 것의 폐단이 여기저기에서 드러나고 현재는 비수로 나타났다. 그 죄악의 근원은 교육을 국가사업의 하나로

---

112 蔣百里, 『一得錄』, 『蔣百里全集』: "從前那專橫的督撫, 貪婪的伙友, 到底不敢吧書院經費吃掉, 因爲這種經費是民間自管的"

113 胡適, 『書院制史略』, 『東方雜誌』 21권 8기(1924) : "國內的最高學府和思想淵源, 惟書院是賴"

114 吳虞, 『四川法政學校同學錄序』: "弗慕榮科……成就斯大"

115 蔣百里, 『今日之教育狀態與人格』, 『改造』 3권 7기 : "學問一途能離國家制度而獨立, 是其良者也"

하여, 교육행정의 권한을 확대하여 교육 본연을 날이 갈수록 행정의 밑에 위축되게 한 데 있다…… 정부가 제창한 교육이라는 것은 사실 모든 교육행정을 관리화한 것이다."고 여겼다. 학교가 자주권, 교육 독립성이 없다면 수업의 자유와 과목 설강의 자유가 보장되지 않아, 오직 "부서의 인장"과 "교령敎令이 홀로 그 위엄을 발"[116]하는 상태가 되어 "우리의 수천 년간 자유연구에서 비롯된 민주적 교육기관이 현재에는 소학당으로 전락했다."고 괘념했다. 과거 개인의 학교 설립, 자발적 연구정신은 이미 사라졌고, 대학에서 소학까지의 교장은 "명령을 받지 않는 사람이 없다."하여 인사권 역시 정부가 장악했다. 서원의 "산장은 초청받은 순무와 총독의 손님"[117]이었지만, 현재는 교장·교수가 독군督軍·성장省長의 앞잡이로 전락하고, 학자의 지위는 땅에 떨어진 것을 개탄했다. 더욱 문제였던 것은 학교가 당시 "형식적으로 신식 교과서를 채용하였으나, 정신적으로는 여전히 관직 얻기에 뜻을 품었다.", "과거의 남아있는 습관을 아직 버리지 못했다."는 것이었다. 그리하여 장몽린은 "이전의 구서원에는 오히려 일종의 학풍이 있었다. 비록 시세의 변천으로 구서원은 다 죽었지만, 현재의 학교는 중국 같지도 서양 같지도 않은 잡화점 같다…… 마치 시장에서 파는 신식 서양의자처럼 서양의자의 편안함도 없고, 구식 태사의 太師椅 같은 아름다움과 견고함도 없다. 호랑이를 개와 비슷하게 그리는 이런 학교에서 우리는 인재를 양성한다고 할 수 있는가?"[118]라고 비판하며, 군벌정부의 통제를 받지 않고 교수가 학교를 운영하는

---

116 蔣百里, 『今日之敎育狀態與人格』, 『改造』 3권 7기 : "敎令獨能顯其萬鈞之威"
117 蔣百里, 『一得錄』, 『蔣百里全集』 : "從前的山長是聘的, 是巡撫總督的客"
118 蔣夢麟, 『學峰與提高學術』, 1922년 12월.

것을 적극 주장하였다.

2) 서원의 교육연구형식과 학생 개성의 발전

오사운동 시기 '개성의 발전發展個性'은 교육계와 청년학생이 추구하던 사상적 구호였다. 그들은 현대학교의 교육은 학생 본위의 자발성과 깨우침에 중점을 두고, 학생의 독립적 사고·관찰·판단·행정능력과 과학의 창조능력을 높여 학생의 개성을 자유로이 발전하게 해야 한다 주장했다. 이들은 학교와 서원을 비교하며 서원의 교육, 연구방식이 개성의 발전에 도움이 된다는 것을 발견했다.

첫째로 서원은 "스승과 제자의 감정이 매우 돈독하다."는 것이다. 고대서원의 주강 또는 서원에 초대된 명사숙유名師宿儒는 높은 학술적 업적 외에도, 학생을 존중하였고, 학생 역시 선생을 존경하였다. 스승과 제자는 함께 수업을 하고 변론하여 "서로 통하지 않는 부분은 자주 얼굴이 빨개지도록 언쟁하였다."고 한다. 스승과 제자 사이는 한 개인과 개인의 관계로 "실은 함께 배우는 친구"였던 것이다. 이는 학교의 교사가 돈을 우선시하고, 학생은 졸업장을 우선시하는 풍토와는 확연히 달랐다. "그 학업의 서로 주고받음은 시장에서 교환하는 것과 같다."하여 교사는 학교에 고용된 판매원이며, 학생은 손님으로 "교역이 끝나면 가고 다시 묻지 않으며, 학생의 교사에 대한 태도는 모르는 길을 묻는 것과 같았다. 심한 경우 교사는 학교를 정사郵숨와 같이 보았다."고 한다. 이리하여 양계초는 "가르치는 자와 배우는 자 사이 관계의 소원함은 근세식 교육의 큰 결점으로 따라서는 안 된다. 고로 이러한 교육은 그 폐단으로 물질적 교육이 되어 인간적 교육을 상실하였다."[119]고 비판하였다.

둘째는 서원교육이 학생의 자발적 학술연구 위주였고, 교사의 지도는 보조역할이었다는 것이나. "교수의 관리가 없지만, 정신의 교류로 자유로운 연구를 한다."며 개성의 발전에 큰 도움이 되었다. 고대의 유명서원은 산장이 있지만, 학문상의 고문 역할만 하였고, 수업은 일반적으로 어떠한 문제 또는 학생의 질문에 대한 자신의 학술 견해를 발표하는 지도위주로 '학생의 깨달음'에 중심을 두었다. 학생의 개성과 특기에 근거하여 개인에 맞는 교육을 펼쳐 공통으로 토론을 진행해 학교와 같은 고정·통일된 과정과 교재로 학생을 주입시키지 않았다. 일부 서원의 시험은 문제 제출 후 학생에게 자유로운 발표를 하게 하여 새로운 견해의 존재유무와 무조건 암기식 여부가 주 채점 요소였다. 고정된 과목과 교과서가 없기 때문에 교사가 수업하는 시간이 적어 학생은 '스스로 갈고 닦기自修'를 중시할 수밖에 없었고, 학술상 연구성과와 공헌도는 평소 자수를 얼마나 열심히 했는가에 달려 있었다. 동시에 서원의 풍부한 장서량과 함께 각 방면의 학자를 초청해 회강을 실시하여, 사인들에게 열린 교육을 진행하였고, 이로서 학생들의 사고 범위를 넓히고 자유로운 연구, 토론에 대한 흥미를 유발했다. 이에 반해 근대학교는 "그 형식은 군대와 같다…… 과목이 설강되었지만, 모든 과목에 합격선을 두어 합격선 아래는 (수료증을) 주지 않았다."하여 인성이 배제되고 인재를 낭비한 면이 없지 않다. 양계초는 이러한 획일적 학교교육은 단지 "군중교육에 적합하고 천재교육에는 적합하지 않다."며 사회에 개성이 존재하지 않게 되어 "기계처럼 되어 자발성을 상실"[120]하게 된다고 보았다. 이에 채원배는

---

119 梁啓超, 『自由講座制之教育』: "教者與學者關係之淺薄, 誠近世式教育之大缺點, 不能諱也. 故此種教育, 其弊也, 成爲物的教育, 失却人的教育"

1920년 4월 15일의 연설에서 아래와 같은 말을 하였다.

> 현재 학교에서 分年級 제도를 실시하여 개성이 어떠한가를 불문하고 모두 몇 년을 배우면 졸업할 수 있게 하는데, 이는 매우 불합리하다……학교는 확실히 서원에 미치지 못하는 부분이 있다.[121]

고대 서원에는 자유로운 연구가 있었기에 자유로운 발전이 있었다. 현재 학교 내 과목은 매우 많아 연구할 여지가 없다. 그래서 어떤 이는 '학년제學年制'의 폐지와 '선과제選科制'의 실행을 주장하였다. 호적은 "서원의 진정한 정신은 오직 자수와 연구이다."며, 고대 서원의 정신이 "현재의 교육계가 주장하는 '달톤 플랜(Dalton Plan)'[122]의 정신과 대체로 같다."고 하였다. 즉, 그 요점은 '자발적 연구自修研究'를 중시하는 데 있다고 주장하였다.[123]

셋째는 서원이 "과정은 간단하지만 연구와 토론이 주밀하여 여유롭게 놀면서 얻을 수 있다."는 것이다. 이전의 저명한 서원은 풍경이 아름다운 명산에 자리를 잡아 독서와 구학의 좋은 장소이며 몸과 마음을 다스리기 적합한 장소였다. 동시에 서원의 과정은 그다지 많지 않아 학생 개개인에게 분배된 시간은 상당히 충족하여 스스로 공부하고 사색하는 것 외에 학우를 사귀어 함께 토론, 연구를 할 수 있었

---

120 梁啓超, 『自由講座制之敎育』: "限於機械的而消失自動力"

121 蔡元培, 『在北京高等師範學校「敎育與社會」社演說詞』, 『蔡元培全集』 3 : "現在學校中施行分年級制度, 不論個性如何, 總使讀滿幾年, 方能畢業, 很不適當。……學校確有不及書院之點"

122 역자주 : 1919년 파커스트(H. Parkhurst)에 의하여 미국 매사추세츠(Massachusetts) 주의 달톤(Dalton)시에서 시행된 특수한 교육과정 조직 및 학습활동의 방안.

123 胡適, 『書院制史略』, 『東方雜誌』 21권 3기(1924) : "書院之眞正的精神惟自修與研究", "與先進敎育界所倡的'道爾頓制'精神大槪相同", "自動的研究"

다. 모택동은 구학교의 어려움을 경험한 바 있어 다량의 문사철 분야의 도서를 읽고 사발석 연구로 진리를 찾았다. 이러한 그에게 서원교육의 특징은 "개인과 전체의 특수한 개성과 인격을 스스로 완성·발전·창조"[124]하는 이상에 부합하였다. 그리하여 그는 "내 일생은 학교를 극도로 증오하였고 그래서 학교에 다시는 가지 않았다."[125]고 했지만, 고대서원의 형식을 취해 자수대학을 만들어 현대학교의 내용을 추가하였다.

이렇듯 서원은 학교교육이 어떻게 개성을 발전시켜야 하는가에 대한 모범이 되었다.

3) 교육과 학술연구의 결합이 고등교육개혁에 가져온 계시

중국 고대 유명서원은 하나의 교육중심이며 학술중심이었다. 서원의 관리자는 인재양성의 교육에 종사하면서, 학술이론의 연구와 전파 사업에도 종사하였고, 학술연구를 교육의 중점으로 삼아 학생을 연구·토론·저술·편서 등의 일에 참가하게 하였다. 또 다른 관점을 가진 학파의 학자를 초정하고 학술 교류를 증진하여 '백가쟁명'의 활발한 분위기를 만들었다. 서원의 학생은 대체로 자발적 연구의 방법으로 높은 수준의 학술을 요구했고, 많은 학생의 연구성과는 책으로 편집·출판되어 "외국 박사가 쓴 논문과 같다."할 정도였으며, 사회에서 교육연구의 성과를 인정을 받아 학술사업의 발전을 이끌었다. 북송 후기 "주의 학생 중 매달 시험으로 쌓인 점수가 높은 자는 상서

---

124 毛澤東, 『湖南自修大學創立宣言』, 『五四時期的社團』 1 : "自完成自發展自創造……各個及全體特殊的個性和特殊的人格"

125 毛澤東, 『湖南自修大學創立宣言』, 『五四時期的社團』 1 : "我一生恨極了學校, 所以不再進學校"

악록서원 학생으로 승급하며, 또 쌓인 점수가 높은 자는 악록정사 학
생으로 승급한다."¹²⁶고 하였다. 양창제楊昌濟는 호남에 성립대학 창
설을 주장할 때, 중국의 이전 서원은 각종 과학이 없지만, "교경서원
같은 곳은 경사를 연구하여 사장詞章을 저술하여 그것은 사실 태서의
문과대학과 비슷하다. 즉 악록서원의 명현이 강학 시 모인 자들은 고
등 인재이며, 강학한 자는 정학으로 역시 금일 유럽 대학의 문과와
그다지 다르지 않다. 지금 이 둘을 모두 폐기해 논하는 데 그 문文을
잃어버린 느낌이다."¹²⁷고 하였다. 이에 호적은 "우리나라 서원의 수
준은 외국의 대학의 대학원에 비할 만하다."며 서원이 남송이후 '사
상의 연원'으로 과학을 거부한 것이 아니라고 여겼다.

오사운동 시기 일반적으로 교육개혁은 반드시 고등교육부터 개혁
해야한다고 여겼다. 호적은 국가 고등교육을 바로 세우지 못하면 초
등교육 역시 바로서지 못하며, 국가학술과 과학기술의 발전이 모두
고등교육에 의해 이루어져야 한다고 주장했다. 즉, 대학이 전국 최고
의 교육기관이자 학술연구의 장소가 되어야 한다고 주장했다.¹²⁸ 중
국의 서원은 이에 부합하는 두 가지 기능을 가지고 있었지만, 당시의
대학은 신분만 상승시켜주는 곳, 지식을 사고파는 곳으로 여겨져 청
말 이래로 대학당 및 대학은 "과학의 전수를 중시하지만 과학의 연구
를 하지 않는 곳"¹²⁹이라는 비평을 받았다. 북경대를 예로 들자면, 경

126 『宋史·尹谷傳』: "州學生月試積分高等, 昇湘西嶽麓書院生, 又積分高等, 昇嶽麓精舍生"
127 楊昌濟, 『論湖南創設省立大學之必要』, 『嶽麓書院通訊』1982년 3기: "如校經書院之類, 研求經史, 撰著詞章, 其事實與泰西之文科大學相類。卽嶽麓書院名賢講學之時, 所集者爲高才, 所講者爲正學, 亦與今日歐洲大學之文科不甚相遠。今兩皆廢棄, 論者有斯文將喪之感焉"
128 梁啓超, 『自由講座制之敎育』

사대학당으로 시작해 1917년 채원배가 교장에 임명되기까지 20년간, 1911년 중학에 서원의 옛 법을 참고하여 학문적 소양이 있는 학생을 뽑아 전문적으로 한 과목을 가르쳐 약간의 대학원의 성격을 가진 것 외에는 기본적으로 "당시의 서학 제창은 판매와 같은 상황으로 연구에 관심을 갖지 못했다."[130]고 한다. 연구를 중시하지 않은 원인은 20년간의 신식고등교육 효과가 극히 적었던 것이 중요한 요인이었다. 그래서 "서원의 폐기는 실로 우리 중국의 일대 불행으로 천년이래로 학자의 자발적 연구정신이 현재 다시는 나타나지 않는다."[131]고 한탄하기도 하였다.

여러 사람들은 이러한 상태를 바꾸려면 반드시 "외국대학원 및 중국 서원제를 참조해 연구소를 설립해…… 이전 강학의 풍기를 회복해야 한다."[132]고 지적하였다. 채원배는 이에 "대학은 본래 전문적 연구를 본위로 하고 모든 분반수업은 연구를 지도하는 작용에 불과하다."고 주장하였다. 그는 후에 "현재 교육제도의 결함을 바탕으로 고대 서원과 현대 학교의 장점을 받아들여 자발적인 방법으로 각종 학술을 연구하여 진리를 알리고 인재를 양성하여 문화가 평민에게까지 보급되고 하고 학술이 사회에 퍼지게"하는 것을 목적으로 삼은 『호남자수대학조직대강湖南自修大學組織大綱』을 보고 매우 기뻐하였고, 이것이 중국의 경제상황에 부합하고 고등교육개혁의 방향을 잘 나타낸

---

129 任鴻雋, 『中國科學社之過雲及將來』: "專重科學之傳授, 而不問科學之研究"

130 蔡元培, 『北大成立二十五周年紀念會開會詞』, 『蔡元培全集』 3 : "有點研究院的性質外", "當時的提倡西學, 也還是販賣的狀況, 沒有注意到研究"

131 胡適, 『書院制史略』, 『東方雜誌』 21권 3기(1924) : "書院之廢, 實在是吾中國一大不幸事, 一千年來學者自動的研究精神, 將不復現於今日了"

132 蔣百里, 『今日之教育狀態與人格』, 『改造』 3권 7기 : "參酌外國大學院及中國書院制設研究所, ……恢復從前講學之風"

다고 여겨 "모두 내 이상과 부합한다."[133]고 극찬하였다.

1920년대부터 중국 대학은 점차 전문 연구소와 대학원을 설치하여 자발적 연구를 중시하였다. 이는 오사운동 시기 서원에 대한 연구와 관련이 없다고 할 수 없다. 특히 1925년 설립한 청화국학연구원淸華國學研究院은 "구일舊日의 서원 및 영국 대학제와 연구방법을 약간 모방하고 개인의 자수를 중시하며 교수는 지도에 전념한다."[134]라고 명시하였다. 명교수의 가르침으로 몇 년 만에 큰 성과를 이뤘고, 많은 국학방면의 전문가를 양성했다.

결론으로 위에서 볼 수 있듯이 오사운동 시기 사람들의 서원연구에 대한 시각과 태도는 각자 차이가 있지만, 서원의 경험을 학교교육 개혁에 사용하려한 점은 모두가 같다. 중국의 전통 서원정신을 계승해 발전시키려 했던 점은 오사운동 시기 교육개혁이 성숙해졌음을 나타내는 표지였다. 물론 과도하게 현실에 접목을 시도하여, '서원제도'를 '달톤 플랜'과 억지로 연결시키거나 '달톤 플랜'을 아예 '신서원제'라고 했던 점은 이 시기 서원연구의 문제점으로 지적된다.

---

133 蔡元培, 『湖南自修大學的介紹與說明』, 『新敎育』 5권 1기 : "全與我理想相合"
134 『淸華國學硏究院章程』, 『淸華週刊』 360기 1925년 10월 20일 : "略倣舊日書院及英國大學制, 硏究之法, 注重個人自修, 敎授專任指導"

서원 건립의 문화적 함의

    과거 선조들은 서원의 건축물에 상징적인 의미를 부여했다. "도덕道德은 지地, 충신忠信은 기基, 인仁은 택宅, 의義는 노로路, 예禮는 문門, 염치廉恥는 단장壇墻, 육경六經은 호유戶牖, 사자四子는 계제階梯로 삼아, 마음으로 바라고 조각과 장식을 빌리지 않는다."[1]고 한 것처럼 대다수 서원의 건축은 실제 이러하였다.[2]

    일종의 교육기구로서 서원은 기존 교육기구와는 많이 다르지만, 근본적으로 전통문화와 일맥상통하여, 서원의 건축에도 여타 전통문화의 요소가 반영되었다. 하지만 서원은 동시에 전통문화를 발전시키는 역할도 하였기 때문에, 일반 교육기구와는 다른 점을 나타냈다. 예를 들어 교육·사교·장서·제사·자수自修·생활 등과 관련한 다른 교육기구에는 없는 공간이 생겨났다.

1. 서원의 분포 및 그 특징

    서원의 분포는 역사·문화·인물·사회정치·경제상황 등에 의해 정

---

1   定襄縣補誌新建晉昌書院記："道德以爲之地, 忠信以爲之基, 仁以爲宅, 義以爲路, 禮以爲門, 廉恥以爲壇墻, 六經以爲戶牖, 四子以爲階梯, 求之於心而無假於雕飾也"
2   후세의 서원은 "義路", "禮門" 등의 단어가 상당히 보편화 되었고, 그 장식 역시 매우 소박하였다.

해졌고, 대체로 아래와 같은 세 가지의 특징을 가지고 있다.

1) 역사적 분포

이러한 분포는 유명인·설립자·명유 등의 학술활동과 관련이 있으며 '개인의 자유' 또는 '인간 위주'라는 특징을 가지고 있다.

여조겸呂祖謙은 『녹동서원기鹿洞書院記』에서 "나는 여러 공들의 장점을 들어 (송)나라 초 백성들이 오대십국의 전란이 막 끝나 배우는 자가 여전히 부족했다. 나라가 평안해지고 문풍이 점차 일어나 유생들이 종종 산림에서 여유롭게 수업을 하여 많을 때는 수천명이라 한다. 숭양·악록·수양睢陽 및 시동是洞이 특히 우수했고, 이것이 바로 천하가 소위 4서원이라고 부르는 것이었다."[3]고 했다. 이러한 서원은 호남·강서·하남 등 전국에 분포해 있었고, 일정한 규칙 없이 설립자 자신의 생각에 의해 지어졌으며 관의 간섭도 받지 않았다.

남송시기 이학자들은 여기저기 강학하며 서원을 세웠기 때문에 서원의 분포는 그들의 학술활동의 흔적과 일치한다. 주희는 복건 우계尤溪에서 태어났지만, 강서의 백록동서원, 호남 악록서원에서 강학했고, 이 서원들은 그 유명세를 타 흥기했다. 호문정胡文定·호굉胡宏 부자 역시 호남 출신이 아니나, 장기간 형산에 은거하며 집필하고 학설을 설파하였기 때문에, 상담 벽천서원과 형산 문정서원이 유명해졌다. 장식張栻은 "서촉에서 태어나 남초에서 자랐다."고 하지만, 형악恒岳·장사·영향寧鄕에서 강학하며 현지에 서원을 건립했다. 일부

---

3 "竊嘗聞之諸公長者, 國初斯民, 新脫五季鋒鏑之厄, 學者尙寡, 海內向平, 文風日起, 儒生往往依山林, 卽閑曠以講授, 大率多至數十百人, 崇陽·嶽麓·睢陽及是洞爲尤著, 天下所謂四書院者也。"

서원은 현지 학자의 명망으로 세워진 경우도 있다. 복건의 많은 서원들은 주희·나종임羅從嚴·이동李侗 등의 유명한 학자의 영향으로 세워졌으며, 육구연의 응천산정사應天山精舍와 상산서원象山書院 그리고, 여조겸의 여택서원麗澤書院 역시 이러하다. 명대 왕양명과 담약수의 영향으로 서원수가 크게 증가하여, 강절·양광뿐 아니라 귀주와 강서에도 잇달아 설립되었다. 이 서원들의 설립은 그들 개인의 노력에 의한 결과라고 할 수 있다.

또 서원 중에는 위와 같은 대학자들이 머물렀던 곳을 기념하고 제사 지내기 위해 세운 것도 적지 않았다. 예를 들어, 이학의 태두로 염계선생濂溪先生으로 불린 주돈이周敦頤는 호남 도주道州 출신이었다. 주돈이의 출생지·공부하던 곳·재직하던 곳 등에 그의 이름을 딴 서원을 지었고, 이러한 서원은 호남에만 10여 곳에 이르렀다.

2) 정치적 분포

서원의 정치적 분포는 서원의 관학화와 깊은 관련 있다.

먼저 서원의 관학화가 서원의 분포 범위에 끼친 영향이다. 송대 서원은 주로 민간이 세운 것 위주였다.[4] 원대에도 일반적으로 민간 위주였지만, 관이 세운 서원의 비중이 명확히 증가하였다. 게다가 원 조정은 송대 관이 민간을 도와 서원을 세웠던 것을 참고했고, 서원에 장려와 통제 정책을 병용했다. 그 결과 당시 서원 수는 대폭 증가하였고, 주로 양자강 유역·황하 유역·주강유역에 집중되었다.

명청시대 관학화가 더욱 심해지면서 서원은 다시금 그 분포범위를

---

4 송대의 일부 대서원은 후에 관에 세웠지만 실제로 민간이 세운 기초 위에서 관이 자금을 원조한 것이다.

확장하였고, 명대에는 전국 19개 성으로 퍼져나갔다. 청대 옹정 11년
(1733) 명령을 내려 "도무가 있는 곳은 성회로 삼고, 도무는 상의하고
실행하라. 각각 금 1천량을 내리니, 장래 사자士子들이 모여 공부하
게 하고, 반드시 계획을 미리 세워 경비를 충당하고, 이를 영구히 실
행하라."⁵, "그 밖에 각 부주현 서원은 신사가 출자하여 세웠거나 혹
은 지방관이 공관으로 경영하는 것들은 모두 신고하여 검사를 받아
야한다."⁶고 하였다. 이 결과 청대에는 대부분 성부주현에 서원이 세
워져 현재의 운남·감숙·길림·흑룡강·청해·신강·영하·대만 등 변
경에도 서원이 설립되었다.

그 다음은 서원의 관학화로 산속에서 점차 도시로 이주했던 현상
이다. 본래 서원이 추구하던 것은 청정한 분위기 속에서 공부하는 것
으로, 대부분 산속 경치가 좋은 곳에 설립하여 세속에서 벗어나 있었
다. 그러나 이는 관에서 통제하기가 불편하였다. 또 한편으로는 관부
가 도시에 있었고, 도시는 또한 현지의 정치·경제·문화의 중심이었
으며, 도시의 발전은 곧 문화교육사업의 발전에 직결됐다. 이 두 가
지 원인으로 서원은 자연스럽게 도시로 이주하게 됐다. 그러나 도시
의 너무나도 시끄러운 분위기와 제한된 공간 때문에 서원은 주로 도
시 외곽에 자리 잡았다. 호남 장사의 성남서원城南書院은 남송 장식
이 처음 건립할 적에는 고봉산高峰山 아래에 자리 잡았지만, 건륭 10
년(1732)에 도시 내에 위치한 천심각天心閣의 전 도사都司의 자리로
옮겨왔다. 후에는 "그 자리는 시장과 가까워 시끄럽다…… 실학을 연

---

5 『淸通考』 27권 : "督撫駐紮之所, 爲省會之地, 著該督撫商酌奉行, 各賜帑金一千兩,
將來來士子群聚讀書, 須預爲籌劃, 資其膏火, 一垂永久"
6 『淸會典』 33권 : "其餘各府州縣書院, 或紳士捐資倡立, 或地方官撥公款經理, 俱申
報該管官査核"

구하는 사인이 서원에 와 공부하나 집중을 못 해 인재양성이 어렵다."[7]하여 다시 원래의 자리로 옮겼다. 이와 반대로 예릉현醴陵縣의 녹강서원淥江書院은 원래는 도시에 있었으나 후에 "도시 잡음으로 방해가 많다."하여 가까운 서산西山으로 옮기고 녹강을 사이에 두고 도시와 마주하였다. 이처럼 청대 서원은 대부분 도시외곽형이었다.

3) 경제적 분포

서원의 경제적 분포는 각지의 경제 수준과 관련이 있었다.

명청시대는 연해의 비교적 발달한 지역과 내지의 낙후된 농업 지역으로 명확히 차이가 나타났다. 이러한 상황 속에서 연해지역 서원의 발전은 내륙지역을 뛰어넘었다. 내지의 호남과 연해의 광동을 비교해 보자. 근대 호남은 뒤늦게 선진적 생산방식을 도입하였고, 1902년 말 근대공업의 총 투자액은 274.9만원으로, 이는 강소 남통南通의 실업가 장건張謇이 1903년 소유한 자본보다 조금 많은 수준에 불과했다.[8] 이에 비해 광동의 근대 자본주의 공상업은 매우 발전하여 교육에도 경제적으로 많은 도움이 되었다. 실제로 상인들이 자신의 자식들을 교육시키기 위해 서원을 세우는 경우도 적지 않았다. 광주 월화서원越華書院(1760)은 부상들이 낸 돈으로 세워졌다. 장지동이 1887년 광동에 세운 광아서원은 정부보조금 외에 현지 상인과 신사의 상당한 모금액으로 건립되었다. 이리하여 송원시기에는 호남의 서원 수가 광동보다 훨씬 많았지만, 명청시기 이후 역전되어 광동의

---

7 『重修城南書院記』: "其地近市囂塵……是以實學潛修之士雖入院課而不居業其中, 甚不足儲育英賢, 興崇文敎"

8 付志明,『淸末湖南資本主義的發展和辛亥革命』,『求索』1983년 3기 참조.

서원이 훨씬 많아졌다.[9]

명청시기 서원에 자금을 대던 상인의 대부분은 각지 관부에 의탁하던 염상鹽商 위주로 전당포·차·면·비단 상인도 존재했다. 현지 관부는 서원 설립 및 운영 자금의 많은 부분을 상인들이 낸 세금으로 충당했다.[10] 이는 내륙의 서원이 여전히 땅 또는 정부의 출자에만 의지했던 것과는 명확하게 다른 점이다. 절강의 숭문서원은 명 만력년간에 순염어사巡鹽御史 섭영생葉永生과 신안新安의 염상 왕문연汪文演이 합자하여 창건한 것이다.[11] 자양서원은 양절도전운염사兩浙都轉運鹽使 고웅징高雄徵이 자신의 녹봉으로 땅을 사고 염상의 지원을 받아 건립되었다.[12] 청대 안휘 상인은 매우 큰 규모와 강한 자본력을 가졌으며, 이들의 서원에 대한 출자 역시 대단하였다. 담자문譚子文 혼자 출자하여 세운 육문서원毓文書院의 방대한 규모는 보는 이로 하여금 감탄을 금치 못하게 한다. 양주의 매화서원梅花書院(구 감천서원甘泉書院)은 명대에 건립되어 후에 훼손되었다가, 청대에 염상 혼자의 자본으로 다시 세워졌다. 양주 안정安定 광릉서원廣陵書院과 의징儀徵 낙의서원樂儀書院 등도 상인이 관에 자금을 지원해 세운 서원이었다.[13]

2. 풍수이론과 서원건립

위와 같이 서원의 분포는 역사·정치·경제 등의 요소와 많은 관련

---

9 『廣東書院制度沿革』와 『湖南省書院名錄』를 참고하면, 명청시기 호남서원은 각각 118개, 301개였던데 반해 광동에는 168개, 471개였다.

10 『廣州書院制度沿革』 6장 1절 참조.

11 『兩浙鹽法誌』 2권.

12 『兩浙鹽法誌』 2권.

13 同治『續纂揚州府誌』 참조.

이 있었지만, 서원의 구체적인 위치와 환경은 전통문화와 밀접한 관련이 있다. 이중 중국의 전통 풍수이론과 서원의 건립에는 뗄 수 없는 복잡한 관계가 존재한다.

역사적으로 풍수학설의 영향을 받아 서원을 폐기한 일도 있다. 청대 진대수陳大受는 『중건문창탑비기重建文昌塔碑記』에서 호남 기양祁陽의 문창서원이 명 희종熹宗 대에 "천계天啓 때 읍의 사람 중에 음서생蔭敍生 진조정陳朝鼎이 형가形家의 사설邪說을 잘못 믿어, 군중을 이끌어 탑을 훼손하고 서원 역시 폐하였다."[14]고 기록했다. 그러나 풍수설에 아랑곳하지 않던 자도 있었다. 청대 이원춘李元春은 『화원서원지華原書院志』에서 "서원은 본래 도북道北 동악묘東岳廟 동쪽에 있었고 강당은 동향이었다…… 처음 북쪽의 원래 서원 지세는 높고 탁 트였으나 기반이 작고 좁았다. 또 언덕에 자리 잡아 현내외 주민의 집과 화장실이 다 보였다. 사명부謝明府는 이 자리를 현재의 자리로 옮겼다. 옮긴 후에 예전 자리의 길함보다 못 하다는 말이 많았다. 나는 학생들에게 말하길: '배움은 나에게 있으니 길흉이 어디에 있는가?'"[15]라며 끝내 자리를 옮기지 않았다.

그러나 전체적으로 볼 때 풍수설은 서원건립에 많은 영향을 끼쳤다.

풍수는 농업경제를 기초로 하는 고대에 생겨났으며, 인간과 자연 사이를 조화롭게 하는 수단으로 원래는 미신이 아니었다. 그러나 풍수가들은 고대의 부족한 과학지식을 기氣·음양陰陽·오행五行·팔괘八卦 등의 단어로 해석·변화시켰고, 풍수설은 점차 난해한 내용을

---

14 同治『祁陽縣誌』: "天啓時, 有邑人蔭監生陳朝鼎誤信形家邪說, 倡衆毁塔而書院亦廢"
15 "書院本在道北東岳廟東偏, 講堂向東。今移道南向北。……始北原書院地勢, 高敞軒豁, 然基小而促, 又臨崖頭, 擧目則縣內外居民室戶厠圊, 盡在指顧。謝明府以此地移於今地。旣移後, 堪與家多言不如舊地之吉。予謂諸生曰: '學在我, 何有吉凶?'"

가지며 신비화되었고, 결국 미신적 색채를 띤 학설이 됐다. 풍수의 핵심은 거주환경의 선택과 처리를 통해 흉을 피하고 길을 취하려는 인간의 심리적 수요를 만족시키는 것이었다. 그 이론은 크게 형법形法과 이법理法의 두 가지로 볼 수 있다. 형법이론은 산천의 형세와 주택의 격식등 자연환경의 배치를 중시하고, 이를 통해 길흉을 추측하는 것이다. 이법이론은 산천의 형기形氣와 주택 방위의 배치 및 공간 조직 등으로 길흉을 추측하는 것이다.[16] 풍수이론은 송명 이후 절정기에 달해 관과 민간이 모두 중시하여 서원도 그 영향을 받지 않을 수 없었다. 서원지에 종종 등장하는『형승形勝』에 '복정卜定'·'상도相度' 등의 단어가 자주 등장하는 것도 바로 이 이유이다.

먼저 풍수와 서원의 위치 선정과의 관계를 보도록 하겠다.

"풍수설은 위치 선정에서 '기氣'·'세勢'·'맥脈'을 중시한다. '기'에는 '천기天氣'·'지기地氣'·'음기陰氣'·'양기陽氣'·'풍기風氣'·'수기水氣' 등이 있다. '기'라는 것은 형形의 미微이다. 형이라는 것은 기의 착著이다. 기가 은隱하면 알기 어렵고, 형이 현顯하면 쉽게 볼 수 있다."[17], 그래서 "무릇 지세를 보는 것은…… 모두 기를 위주로 한다."[18]고 한다. '세勢'는 산봉우리들의 기복起伏 형상을 보고 세운勢運을 보는 것이다. '맥脈'은 '용맥龍脈'으로 "산지山地로 맥을 보고, 맥기脈氣는 물보다 무겁다. 평지平地로 물을 보고, 수신水神은 맥보다 왕旺하다."[19]고 한다.

---

16 구체적인 내용과 방법은 상당히 복잡하다. 何曉欣『風水探源』, 東南大學出版社, 1990년 참조.

17『解難二十四篇』,『古今圖書集成』670권 : "氣者, 形之微 ; 形者, 氣之著。氣隱而難知, 形顯而易見"

18『穿透眞傳』厄言 : "凡看地……總以氣爲主"

19 宅譜指額1 : "山地觀脈, 脈氣重於水 ; 平地觀水, 水神旺於脈"

고로 '맥'은 '산맥山脈'과 '수맥水脈'으로 나뉜다고 한다. 풍수가는 실제로는 이러한 산맥, 자연형태의 직관적 관찰을 이용, 거주지의 길흉을 판단해 가장 좋은 곳을 선택했다.

청대 장지동은 광아서원의 자리를 선택할 때 직접 8곳을 다녀보았다고 한다. 많은 고생을 하여 정한 곳은 원두촌元頭村으로, 실질적인 문제가 있었으나 결국 풍수가 가장 좋은 곳을 선택했다. 또 청대의 장조봉張兆鳳이 고주高州 부문서원敷文書院을 세울 때 "나는 임기 초기에 자리를 관찰했다. 문 앞에 세 개의 봉우리가 보여 필가筆架와 같은 모양으로 뾰족하게 보여 그것을 보면 지맥의 영함을 알 수 있다."[20]라 하여 풍수설의 영향을 받아 서원의 위치를 선정했다.

서원의 위치 선정은 풍수와 사인의 풍기를 하나로 맺었고, 어떤 이들은 이 둘 사이의 관계가 필연적인 것이라고 여겼다. 소위 "산수자연의 빼어남과 문장자연의 빼어남은 하나이다. 산림의 체골 형세가 같지 않고 그 사람을 편안하게 힘을 구하고, 분상의 제골의 형세가 같지 않고 그 글을 잘 씀을 구한다. 이 둘은 이가 상동하는 것이고 기機 역시 상조하는 것이다."[21]라 하여 서원 자리가 영험하면 인재배출에도 쉬울 것으로 여겼다. 곽여성郭汝誠은 봉산서원鳳山書院을 세울 때 "이 서원은 서산의 산기슭을 넘고, 동으로는 구름과 많은 산들을 향하고 있어, 풍경이 매우 좋고 깊은 곳에 자리 잡아 입신양명에 적합하다."[22]고 하며 이곳에 자리를 잡았다.

---

20 『高州敷文書院記』："子菰任初, 卽相度遺址, 見門峙三峰, 形如筆架, 層巒聳秀, 望而知爲地脈鍾靈"

21 明鄭之玟 『重修高州筆山書院記』："山水自然之奇秀, 與文章自然之奇秀, 一而已矣. 山水之體骨形勢不一, 求其暢適人情而止, 文章之體骨形勢不一, 求其恰肯題神而止, 兩者理相同而機亦相助"

22 『順德鳳山書院記』："此院跨西山之麓, 東有梯雲諸山爲之向, 尤跨勝地, 占奧區, 宜

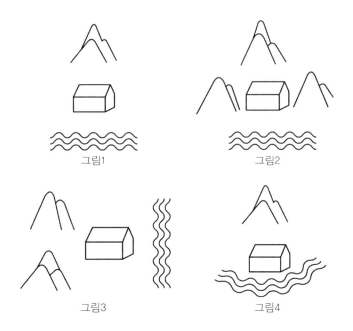

그림1   그림2

그림3   그림4

다음은 서원과 환경의 관계이다.

서원은 여러 자연환경을 고려했지만, 대체로 '산'과 '수'의 2대 요소의 배치와 조화를 중시했다. 대다수 서원은 '배산임수형' 즉, 산을 등지고 강을 바라보는 형태였다.(그림1) 두 번째 유형으로는 삼면이 산에 둘러싸여 강을 바라보는 형태도 많았다.(그림2) 악록·운산雲山·녹강·동계洞溪·옥담玉潭·성남城南·민산民山·배원培元 서원 등이 모두 여기에 속한다. 이러한 환경은 풍수설에서 명당으로 꼽히는 자리로 '산병수장山屛水障'·'장정취기藏精聚氣'·'종령회수鍾靈匯秀'라 불리는 최고의 길형吉形이었다.

세 번째 유형은 산에 기대고 옆에 물이 있는 '의산방수형依山傍水型'

平科名顯達, 甲於群屬"

이었다.(그림3 참조) 산과 강이 서원의 양옆에 늘어선 형태이다. 상산象
山 영계서원纓溪書院이 이에 속하며, 이는 풍수설에서 "산을 베개로
삼고 물을 옷으로 삼으며, 혹은 왼쪽에 산 오른쪽에 물이 있다."[23]라는
이치와도 상통했다.

네 번째는 삼면이 물이고 한 면이 산을 등에 업는 형태이다.(그림4
참조) 의녕義寧 인의서원仁義書院이 이에 속하며, 풍수설에서 이런 형
세는 물을 용맥으로 삼고 물에 둘러싸여 있기 때문에 "물이 모이고
기가 응집"하는 길형이라 여겼다.

물론 일부 서원은 지리적 조건이 좋지 않은 경우도 있다. 산이 있
지만 물이 없거나, 물이 있지만 산이 없는 경우도 다수였다. 특히 관
에서 세운 성부주현 등의 서원들이 그러하였다. 이러한 서원들은 부
족한 자연환경을 보완하기 위하여 인공 구조물을 사용하여 서원을
건립하였다. 풍수설에서는 "지기의 흥함은 비록 하늘이 정하지만, 사
람이 할 수도 있다."라는 말이 있어, 풍수설의 영향을 받아 인공 구조
물을 세우기도 했다. 가장 흔한 것은 물을 끌어오거나, 연못을 파 수
맥을 보충하고, 방죽과 다리를 만들어 기를 굳건하게 하고, 나무를
심어 숲을 만들어 기운을 보충하는 방법이었다. 이리하여 서원의 뒤
에 나무를 심고, 서원 앞에 연못을 파는 것이 일반적이었다.

다음으로는 서원과 건축물 방향과의 관계이다.

이는 풍수 이법이론에 의거한 것으로 이법은 팔괘·십이지·천성天
星·오행을 주로 삼아 건축의 방향과 방위를 특히 중시했다.

서원건축은 북에 앉아 남을 바라보는 '좌북조남坐北朝南'이 대부분
이다. 이러한 좌북조남은 본래 인간이 지리와 기후에 적응하는 과정

---

23 『陽宅會心集』 상권, 『陽宅總論』 : "枕山襟水, 或左山右水"

巽 天 五 延 **巽** 六 絶 生 禍	天 離 六 生 **離** 五 禍 延 絶	五 六 坤 禍 **坤** 天 生 絶 延	
延 生 絶 震 **震** 禍 六 天 五	南 東　　　西 北	六 五 天 絶 **兌** 兌 延 禍 生	
絶 禍 生 六 **艮** 延 艮 五 天	生 延 絶 天 **坎** 禍 五 坎 六	禍 絶 延 五 **乾** 生 天 六 乾	

그림 5

에서 찾아낸 소중한 경험이다. 그러나 노자와 같은 철학가가 여기에 철학적 개념을 부여함으로서 점차 이론화 되었다. 풍수가는 이를 더욱 심화하여 "산의 북쪽은 음, 물의 북쪽은 양"이라 주장하며 "양에 살며 음을 등에 지는 것은 대길이다."라고 풍수의 핵심이론을 만들었다. 이리하여 중국 전통 건축이 좌북조남으로 지어진 것은 이렇게 이론화하여 이어지게 됐고, 서원 역시 예외가 아니었다.

풍수설은 또 이러한 좌북조남의 방위를 '감위坎位'라 했고, 그 외 '이괘위離卦位(남향)'·'손괘위巽卦位(동남향)'·'진괘위震卦位(동향)'의 세 가지도 길향吉向으로 삼았으며, 동남향을 최고의 길향으로 삼았다. 이는 문왕괘위도설文王卦位圖說에 의거한 것으로 후대에는 괘위卦位로 방향을 나타냈다. 이법파의 대표작인 『팔택주서八宅周書』는 이 설(그림 5 참조)을 이용하였다. 전통 주택과 서원의 방향은 대부분 이와 비슷하였다. 호남의 악록·녹강서원은 모두 서쪽에서 동쪽을 바라보는 형식으로 지어졌고, 현지의 지형에 의해서 그렇게 지어졌지만, 풍수설과 관계가 없다고는 할 수 없다.

서원 대문의 방향 역시 중간에서 남쪽 또는 남동·남서를 바라보는 형식이 대부분이었다. 대만의 서원은 통계에 따르면 "서원의 문은 대체로 절반은 중간에 있으며, 절반은 동남향(巽卦)이다."[24]라고 한다. 서향·북서향·북향·북동향은 극히 적었다.

사람들은 풍수의 방위가 서원의 흥성에 큰 영향을 끼친다고 여겼다. 어떤 이는 석산서원石山書院이 "그 만듦이 이와 같다. 그 만듦의 오묘함은 먼저 건乾의 자리는 손巽(남동향), 두 개의 옆문은 하나는 자오子午(남향), 하나는 유묘酉卯(동향)이다. 용도龍圖·어서魚書·수부數符에 따랐다. 후에 이때부터 인재가 배출되고 과거에 급제하였다. 높은 봉작을 받고 임금에게 충성하고 백성을 이롭게 하는 자 역시 줄줄이 나왔다."[25]고 여겼다. 또 어떤 이는 남정서원南征書院은 "서쪽으로 용산龍山을 바라보고 동으로 봉령鳳嶺에 기대며, 북으로 진강晉康을 통제하고, 남으로 임동林峒을 엿본다. 한 줄기 시냇물이 그것을 두르고 많은 새들이 근처에 있다. 오회奧會를 곤坤으로 삼아 붕류朋類가 올라간다. 주치州治를 손巽으로 삼아 만물이 모인다. 그들을 합하여 또 올라간다."[26]고 했다.

풍수설은 중국 특유의 일종의 세속문화로서 결코 미신이 아니다.

---

24 王振華, 『書院教育與建築』, 台北, 故鄉出版社, 1986년 44쪽.

25 『石山書院彙紀』 1권, 『石山形勝紀略』: "其造就有如此者。至其作法之妙, 首乾趾巽, 兩耳門, 以子午, 一酉卯。按之龍圖、魚書、數符, 秉時策長善。後, 從此人才鶴起, 科甲蟬聯, 年逢巳酉丑申子辰, 皆有應。而庸高爵食厚秩以舒其致君澤民之略者, 亦應踵相接也"

26 『羅定南征書院記』: "西望龍山, 東依鳳嶺, 北控晉康, 南窺林峒, 一溪環之, 百稚臨之。於奧會爲坤, 是朋類之所躋也; 於州治爲巽, 是萬物之所齊也。合之又昇焉"

황당무계한 껍데기를 벗겨내면 그 안에는 인간이 오랜 기간 쌓아온 경험이 존재했다.

3. 환경의 인문학적 의미

아모스 라포포트(Amos Rapoport)는 "건축은 재료와 구조 방식의 결과일 뿐 아니라 모든 사회문화·예술·종교·철학 등 사회요소 특성이 반영된 결과이다."[27]라고 하였다. 본장에서는 서원의 '외부환경 선택'이 전통적 철학·사상·심미관審美觀 등에서 나타난 인문학적 의미에 대해 분석해보고자 한다.

서원은 풍수의 영향을 받았지만 사실 이 모든 것 뒤에는 중국 전통의 '천인합일天人合一'·'천인감응天人感應'이라는 사고방식이 존재한다.

『역경』은 음양을 위주로 팔괘를 만들었고, 천지만물을 하나로 융합한 것이다. 건삼상정천乾三象征天·곤삼상정지坤三象征地·진삼상정뢰震三象征雷·손삼상정풍巽三象征風·감삼상정수坎三象征水·이삼상정화離三象征火·간삼상정산艮三象征山·태사상정택兌三象征澤으로 나뉜다. 건곤乾坤은 남녀를 나타내고 만물은 천지합기天地合基·남녀상합男女相合으로 이루어진다고 한다. 이렇게 천·지·인을 통일하여 하나로 하여 '천인합일'의 사상을 만들어냈다. 후에 『상서』에 오행설을 추가해 음양·팔괘·오행을 하나의 체계로 만들어 우주·자연·인간사회를 나타냈고, 이는 고대 중국인의 우주관과 사고방식으로 정착했다.

이러한 사고방식은 유가의 손을 거쳐 강한 윤리적 성격을 갖게 되었다. '진심盡心'·'지성知性'·'지천知天'은 인간 자체의 발전과 천지

---

27 아모스 라포포트(Amos Rapoport), 『주거형태와 문화』.

만물을 결합한 것으로, 매우 방대한 체계를 형성하였다. 유가가 이러한 사고방식에 내해 윤리학적 의의를 부여하였다면, 도가는 본체론本體論에서 더욱더 완벽한 논증을 제시하였다. 노자는 "사람은 땅을 본받고, 땅은 하늘을 본받고, 하늘을 도를 본받으며, 도는 자연을 본받는다.(人法地, 地法天, 天法道, 道法自然)", "도는 하나를 낳고, 하나는 둘을 낳고, 둘은 셋을 낳으며, 셋은 만물을 낳는다.(道生一, 一生二, 二生三, 三生萬物)"고 하였다. 장자도 "천지는 나와 함께 태어나고, 만물은 나와 하나이다.(天地與我并生, 萬物與我爲一)"라 하며, 인도人道와 천도天道를 자연과 하나로 융합시켰다. 후의 『역전易傳』은 이 모든 것을 개괄하여 "하늘의 도를 세우는 것을 음과 양이라 하며, 땅의 도를 세우는 것은 유와 강이라 하며, 사람의 도를 세우는 것은 인과 의라 한다."[28]고 하였다. 이들이 주장한 천지인의 세 도가 서로 합하여 천도가 즉 인도가 되는 천인합일의 사고방식은 점차로 중국인의 사고방식에 뿌리내리게 되었다. 한대에 이르러 동중서는 천지인을 수족으로 삼았고, 천지인이 "합하여 전체가 되니 하나라도 없어서는 안 된다.(合以成體, 不可一無也)"고 하였다. 그는 이를 더욱 신비화하여 '천인감응'설을 주장했다. 이러한 사고방식은 한대에 이미 널리 퍼진 삼강오륜에도 퍼졌으며, 이후 사람들의 사상과 행위를 규정하는 법칙이 되어 사람들의 생활환경에 대한 인식에도 큰 영향을 끼쳤다.

　재미있는 것은 풍수설이 이러한 사고방식과 삼강오륜의 영향을 받았다는 것이다. "하나는 기맥氣脈으로 부귀빈천의 강綱이다. 둘은 명당으로 사수砂水의 좋고 나쁨의 강이다. 셋은 수구水口의 흥망의 강이다.(一曰氣脈爲富貴貧賤之綱, 二曰明堂位砂水美惡之綱, 三曰水口爲生旺

---

28 『說卦傳』: "立天之道曰陰與陽, 立地之道曰柔與剛, 立人之道曰仁與義"

死絶之綱)"라 하며 풍수설의 '삼강'으로 삼았다. 또 "하나는 용龍으로
용은 진眞을 요要한다. 둘은 혈穴로 혈은 적的을 요要한다. 셋은 사砂로
사는 수秀를 요要한다. 넷은 수水로 수는 포抱를 요要한다. 다섯은 향向으
로 향은 길吉을 요要한다."[29]고 하며 풍수설의 '오륜'으로 삼았다. 이로
서 서원 건립이 풍수의 영향을 받은 근본 원인은 비슷한 사고방식 때
문이란 걸 알 수 있다.

　서원의 위치 선정은 천인관계 뿐 아니라 심미적인 문제와도 관련
있다. 그러나 중국 전통의 심미관 역시 천인합일, 천인감응의 사고방
식과 깊은 관련이 있다. 선진시대 천인관계는 자연을 사회윤리에 비
유했던 '비덕심미학설比德審美學說'[30]으로 나타나기도 했다. 공자는
"지자智者는 물을 즐기고, 인자仁者는 산을 즐긴다. 지자는 움직이고,
인자는 조용하다. 지자는 즐겁고, 인자는 장수한다."[31]라 하였다. 이
에 대해 한영韓嬰은 아래와 같이 해석하였다.

　무릇 물이라는 것은 그 이치에 따라 흐르고, 작은 틈에 머물지 않아
지혜가 있는 자와 비슷하다. 움직이며 내려가는 것은 예가 있는 자와
비슷하다. 춤을 추며 의심하지 않는 것은 용기가 있는 자와 비슷하다.
장애물을 깨끗이 하는 것은 천명을 아는 자와 비슷하다. 어려움을 겪으
며 멀리까지 가 성공하고 훼손되지 않는 것은 덕이 있는 자와 비슷하
다. 천지가 생기고, 群物이 생기며 나라가 평온하고 만물이 바르게 되
니 이것이 바로 智者가 물을 즐거워하는 이유이다.[32]

---

29 『地理五訣』 1권, 『地理總論』: "一曰龍, 龍要眞; 二曰穴, 穴要的; 三曰砂, 砂要秀;
　四曰水, 水要抱; 五曰向, 向要吉"
30 역자주 : 인간 사회의 도덕규범을 자연의 순리에 빗댄 학설.
31 『論語·雍也』: "智者樂水, 仁者樂山。智者動, 仁者靜; 智者樂, 仁者壽"
32 『韓詩外傳』: "夫水者緣理而行, 不遺小間, 似有智者; 動之而下, 似有禮者; 蹈深不

무릇 산이라는 것은 초목이 생장하고, 새와 짐승이 많고, 재산이 번
식한다. 재산과 용품이 생기되 사사로이 쓰지 않고, 사방에서 얻고, 모
든 것이 사사로이 하지 않고 준다. 구름과 비가 생겨 천지 사이를 관통
하고, 음양을 조화롭게 하고, 비와 이슬이 윤택하고, 만물이 이로서 성
장하니 이것이 인자가 산을 좋아하는 이유이다.[33]

도가는 유가의 윤리학설에 동의하지 않지만, 사람의 품격과 자연
이 상통한다는 데에는 같은 생각을 하고 있다. 노자 역시 『도덕경』에
서 "하늘의 선善은 물과 같다.", "하늘의 덕德은 계곡과 같다."하여,
무위자연설을 주장하였다. 비덕설은 본질적으로 자연이 사람의 정신
과 비슷한 무언가를 가지고 있다고 여기는 것으로 정신적인 감응과
동화를 구해 인격완성을 추구하던 것이었다.

이러한 심미관이 강조한 것은 진선미의 통일, 사람과 자연의 통일,
이성적 인식과 감성적 직관적 통일이었고, 서원의 건립 역시 교육과
자연환경의 동화를 강조하여, 중국의 전통적 심미관이 서원 건립에
상당 부분 반영되었다.

이는 서원건립과 송명 이학과의 관계에서 확인할 수 있다. 이학은
성명의리의 학문으로 전통적 천인감응설의 신학성神學性을 반대하
고, 우주생성론宇宙生成論과 도식론圖式論을 본체론本體論으로 승화
시키며, '聖人'의 형상을 조각해나갔다. 즉, 인도人道에서 천도天道까
지 세속성과 신성성의 통일을 강조하였고, 서원은 이러한 영향으로

疑, 似有勇者; 障防而清, 似知命者; 歷險致遠, 卒成不毁, 似有德者。天地以成, 群物以
生, 國家以平、品物以正, 此智者所以樂於水也"
33 『尙書大傳』: "夫山草木生焉, 鳥獸蕃焉, 財産殖焉; 生財用而無私爲, 四方皆伐焉,
每無私予焉; 出雲雨以通於天地之間, 陰陽之合, 雨露之澤, 萬物以誠, 此仁者之所以樂
於山也"

산수가 수려한 곳에 자리를 잡았던 것이다. 이 외에도 이학은 '주정主靜'·'거경居敬' 등 도덕 수양 방식을 강조해 서원은 조용한 자리에 자리를 잡기도 하였다.

서원 건립의 위치 선정은 "'좋은' 부지는 호수·하천·산·언덕 등 어느 지역이건 문화에 따라 정의·해석된다."[34]는 말에 어울린다.

4. 내부구조와 문화의 상징

서원은 외부환경에서 전통문화의 다양한 문화적 요소를 가지고 있지만, 내부에도 역시 전통문화의 많은 영향을 받았다.

예禮는 신분제도에 기반한 엄격한 윤리체계도로서, 중국의 사상·관념뿐만 아니라 사회 전반에 큰 영향을 끼쳤다. 간단히 말하자면 예의 핵심은 '질서'이다. "예는 천지의 질서이다."[35]라고 한 것처럼, 질서의 본질적 의미는 귀천貴賤·장유長幼의 차이를 나타내는 신분질서이며, 이는 사회의 각 방면에 반영되었다.

이러한 관념은 중국의 전통건축에도 반영되었고, 그중 가장 특이한 것은 내부공간을 하나의 중축선으로 처음과 끝을 이어 군신부자君臣父子의 예에 입각한 수직적 신분질서를 강조한 것이다. 서원의 내부 구조 역시 대부분 서원을 관통하는 하나의 중축선으로 질서를 나타내는 예문화를 나타내고 있다. 일부 서원은 지형적 원인으로 이러한 방식을 따르지 못하였지만, 강당·사당·서루 등의 주 건축물은 모두 이 중축선의 위치 위에 지어졌다.

구체적으로 서원내부의 공간구조는 아래의 몇 가지 형식으로 나타

---

34 아모스 라포포트(Amos Rapoport), 『주거형태와 문화』.
35 『禮記·樂記』 : "禮者, 天地之序也"

난다.

중축선이 관통하는 '분진식分進式'으로 칸의 수에 따라 2진·3진·4진·5진 등으로 달라졌지만, 주요 활동장소는 일반적으로 2진과 5진 사이였다.

분진식으로 서원을 정리하자면 아래의 표와 같다.

표1. 2진식

서원	설립 시기	1진	2진	양측
天泉書院	만력 25년	前門	講堂	齋舍
栗泉書院	만력 43년	前門	講堂	齋舍
翔龍書院	만력년간	前門	講堂	齋舍

표2. 3진식

서원	설립 시기	1진	2진	3진	양측
貴生書院	만력 19년	大門	講堂	大堂	齋舍
學海書院	선륭 26년	頭門	講堂	文昌閣	齋舍
淥江書院	건륭 18년	大門	講堂	先師殿	齋舍
崇右書院	가경 11년	頭門	二門	講堂	齋舍
瓊臺書院	광서 20년	頭門	講堂	藏書樓	齋舍

표3. 4진식

서원	설립 시기	1진	2진	3진	4진	양측
粤秀書院	강희 49년	大門	大堂	講堂	御書樓	齋舍
天岳書院	강희 59년	大門	講堂	後殿	先賢祠	齋舍
近聖書院	강희 51년	大門	二堂	講堂	文昌閣	齋舍
鳳崗書院	가경 6년	大門	講堂	先賢堂	魁星樓	齋舍
東坡書院	가경 24년	頭門	文蔚堂	講堂	蘇公祠	齋舍
廣雅書院	광서 15년	大門	講堂	冠冕樓	淸介堂	齋舍

표4. 5진식

서원	설립 시기	1진	2진	3진	4진	5진	양측
岳麓書院	개보 9년	赫曦台	大門	二門	講堂	御書樓	齋舍
雲山書院	동치 4년	仰極臺	大門	講堂	文昌閣	先師殿	齋舍
高文書院	가경 5년	大門	二門	大堂	光霽堂	夢花居	齋舍
江陰書院	광서 5년	大門	二門	大堂	後堂	文閣	齋舍

　　여기에서 볼 수 있듯이 강당·사당·서루 등 서원의 주요 건축물은 모두 중축선 위에 세워졌고, 재사 등 부대시설들은 대부분 양 옆에 세워져, '가운데中'와 '존귀함尊'이 같은 의미였음을 알 수 있다. 서원의 공간구조 역시 "존귀한 자는 가운데 있고, 비천한 자는 좌우에서 보시한다.尊者居中, 卑者輔侍左右"라는 전통관념을 나타냈다.

　　이외에도 예제는 군신부자의 수직적 신분제도를 중시하여 서원 건축 중 뒤에 있는 건물일수록 존귀했다. 강당·사당은 일반적으로 중간 혹은 뒤에 위치했고, 특히 성현의 사당 및 문창·괴성루각은 대부분 뒤에 모셔 지존을 나타내었다.

　　그러나 질서만을 강조하다보면 반드시 반작용이 발생하게 되기 때문에, 유가는 "예의 사용은 조화和를 귀하게 삼는다."[36]라는 것을 적용했다. '화和'는 엄격한 신분질서를 조화롭게 하여, 사람들로 하여금 예의 질서에 대한 공감을 구하고, 결국 천하의 '화합和諧'을 실현하는 것이었다. 또한 화합을 얻기 위해 '음악樂'을 사용하기도 하였다. "악은 같고, 예는 다르며, 예악의 덕은 사람의 마음을 다스린다."라며 "음악이라는 것은 천지의 조화이다."[37]라 하였다.

---

36 『禮記·學而』: "禮之用, 和爲貴"
37 『禮記·樂論』: "樂合同, 禮制異, 禮樂之德, 管乎人心矣", "樂者, 天地之和也"

이러한 사상은 전통 건축물에 반영되었고, 건축물 배치에서 '대칭'과 '평형'의 미적 감각을 중시하는 섯으로 나타났다. 서원의 공간배치는 중축선을 위주로 양측에는 대칭하는 재사를 보조로 삼아 유기적인 구조를 형성하였다. 이는 평형과 조화의 아름다움을 나타낸 동시에 스승과 제자의 평등 관념을 나타낸 것이다.

5. 공간구조와 기능

서원 건축물은 중국 전통문화의 영향을 받았지만, 그 자체의 기능 때문에 생겨난 건축물도 있다. 앞에서 살펴본 바와 같이 서원은 강학·장서·제사·생활·창고 및 사회의 문화학술교류 등의 기능을 가지고 있었다. 모든 서원이 이러한 기능을 가지고 있었던 것은 아니지만, 강학·장서·제사는 서원의 3대 주요 기능으로 대다수 서원이 가지고 있었다. 이러한 특징은 서원의 건축물에서도 나타난다.

첫째, 강학과 공간구조이다.

서원의 주요활동은 강학으로 강당은 중축선 상에 위치했다. 그러나 서원의 수업은 과목으로 나누지 않았기 때문에, 강당 역시 여러 개로 나뉘었지만, 모두 한 곳에 집중되어 있는 양식이었다. 이는 현대의 교실과는 다른 양식이다.

강당은 한대 태학에서 이미 나타나고 있지만, 서원의 강당과는 약간 다른 모습을 보인다. 서원은 수업과 학술연구를 동시에 진행해 스승과 제자의 토론·대화·질문을 중시했기 때문에 서원의 강당은 대부분 매우 컸다. 왕양명이 계산서원에서 수업할 적에 "선생이 매번 자리에 오실 적마다 학생들은 전후좌우로 둘러앉아 들었으며, 수백 명이었다."라 했다. 『동림회약』에는 "강당에 들어와 동서로 나누어 앉는다.入講堂, 東西分坐"고 기록했으며, 『우산서원지』의 기록에도

'회약' 시에 청중이 "동서로 마주 보며 땅에 앉는다.東西相向坐於地"라 기록했다.

또 서원교육의 개방성으로 배움에 뜻을 품은 자들이 자유롭게 수업을 들을 수 있어서, 강당이 아무리 커도 수용하지 못하는 경우도 있었다. 이 때문에 서원의 강당 앞에 대부분 큰 정원을 만들어 충당했다. 정원식庭園式·낭원식廊院式·천정식天井式 등이 바로 강당 공간을 확대했던 건축 양식이다.

둘째, 제사와 공간구조이다.

중국 전통교육은 '학통學統'과 '사승師承'을 매우 중시했다. 스승을 존경하는 것은 오랜 전통으로 이는 성현에 대한 제사로 나타났다.

한 명제 승평 2년(59) 태학 및 일반 학교에서는 '공자에 대한 제사(제공祭孔)'를 지내기 시작한 후로 제공 의식은 전통 학교의 중요 행사가 되었다. "당 이래로 현에 학교가 없다면, 성현의 묘도 없다."[38]고 하였다. 원 인종 이후에는 과거 급제를 기원하며 문창제군과 괴성에 대해 제사를 지냈다. 명대에는 더 많은 성현과 현자들에 대한 제사가 생겨났다.

초기 서원에서는 공자와 그 제자에 대해 제사를 지냈지만, 이학이 흥하면서 그 제사는 특히 '학파'와 '학통'을 중시했다. 주희는 "죽림정사를 건립하고 선성과 선사에 제사드리며, 주周·정程·소邵·사마司馬·예장豫章·연평延平의 일곱 선생을 모신다."[39], "서원의 건립은 반드시 선현에 대해 제사를 지내 학통을 바르게 해야한다."[40]고 하였

---

38 『文獻通考』 43권 : "自唐以來縣莫不有學, 則凡學莫不有先聖之廟"

39 『白鹿洞誌』 : "作竹林精舍, 釋祭先聖先師, 以周、程、邵、司馬、豫章、延平七先生從祀"

40 『綿陽書院記』 : "顧書院之建, 必崇祀先賢, 以正學統"

다. 이렇게 서원에서 제사는 중요하게 여겨졌다. 제사의 숭고함과 중
요함으로 사당은 일반적으로 서원 건축물의 중축선에서 가장 뒤인
강당의 뒤에 위치한다. 이렇게 서원은 강학을 중심으로 하지만, 성현
을 더욱 중시하는 양식으로 정착해갔다. 또한 제사의 엄중한 분위기
를 연출하기 위하여 독립성과 폐쇄성을 부각하였고, 이는 강당의 개
방성과는 많은 차이를 보인다.

셋째, 장서와 공간구조이다.

장서는 서원의 가장 큰 기능 중 하나로 서적의 관리와 보호를 위해
중축선의 뒤편에 위치하거나 강당 또는 사당의 위에 짓기도 하였다.

서원과 절·도관 관계 일람

唐·五代

(江西 九江) 景星書院, 唐 李渤 건립, 元末 전화로 손실, 明代에는 東嶽廟로 불림.

(湖南 衡陽) 石鼓書院, 이전에는 尋眞觀으로 불림. 唐 刺史 齊映이 건립, 元和년간에 李寬이 그곳에서 공부하여 李寬中秀才書院으로도 불림. 宋 至道년간에 재건.

(河南 嵩山) 嵩陽書院, 北魏에는 嵩陽寺로 불리고, 隋代에 嵩陽觀, 唐初 太乙觀으로 개칭. 五代에는 唐의 進士 龐式이 이곳에서 학생을 모아 강의하였고, 後周에는 이곳에 太乙書院을 건립. 宋 景祐 2년(1035)에 嵩陽書院으로 개칭.

宋元

(山東 泰山) 泰山書院, 宋 景祐 4년(1037) 孫復이 東嶽廟에서 수업 시에 건립. 다음해 道家詩人 周樸居가 수련하던 栖眞觀으로 옮김.

(江蘇 鎭江) 茅山書院, 宋天聖 2년(1024) 學士 侯遺가 건립. 端平년간에 재건. 淳祐 6년(1246) 知縣 孫子秀가 확장한 후 顧龍山에 새로 짓고, 淸 乾隆시에는 圓通庵으로 불림.

(江西 宜黃) 鹿岡書院, 원래는 秀林寺. 宋 嘉祐년간 處士 杜子野가
　　　　　　 건립.

(江西 鄞縣) 桃源書院, 원래는 妙音院. 宋 王�이 여기에 塾을 세웠
　　　　　　 다가 熙寧 9年(1076)에 황제의 명령으로 건립.

(江西 鄞縣) 長春書院, 南宋 高閌 건립. 宋末 高閌의 자손이 長春觀
　　　　　　 으로 고치고 후에 또 庵으로 개칭.

(湖南 長沙) 嶽麓書院, 唐末 五代僧 知璿이 儒士들의 거주를 위해
　　　　　　 절의 땅 일부에 건립. 宋 開寶 6年(973) 潭州 太守 朱洞이 증설.

(江西 奉新) 華林書院, 초기에는 華林書堂. 五代時 胡璫이 건립. 그
　　　　　　 증손 胡仲堯가 확장. 北宋 말기 胡仲堯의 증손 胡直孺가 宮觀으로
　　　　　　 고쳐 住持에게 팔아넘김.

(湖南 茶陵) 明經書院, 宋 淳熙가 처음 건립. 후에 長生觀으로 바뀜.

(湖南 永州) 顧氏書院, 宋대에 건립. 후에 폐건되어 寶勝寺가 됨.

(安徽 馬鞍山) 丹陽書院, 宋 景定 5年(1264) 貢士 劉某가 건립. 황제
　　　　　　 가 절의 밭 2경을 주었으나 후에 다시 승려들이 가져감. 元 至元
　　　　　　 元年(1335) 憲使 盧摰 등이 밭 六百畝를 둠.

(四川 鹽亭) 東台書院, 宋 任伯이 공부하던 곳. 후에 東台寺로 바뀜.

(四川 鹽亭) 太元書院, 宋 文同이 공부하던 곳. 후에 太元觀으로 바뀜.

(江蘇 蘇州) 學道書院, 宋 咸淳 5年(1269) 知府 趙順孫 普賢子院 故
　　　　　　 址에 새로 지음. 元初 승려에게 빼앗겨 至元년간에 祖宗震이 새로
　　　　　　 건립하나, 元末 승려에게 또 빼앗김. 明 嘉靖 초기 知府 胡纘宗
　　　　　　 景德寺를 고쳐 건립.

(江蘇 蘇州) 和靖書院, 宋 尹焞이 공부하던 곳. 宋 嘉定년간에 書院
　　　　　　 으로 개정. 元初 승려가 점하여 延祐 元年(1314)에 長洲로 옮김.
　　　　　　 明 嘉靖 2年(1523) 知府 胡纘宗 龍興寺의 폐허를 이용해 건립.

(江蘇 無錫) 東林書院, 宋 楊時가 講學하던 곳. 元 東林庵으로 폐

지. 明 萬曆년간에 顧憲成이 중수.

(江蘇 鎭江) 淮海書院, 宋 淳熙년간에 창건. 元 至元년간에 甘露寺
에 합병.

(江蘇 鎭江) 濂溪書院, 宋 周敦頤가 공부하던 곳(鶴林寺 옆). 寶祐
년간에 郡守 徐棠 이곳에 서원을 건립. 元初 鶴林寺에 병합. 山長
徐蘇孫이 皇祐橋 남쪽에 재건.

(上海 靑浦) 禮宅書院, 宋 慧日寺 옆 孔子廟의 땅 반절을 빌려 서원
을 세워 사인을 배출. 元初 승려들이 점거. 至正년간에 중건.

(浙江 嘉興) 宣公書院, 宋 景定 4年(1263)에 城 동쪽 陸贊의 宣公祠
를 개건. 元 大德년간에 옮김. 승려들이 庵으로 개명. 至元 2年
(1336) 庵이 불타 땅은 서원에 돌려주지만, 같은 해 6월에 다시 암
으로 명명. 至正년간에 嘉興路 劉貞 등이 승려들에게 庵의 땅을
돌려주라 명령해 서원을 중건.

(安徽 舒城) 龍眠書院, 宋 李麟이 공부하던 龍眠山莊. 元初 東禪寺.
天曆 2年(1329) 知縣 變理溥化가 개건. 至正 말기 寺이 됨. 明 弘治
12年(1499) 知縣 張寶가 승려에게 땅을 되찾아 점차 중건.

(安徽 湖州) 安定書院, 宋 淳祐 5年(1245) 知州 蔡節이 安定祠에 증
설. 元 至元년간 廣化寺 승려에 의해 점거. 延祐, 元統년간에 중수.

(安揪 衢州) 明正書院, 宋 咸淳년간에 郡守 趙孟奎 건립.

(四川 綿竹) 紫岩書院, 宋 張栻讀이 공부하던 곳(紫雲寺). 元 光祿
大夫 四川 平章知事 趙世延이 이곳에 서원을 세움. 明淸시기에 여
러번 폐기되었다가 淸대에 靈寶觀으로 옮겨지음.

(江西 吉安) 白鷺洲書院, 宋 淳祐 元年(1241) 江萬里가 건립. 元 元
祐년간에 山長 余天民이 서원 옆 부처를 모시던 곳을 폐기하고 서
원에 돌려주길 청함. 明 嘉靖 21년(1542) 知府 何其高가 南關 밖
仁壽山 慈恩寺를 폐기하고 서원을 그곳에 세움.

(江西 永新) 屛山書院, 元 大德년간에 邑人 劉南可가 건립. 후에 紫霄觀으로 바뀜.

(江西 玉山) 懷玉書院, 처음에는 懷玉椅舍. 宋 淳熙년간에 건립. 元 寺로 바뀜. 明 成化년간에 서원으로 돌아옴.

(福連 漳州) 芝山書院, 朱熹가 講學하던 곳(開元寺). 寶元년간에 서원으로 건립.

(福建 松溪) 湛廬書院, 宋 寶慶 3年(1227)에 건립. 朱熹가 공부하던 곳이 있음. 元 至正 16年(1356) 城內 縣治 오른쪽으로 옮김. 원래 자리는 僧舍가 됨. 清 乾陸 13年(1748) 知縣 潘汝誠 원래 자리를 복원하여 湛廬書院, 城南 石壁禪寺를 城內 湛廬書院으로 삼음.

(廣東 番禹) 玉晶書院, 宋 進士 鍾玉巖이 공부하던 곳(蘿蜂寺 鍾德庵). 元대에 후손 鍾複昌이 서원 건립.

(廣東 潮安) 韓山書院, 宋 淳祐 3年(1243) 知州 鄭良臣 韓文公廟를 개건하여 城南書莊이라 명명. 元 至元년간에 韓山으로 바꾸나 후에 훼손되고 至正년간에 城 서남쪽의 大隱庵을 폐기하고 다시 이 서원을 건립.

明

(河北 文安) 崇正書院, 萬曆 4年(1576) 知縣 王湘이 水月庵을 개건.

(河北 定興) 白河書院, 紳士 張鎬가 건립.

(河北 安新) 觀光書院, 嘉靖 10年(1531) 知縣 鄭朝輔가 觀音寺를 개건, 嘉靖 13年(1534)에 正學書院으로 개칭.

(河北 河間) 嬴洲書院, 知縣 王遇賓이 건립. 후에 폐기. 知府 徐景이 寺로 옮겼으나, 清대에 郡學 서쪽으로 옮김.

(河北 東光) 興賢書院, 明初 건립. 후에 폐기. 永甯寺에 병합.

(河北 正定) 崇正書院, 嘉靖 조 知府 王騰 天王寺를 개건.

(河北 元氏) 封龍書院, 嘉靖년간 知縣 劉鸞이 道院을 이 서원의 聖 殿으로 개건. 땅 1頃을 경비로 사용.

(河北 藁城) 揮陽書院, 嘉靖 13年(1534) 知縣 尹耕이 寺을 무너뜨리 고 건립.

(山西 運城) 解梁書院. 知州 林元欽과 州判 呂補 廣慈寺를 개건.

(山西 運城) 河東書院. 正德 9年(1514) 巡鹽禦史 張士誠 건립. 萬曆 初 三聖廟로 개건. 淸乾降 48年(1783) 재건.

(山西 太谷) 鳳山書院, 嘉靖 元年(1522) 布政司參政 秦偉 寺을 구 입 후 개건.

(江蘇 嘉定) 練川書院, 正德 12年(1517) 督學 張鰲山과 南京 戶部 員外郎 胡纘宗 留光寺 철거 후 개건.

(江蘇 浦口) 江幹書院, 萬曆 40年(1612) 國子生 沈自明이 건립. 후 에 폐기되고 玉虛觀이 됨.

(江蘇 淮安) 忠孝書院, 正德 14年(1519) 巡撫 成英 尼寺를 폐기하고 건립.

(江蘇 淮安) 文節書院, 嘉靖년간 開元寺를 폐기하고 건립. 寺은 남 았으나 서원은 폐기.

(江蘇 淮安) 正學書院, 萬曆년간 건립. 후에 大雲庵.

(江蘇 淸河) 崇正書院, 隆慶 5年(1571) 知縣 張性誠이 如意庵을 개건.

(江蘇 海州) 崇正書院, 嘉靖 2年(1523) 知州 廖世昭가 觀音院을 개건.

(江蘇 海州) 明道書曉, 嘉靖 2年(1523) 知州 廖世昭가 長安寺를 개건.

(江蘇 海州) 伊盧書院, 嘉靖년간 時隆이 舊石佛寺 자리에 건립.

(江蘇 蘇州) 金鄕書院, 嘉靖 2年(1523) 知府 胡纘宗이 永定寺를 폐 지하고 절반의 땅에 건립.

(江蘇 無錫) 二泉書院, 正德년간 司徒 邵寶 惠山寺에 건립.

(浙江 杭州) 天眞書院, 예전 이름은 天眞精舍. 嘉靖 9年(1530) 王臣, 薛侃, 錢德洪 등이 王守仁의 天眞山麓에서 함께 講學 시에 돈을 모아 天龍寺의 땅을 사들여 창건.

(浙江 杭州) 萬松書院, 弘治 11年(1498) 參政 周木이 報恩寺 옛 자리에 건립.

(浙江 紹興) 證人書院, 嘉靖년간 知府가 善法寺에 개건. 후에 劉宗周가 이곳에서 강학해 證人書院으로 불림.

(浙江 紹興) 載山書院, 劉宗周가 戒珠寺에 건립. 후에 老郎廟로 바뀜. 淸 다른 곳에 중건.

(浙江 奉化) 廣平書院, 宋 舒泌가 건립한 家塾. 元 書院으로 바뀜. 후에 훼손. 明 嘉靖 39年(1560) 중건.

(浙江 寧海) 緱城書院, 萬曆 22年(1594) 知縣 王演疇 崇聖觀에 건립.

(浙江 安福) 複眞書院, 嘉靖 37年(1558) 鄒守益과 劉邦采 北貞觀의 폐허에 건립.

(江西 進賢) 征士書院, 正德년간 知縣이 東壇廟를 개건.

(江西 永修) 扶風書院, 正德년간 知縣 周廣이 건립. 후에 폐기되어 寺로 바뀜. 淸 雍正년간 개건.

(江西 泰和) 龍洲書院, 원래는 費洲書院. 宋 嘉泰 2年(1202) 건립. 明 弘治년간 知縣 楊南金이 濟渡庵에 개건.

(江西 泰和) 文溪書院, 宋 邑人이 건립. 후에 폐기. 明 弘治년간 知縣 楊南金 西溪寺에 개건.

(江西 泰和) 靜齋書院, 원래는 退省庵. 正德년간 황제의 명으로 철거. 점차 서원으로 개건.

(江西 金溪) 象山書院, 嘉靖년간 知縣 穆爲民이 西升寺를 폐하고 건립.

(江西 饒州) 忠宣書院, 正德년간 丹霞觀의 옛 자리로 옮김.

(江西 萬安) 玄興書院, 宋 朱熹가 縣의 북문 밖 白雲寺에서 강학하여 雲興書社라 명명. 明 嘉靖년간 萬安王門, 朱衡 등이 錢德洪을 초청해 이곳에서 강학. 당시 雲興會라 불림. 隆慶 2年(1568) 知縣 王訴가 중수하고 서원으로 바꿈. 淸 道光년간 縣內 文昌宮으로 옮겨 지음.

(江西 進賢) 鍾陵書院, 正德년간 學使 李夢陽이 南嶽廟를 개건. 후에 福勝寺 승려가 寺와 廟의 땅 교환을 요구해 7年(1512) 李夢陽은 福勝寺로 옮겨 이곳에 書院을 건립. 南嶽廟의 밭도 서원에 편입.

(江西 余幹) 東山書院, 南宋 趙汝愚 등 건립. 후에 다른 이가 거주. 李榮庭이 구매하여 복원. 明初 땅이 寺에 편입. 弘治년간 知縣 沈時 다시 받아와 서원을 중건. 戰火에 손실. 正德 6年(1511) 知縣 徐冠이 중건.

(江西 興國) 安湖書院, 宋 咸淳 8年(1272) 知縣 何時가 건립. 明 正德 14年(1501) 知縣 黃泗가 城中의 寺 안에 건립.

(江西 資溪) 養正書院, 萬曆 10年(1582) 知縣 陳王適이 밭 15畝로 寺을 사 창건하나 완공하지 못하다가 淸 楊掉가 완성.

(江西 泰和) 萃和書院, 嘉靖년간 郭應奎가 地藏院에 건립. 萬曆년간 서원으로 바뀜. 天啓 6年(1626) 魏忠賢 天下의 書院을 훼손하자 蕭伯玉은 승려를 서원에 받아들여 점차 寺가 됨. 崇禎년간 王藝山과 箫伯玉는 다시 寺를 서원으로 복원.

(安徽 桐城) 桐溪書院, 嘉靖년간 知府 胡纘宗 등이 靈泉寺에 건립. 후에 知縣 酈濤 太霞宮으로 옮김.

(安徽 潛山) 院山書院, 嘉靖년간 知府 胡纘宗이 天寧寺를 폐기한 후 건립. 후에 다시 天寧寺로 복원.

(安徽 懷寧) 山谷書院, 嘉靖년간 知府 胡纘宗이 釋庵에 건립.

(安徽 歙縣) 紫陽書院, 正德 14年(1519) 太守 張芹이 紫陽山 老子宮
을 개건하고 당을 세워 주희에게 제사를 지냄.

(安徽 婆源, 현 江西 소속) 紫陽書院, 元 건립. 후에 훼손. 明 嘉靖
9年(1530) 知縣 曾忭이 保安寺를 철거하고 중건.

(安徽 祁門) 東山書院, 正德 16年(1521) 知府 湯志淑이 知縣 洪晰
에게 東嶽廟를 철거하고 개건하라고 명령.

(安徽 太平) 文峰書院, 嘉靖년간 知縣 邱振 開福寺에 건립.

(安徽 合肥) 孝肅書院, 包公書院이라고도 불림. 이전에는 浮圖寺.
弘治년간 知府 宋鑑이 개건.

(安徽 壽縣) 安豊書院, 東嶽廟를 개건.

(安徽 壽縣) 循禮書院, 天啓 初 學士 黃奇士가 건립. 明末 梓潼觀으
로 바뀜.

(安徽 全椒) 南譙書院, 嘉靖 13年(1534) 尼庵을 개건.

(安徽 和縣) 蛾楊書院, 知州 王香이 連雲觀이 개건.

(安徽 廣德) 複初書院, 嘉靖 4年(1525) 州判 鄒守益이 元妙觀을 동
쪽 외곽으로 옮기고 그 자리에 건립.

(安徽 六安) 格致書院, 嘉靖 6年(1527) 知州 歐陽德이 龍王廟에 改
建. 후에 龍津精舍로 개명.

(安徽 英山) 南書院, 弘治년간 知州 馬金 會勝寺에 개건. 西書院은
潛台寺에 개건.

(安徽 經縣) 水西精舍, 嘉靖 27年(I548) 鄒守益 등이 寶勝寺에서 水
西講會를 하여 사람이 많아 僧房이 부족해 학생들이 돈을 모아 寺
의 왼쪽에 건립. 三十一年(1552) 督學禦史 黃洪昆과 知府 知縣 殿
의 오른쪽에 건립.

(福建 古田) 探本書院, 嘉靖년간 祐聖宮에 개건.

(福建 延平) 豫章書院, 正德년간 知州 寥紀 城隆廟에 개건.

(福建 順昌) 二賢書院, 正德년간 知縣 馬性魯가 資勝寺에 개건.

(福建 長樂) 南山書院, 弘治년간 知縣 潘府 寺를 폐지하고 건립.

(福建 泉州) 一峰書院, 成化년간 羅倫(號一峰)이 淨眞觀에서 학생을
모아 강학하던 곳. 嘉靖 8年(1529) 巡按禦史 聶豹 등이 觀을 개건.

(福建 漳浦) 崇正書院, 嘉靖년간 知府가 東善寺에 건립.

(福建 詔安) 新城書院, 嘉靖년간 老子宮에 개건.

(福建 建陽) 環峰書院, 宋 黃幹이 건립한 精舍. 明 正德년간 知縣이
半仙庵 자리에 중건.

(福建 邵武) 福山書院, 矩墨書院, 白渚書院, 正德 15年(1520) 知府
張羽이 白蛇廟, 因果寺, 行宮廟에 개건.

(福建 寧德) 廣福書院, 嘉靖년간 邑士民이 寺을 개건. 후에 다시 寺
로 개건.

(福建 安溪) 朱文公書院, 宋 朱熹가 同安風池庵에서 停留題句하여
明 正德년간 知縣 龔穎이 점차 庵을 개건.

(福建 邵武) 養正書院, 嘉靖 12年(1533) 縣令 曹察이 五峰寺에 개건.

(河南 夏邑) 錦襄書院, 嘉靖년간 提學 肖鳴鳳 尼庵에 개건.

(河南 禹州) 岡山書院, 嘉靖 10年(1531) 州人 張鯤이 淸凉寺의 폐허
에 건립.

(河南 禹州) 白沙書院, 嘉靖년간 知州가 西興國寺에 改建.

(河南 林縣) 黃華書院, 金爲學士 王庭筠이 공부하던 곳(黃華寺).
후에 이곳에 서원 건립. 嘉靖년간 훼손. 萬曆 후 중수.

(河南 湯陰) 精忠書院, 嘉靖년간 知縣 尼庵에 개건.

(河南 南陽) 志學書院, 成化 8年(1472) 知府 段堅이 尼庵改에 개건.

(河南 新野) 白水書院, 嘉靖 12年(1533) 南陽 知府, 汝南道參政 劉
漳이 寺를 폐기하고 개건.

(河南 商城) 花壇書院, 萬曆 24年(1596) 知縣 範應賓과 無念禪師가

함께 黃檗山에 짓고, 공시에 廟도 지어 사람들이 黃檗禪林이라 부름. 서원의 자금은 禪寺의 밭의 대금이어서 후에 점차 無念이 장악하여 점차 禪寺에 병합.

(河南 郟縣) 崇正書院, 弘治 13年(1500) 知縣 曹豹가 高陽寺에 개건.

(河南 夏邑) 崇正書院, 嘉靖 25年(1546) 知縣 鄭相이 慈勝寺 자리에 건립.

(湖南 衡山) 胡文定書院, 원래는 胡安國이 지은 書堂. 明 弘治 서원으로 개칭. 崇禎 5年(1632) 知縣 何士塚이 長壽庵을 뒤에 지음. 淸 乾隆 12年(1747) 知縣 謝仲坑이 長壽庵을 철거.

(湖南 衡山) 甘泉書院. 이전에는 衡嶽觀. 嘉靖년간 湛若水가 이곳에서 강학하여 蔣玫이 건립.

(湖南 攸縣) 金仙書院. 萬曆 34年(1606) 按察使 洪方蒸 金仙觀에 건립. 후에 觀으로 복원.

(湖南 湘鄉) 漣溪書院. 宋 嘉定년간 건립. 明 弘治 12年(1499) 知縣 史學이 城隍廟에 중건.

(湖南 嶽陽) 天嶽書院. 正德년간 知府 張擧가 廟를 폐하고 건립.

(湖南 慈利) 淸溪書院. 明 중건. 후에 紫霞觀으로 바뀜.

(湖南 東安) 淸溪書院. 嘉靖년간 知縣 陳祥麟이 淸溪寺에 개건.

(湖南 寧遠) 崇正書院. 萬曆년간 知縣 蔡光이 勝因寺에 개건.

(湖南 祁陽) 浩溪書院. 元 至正년간 건립. 明 成化년간 語溪中宮寺 승려 正摘가 보수 자금을 마련하여 三吾書院으로 개명.

(湖南 郴州) 景賢書院. 元 건립. 明 城陸廟로 옮김.

(湖南 邵陽) 東山書院. 宋 周敦頤를 기념하기 위해 건립. 元末 폐하고 東山寺로 개건. 明 嘉靖 29年(1550) 參議 楊逢이 학생들을 모아 강학하던 기간에 승려들을 다른 곳으로 옮겨 31年(1552) 서원으로 개건.

(廣東 高安) 裕台書院. 宣德년간 肇慶 知府가 城東 石頭廉에 개건.

(廣東 仁化) 濂溪書院. 嘉靖 元年(1522) 知縣 于祥이 眞武閣에 개건.

(廣東 潮陽) 北城書院. 嘉靖 22年(1543) 知縣 劉景이 건립. 후에 倭寇에 의해 훼손. 隆慶 元年(1567) 知縣 陳王道가 關王廟로 개건.

(廣東 陽江) 濂溪書院. 宋 건립. 明 嘉靖 11年(1532) 提學 魏校鑄가 眞武堂을 철거하고 중건.

(廣東 吳川) 江陽書院. 萬曆 25年(1597) 知縣 周應鰲가 雙峰塔 앞에 건립. 후에 邑人이 雙峰寺로 바꿈. 淸 서원에 반환.

(廣西 陽朔) 曹公書院. 唐 건립. 후에 慈光寺로 바뀜. 明 洪武 초에 복원. 후에 또 승려에게 점거. 正統년간 寺의 땅 1/3에 중건. 成化 7年(1471) 知縣 楊綱 寺를 폐하고 서원에 귀속.

(廣西 南寧) 東郭書院, 西郭書院, 中郭書院. 嘉靖 29年(1550) 知府 王貞吉이 千佛堂, 崇善寺, 保平寺에 개건.

(四川 宜賓) 涪翁書院. 宋 건립. 元 훼손. 明 宣德년간 道觀 건립. 景泰년간 郡守 楊德衍 觀 동쪽에 祠를 건립. 成化 18年(1482) 郡守 陸淵 觀을 철거하고 중건.

(四川 武隆) 白雲書院. 弘治 12年(1499) 戶部 給事中 金華 知州 劉秋佩가 퇴임 후 白雲關佛寺에 창건. 후에 폐기되어 廟로 바뀜.

(四川 樂山) 九龍書院. 知州 鍾振 九龍祠에 개건. 후에 東岩書院으로 개명.

(四川 郫縣) 子雲書院. 宋 건립. 明 成化 후 폐기되어 水月寺로 바뀜. 淸 복원.

(四川 眉山) 鶴山書院. 嘉靖 9年(1530) 禦使 邱道隆 城 서남쪽 隅尼庵에 건립.

(四川 樂至) 樂陽書院. 崇禎년간 知縣 田舜年이 건립. 후에 禹王宮으로 바뀜.

(四川 峨嵋) 峨山書院. 正德 14年(1519) 知縣 吳廷壁이 東嶽廟에 개건.

(雲南 祿豊) 松岩書院. 正德년간 參政 劉鶴年 文殊寺를 철거하고 건립.

(雲南 姚安) 三台書院. 萬曆년간 知府 李載贄 德蜂寺 禪堂에 개건.

(陝西 西安) 關中書院. 萬曆년간 馮從吾가 친구와 강학하던 곳(寶慶寺). 사람이 많아 수용공간이 부족하여 37年(1609) 布政使 汪可受 등이 寺 옆 小悉園에 건립.

(陝西 藍田) 藝閣書院. 원래는 宋 呂大臨 등이 공부하던 곳으로 呂氏四賢祠가 있었음. 明 弘治년간 提學 王雲鳳이 祀를 철거하고 藝閣寺가 서원을 확장. 후에 폐기하고 孫眞人祠가 됨. 清 말 중건.

(陝西 三原) 弘道書院. 弘治 8年(1495) 進士 王天宇가 머물던 승려 숙소로 王天宇가 學道書堂이라 써주고, 堂 뒤의 築室을 宏道書屋이라 했음. 9年(1496) 서원 건립.

(陝西 鳳翔) 岐陽書院. 元 건립. 明 正德년간 知府 王江이 寶昌寺에 건립. 당시 僧舍의 절반을 철거. 후에 폐기되어 三公廟로 바뀜.

清

(河北 良鄉) 卓秀書院. 道光 27年(1847) 知縣 程

(河北 平谷) 近光書院. 道光 22年(1842) 知州 曹擢新이 朝陽觀에 개건.

(河北 天津) 稽古書院. 光緒 13年(1887) 知府 汪守正 등 속칭 鈴鐺閣인 稽古寺에 개건.

(河北 靑縣) 範橋書院. 寓火神廟 안에 건립. 光緒 폐기.

(河北 獲鹿) 鹿泉書院. 乾隆 34年(1769) 知縣 唐亦恩 오래동안 폐
기된 白鹿書院을 本願寺 서쪽에 옮겨 건립. 문은 동향으로 本願寺
를 거쳐 출입. 46年(1781) 知縣 周棨가 紳士들의 청원으로 서원
앞의 八蠟廟를 옮기고 廟의 자리에 서원을 세워 대문이 생김.

(河北 廣平) 王星書院. 龜台寺에 개건.

(山西 楡社) 箕山書院. 乾隆 7年(1742) 知縣 費映奎가 地藏庵에 개건.

(山西 長治) 正水書院. 康熙 3年(1664) 潞安 知府 肖來鸞建이 聖泉
寺에 건립.

(江蘇 靑浦) 靑溪書院. 嘉慶 초 知府 趙宜喜가 萬壽道院을 나누어
동쪽에 건립. 후에 巡撫 岳起가 道士가 되어 서원을 慧業禪林에
들려줌.

(江蘇 江浦) 英華書院. 惠濟寺에 건립. 咸豊년간 훼손.

(江蘇 淮安) 射陽書院. 光緒 6年(1880) 知縣 陸元鼎이 舊五雲堂에
건립. 雲道院에 남아있음.

(江蘇 揚中) 太平書院. 同治 5年(1866) 六邑公이 長江 太平洲 위의
龍王廟에 건립.

(江蘇 蘇州) 紫陽書院. 康熙년간 江蘇 巡撫 張伯行이 僧廬에 개건.

(江蘇 常熟) 遊文書院. 康熙 건립. 乾隆 중수. 서원 뒤는 西林寺의
官田 100畝.

(江蘇 常熟) 梅李書院. 원래는 宋 鄕賢 玉師德의 祠. 후에 부처를
모심. 乾隆 29年(1764) 知縣 康基田이 불상을 다른 廟로 옮기고
서원으로 바꿈.

(江蘇 阜寧) 紫陽書院. 乾隆년간 知縣 李元奮이 紫陽庵에 개건.

(江蘇 宜興) 東坡書院. 이전에는 蘇軾이 세운 서당. 후에 이 땅이
保寧寺에 편입. 元 승려 敏機가 蘇軾을 기리며 草堂으로 복원. 明
弘治 祠를 건립. 淸 乾隆 24年(1759) 知縣이 巡撫 陳宏謀의 명령으

로 서원으로 복원한 후 강학을 시작.

(江蘇 儀征) 樂儀書院. 乾蔭년간 건립. 咸豊 3年(1853) 훼손. 同治 6年(1867) 太平庵에 개건.

(江蘇 江陰) 曁陽書院. 乾隆 3年(1738) 知縣 蔡澎이 棲霞精舍 내 건립. 초기에는 澄江書院으로 불림. 후에 紳士들이 僧舍는 인재양성의 자리가 아니라며 舊學署 안으로 옮김. 23年(1758) 學政 李因培 땅을 골라 중건하며 이를 명명.

(江蘇 金壇) 金沙學舍. 乾離 10年(1745) 知縣 魏廷會가 大士庵에 개건.

(浙江 黃岩) 靈石書院. 嘉靖년간 學者들이 강회하던 靈石 山暘書院. 후에 폐하고 寺가 됨. 同治년간 知縣 孫憙가 복원하며 이를 명명.

(浙江 余姚) 龍山書院. 嘉靖 초 王守仁이 강학하던 龍泉山 中天閣. 후에 尼庵으로 바뀜. 乾隆 25年(1760) 知縣 劉長城이 건립.

(浙江 嘉興) 駕湖書院. 康熙 55年(1716) 知府 關永芳이 밭을 팔아 건립. 乾隆 35年(1770) 知府 李星曜가 秀水 知縣과 함께 寺의 밭을 팔아 경비를 댐.

(浙江 嵊縣) 輔仁書院. 乾隆 53年(1788) 知縣 唐仁愼이 大仁寺의 동쪽에 건립. 咸豊년간 舉人 錢錦山 등이 寺을 보수하고 남은 돈으로 중수.

(浙江 寧波) 甬上證人書院. 甬上證人講社라고도 불림. 元 固定의 땅. 康照 7年(1668) 黃宗羲가 延慶寺 등에서 강학.

(浙江 寧波) 蛟川書院. 乾隆8年(1743) 知縣 楊玉先이 邑人의 청원에 따라 羅漢堂에 개건.

(浙江 樂淸) 梅溪書院. 원래는 宋 紹興 14年(1157) 王十朋이 건립. 雍正 6年(1728) 知縣 唐傳銓이 長春道院에 옮겨 건립.

(浙江 海寧) 縣治書院. 초기에는 雙忠廟에 있다가 후에 安國寺로 옮김. 康照년간 知縣 許三禮가 건립.

(浙江 海寧) 長安鎭書院. 覺王寺에 있음.

(浙江 海寧) 狹石鎭書院. 惠力寺에 있음.

(浙江 海寧) 袁花鎭書院. 崇敎寺에 있음.

(浙江 海寧) 郭店鎭書院. 永昌庵에 있음.

(浙江 臨海) 印山書院. 同治 2年(1863) 知府 劉珉이 尼庵을 사들여 개건.

(浙江 臨海) 廣文書院. 同治 6年(1867) 知府 劉珉이 龍顧山 福淸尼 庵을 사들여 개건.

(安徽 合肥) 斗文書院. 康照년간 건립. 후에 萬壽宮으로 바뀜.

(安徽 合肥) 肥西書院. 邑紳 劉銘傳 등이 자금을 모아 馬跑寺에 건립.

(安微 廬江) 崇正書院. 光緖 7年(1881) 邑紳 許安邦 등이 자금을 모아 妙光寺에 개건.

(安徽 定遠) 能宏書院. 康照년간 知縣 張景蔚가 東嶽廟에 개건. 후에 治溪書院으로 개칭.

(安徽 秋浦) 硏經書院. 同治 6年(1867) 知縣 路㟧가 鷲台山寺에 개건.

(安徽 巢湖) 巢湖書院. 定林寺 옛 자리에 개건.

(安徽 六安) 廣城書院. 同治 4年(1865) 亭官鄕凜生 儲璣이 자금을 모아 廣濟庵에 개건.

(福建 長樂) 吳航書院. 乾隆 26年(1761) 知縣 賀世駿이 南山天後官 을 西關 밖으로 옮기고 그 자리에 개건.

(福建 福州) 整峰書院. 康照 46年(1707) 巡撫 張伯行이 尼庵을 개건.

(搞建 潭浦) 明誠書院. 원래는 明 黃道周가 강학하던 곳. 후에 寺로 바뀜. 康熙 35年(1696) 知縣 陳汝咸이 寺를 개건.

(福建 潭浦) 垢洗書院. 康親년간 進士 林琛이 垢洗寺에 건립.

(福建 永泰) 景行書院. 乾隆 23年(1758) 知縣 王作霖이 건립. 초기에는 僧舍를 빌려 藝歲考를 가르쳤음.

(福建 邵武) 樵川書院. 乾隆 3年(1738) 知府 任煥이 건립.

(福建 南平) 道南書院. 正德년간 건립.

(江西 景德鎭) 景仰書院. 乾隆 10年(1745) 知縣 李仙洲가 淨土庵을 義學으로 개건하고 서원을 건립. 40年(1775)에 완공.

(江西 臨川) 汝陽書院. 道光 5年(1825) 諸生 桂殿芳이 건립. 同治 4年(1865) 知縣 黃恩浩가 廣壽寺로 옮겨 건립.

(山東 泰安) 岱麓書院. 乾隆 57年(1792) 知府 徐大榕이 岱廟 동쪽 冥福寺 옛 자리에 건립.

(山東 平度) 膠東書院. 乾隆 24年(1759) 知州 王化南이 園明寺 옛 자리에 건립.

(河南 新鄕) 鄘城書院. 雍正 元年(1723) 開封府 同知 吳之錦이 會館을 개건. 道光 18年(1838) 知縣 王希旦이 潞王墳僧庵의 땅을 서원에 돌려주라고 판결.

(河南 滿川) 龍門書院. 乾隆 26年(1761) 知州 吳一嵩이 水月觀 廊房을 개건.

(河南 南陽) 宛南書院. 乾隆 16年(1751) 知府 莊有信이 彌陀寺를 개건.

(湖北 嘉魚) 鳳鳴書院. 咸豊 10年(1860) 知縣 武鎭西가 서원의 비좁음과 시장 근처라는 이유로 法華寺로 옮겨 건립.

(湖北 竹溪) 五蜂書院. 乾隆 21年(1756) 知縣 宋煥이 건립.

(湖南 安仁) 潔愛書院. 康熙년간 知縣 陳黃承이 건립. 嘉慶년간 白衣庵으로 바뀜.

(湖南 宜章) 玉溪書院. 明 건립. 乾隆년간 城의 남쪽으로 옮겨 중건. 60年(1795) 知縣 衛際可가 景星觀을 개건하고 養正書院으로

명명.

(湖南 祁陽) 文昌書院. 明 萬曆 건립. 後 훼손. 康熙 9年(1670) 知縣
王頤가 중건. 후에 僧院으로 바뀜. 乾隆 14年(1749) 知縣 李映岱가
보수.

(湖南 寧遠) 崇儒書院. 同治 2年(1863) 知縣 王光斗가 高安寺를 개건.

(湖南 郴州) 白蓮書院. 乾隆 19年(1754) 知州 劉伯興 白蓮庵을 개건.

(湖南 會同) 三江書院. 康熙 5年(1666) 知縣 何林이 巡撫 周召南의
명령으로 隱眞觀의 오른쪽에 건립.

(湖南 安鄉) 深柳書院. 宋 範仲淹이 공부하던 興國觀. 후에 堂과 祠
를 건립. 元 훼손. 明 중건. 후에 道士에게 침략당해 正德년간 회
수. 乾隆 10年(1745) 知縣 張悼이 중수.

(湖南 洪江) 雄溪書院. 乾險 22年(1757) 會同 知縣 陳于宜가 건립.

(湖南 江華) 凝香書院. 원래는 粤東商人이 지은 義學. 道光 9年
(1829) 개건. 咸豐년간 전화로 손실. 同治 6年(1367) 廣東, 福建,
江西籍의 士商들이 자금을 모아 三聖宮을 재건하여 자제들을 취
학. 8年(1869) 知縣 劉華邦이 중수.

(湖南 新寧) 清泉書院. 康熙 24年(1688) 知縣 牟國鎭이 清泉庵을
개건. 후에 金城書院으로 개명.

(湖南 花江) 秀水書院. 嘉慶 17年(1812) 知縣 王勛延이 縣의 擧人
崔殿景이 아이들을 가르치던 곳으로 報恩禪院 안에 위치. 22年
(1817) 知縣 盧爾秋가 서원이 禪院 내에 있는 것은 이치에 맞지
않다며 점차 북문에 건립.

(湖南 新寧) 維新書院. 咸豐 元年(1851) 知縣 戚天保가 寶安寺에 건
립. 후에 求忠으로 개칭. 同治 5年(1866) 松山禪院으로 옮김.

(湖南 漵浦) 紫峰書院. 同治 10年(1871) 王學健 등이 건립하나 미
완. 生童 黑神廟에서 수학.

(廣東 肇慶) 星岩書院. 宋 包拯이 寶月台寺에 건립. 후에 寺로 바 꿈. 明 觀音殿, 太和閣으로 바꿈. 淸 咸豊 5年(1855) 知府 郭汝城 龍圖書院으로 바꿈. 同治 元年(1862)에 다시 星岩書院.

(四川 成都) 潛溪書院. 乾隆 12年(1747) 知縣 安洪德이 靜居寺가 소유한 潛溪祠祀를 개건. 후에 城 안으로 옮김.

(四川 成都) 元音書院. 嘉慶 12年(1807) 知府 逐僧이 慈音禪林을 개건.

(四川 雙流) 景賢書院. 乾隆 초 知縣 수업시 빌린 僧舍로 후에 땅을 골라 건립.

(四川 自貢) 東新書院. 嘉慶 17年(1812) 邑紳 王循禮 등이 來新寺를 개건.

(四川 新津) 寶資書院. 乾隆 24年(1759) 知縣 戴之適이 城 서쪽 經 藏寺에 건립. 후에 여러번 옮김.

(四川 永川) 錦雲書院. 乾隆년간 知縣 彭時捷이 佛을 개건.

(四川 達縣) 龍山書院. 道光 元年 (1821) 知縣 胡光纘이 朝陽寺를 개건.

(四川 德陽) 孝感書院. 원래는 孝泉姜公祠. 乾隆 16年(1751) 城 동 쪽 崇果寺로 옮김.

(四川 西昌) 瀘峰書院. 乾隆 18年(1753) 署知府 安洪德이 건립.

(貴州 大方) 文龍書院. 원래는 觀音閣에 건립. 乾隆 15年(1750) 知 府 王允浩가 城 남쪽 玉皇閣에 중건.

(貴州 銅仁) 卓山書院. 光緒 4年(1878) 易佩紳이 大佛寺의 옛 자리 에 건립.

(貴州 印江) 龍津書院. 康熙년간 知縣 馬士芳이 강학하던 龍津寺. 乾隆 17年(1752) 知縣 董仲則이 그곳에 개건. 嘉慶년간 중수.

(貴州 安龍) 九峰書院. 乾隆 12年(1747) 海潮寺 前殿을 개건.

(雲南 祥雲) 鵬飛書院. 光緒 3年(1877) 報國寺에 건립.

(雲南 楚雄) 雁峰書院. 明 건립. 清 康熙년간 훼손. 22年(1683) 知府 劉吳가 중수. 후에 祇園寺로 바뀜. 光緒 초에 복원.

(雲南 下關) 龍關書院. 明 건립. 清 順治 3年(1646) 清眞寺에 점거. 同治 12年(1873) 巡撫 岑敏英이 중건하고 玉龍書院으로 개명.

(雲南 沾益) 西平書院. 康熙 4年(1665) 知州 王作楫이 건립. 46年(1707) 望海寺를 건립.

(陝西 華陰) 雲台書院. 宋 朱熹가 주관한 雲台觀. 清 康熙 22年(1683) 邑人 王山史 등이 觀 안에 祠祀를 세워 朱熹에게 제사지냄. 乾隆 16年(1751) 知縣 姚遠翔이 祠를 보수. 祠의 동쪽에 건립.

(陝西 鳳翔) 鳳起書院. 乾隆 32年(1767) 知縣 羅鰲가 準提庵 옛 자리에 건립.

(陝西 朝邑) 華原書除. 乾隆년간 知縣 楊衍嗣가 건립. 同治 초 전화로 손실. 후에 寺院 안으로 옮김.

(陝西 富平) 通川書院. 乾隆 초 知縣 李世垣이 善寧(凝)寺를 개건.

참고문헌

『二十四史』

『左傳』

『貞觀政要』

『唐會要』

『通典』

『文獻通考』

『續文獻通考』

『全唐詩』

『宋會要輯稿』

『資治通鑒』

『淸世祖實錄』

『淸會典事例』

『光緖朝東華錄』

『四朝學案』

『朱文公文集』

『朱子語類』

『陸九湖集』

『陳亮集』

『五峰集』

『張南軒先生文集』

『朱子行狀』

『王文成公全書』

『異齋文集』

『都官集』

『日知錄』

『習齋言行錄』

『習齋記余』

『習齋年譜』

『存學編』

『四書正誤』

『恕谷年譜』

『恕谷後集』

『船山遺書』

『明夷待訪錄』

『徐光啓集』

『通雅』

『物理小識』

『績學堂文炒務』

『魏源集』

『思辨錄輯要』

『聖朝破邪集』

『萬敎叢編』

『戴東原集』

『研經室集』·『續集』·『再續集』

『抱經堂文集』

『春在堂隨筆』

『郭窩壽日記』

『張文襄公全集分』

『康有爲政論集公』

『康南海自編年譜』

『飮氷室合集』

『皇朝經世文新編』

『愉折彙存』

『熊希齡集』

『觀堂集林』

方志 및 書院志

曹松葉, 「宋元明淸書院槪況」, 『中山大學語言曆史硏究所週利』 第10集.

胡適, 「書院制史略」, 『東方雜志』 第21卷 第3期.

柳治征, 「江蘇書院志初稿, 『蘇國學圈書舘年』 第4期, 1931.

吳景賢, 「安徽書院志, 『學風』 2卷 48期, 1932.

盛朗西, 『中國書院制度』, 中華書局, 1934.

張崟, 「詁經精舍志初稿」, 『文滴學報』 2卷 1期, 1936.

王蘭萌, 「河北書院志初稿」, 『師大月利』 第25, 29期, 1936.

劉伯驥, 『廣東書院制度沿革』, 商務印書館, 1939.

張正藩, 『中國書院制度考』, 台灣中華書局, 1980.

陳元輝 等, 『中國古代的書院制度』, 上海敎育出版社, 1981.

章柳泉, 『中國書院史話』, 敎育科學出版社, 1981.

蘇雲峰, 「廣雅書院(1888~1902)」, 台灣『近代史硏究所集刊』 第13期.

顧長聲, 『傳敎士與近代中國』, 上海人民出版社, 1981.

朱有瓛, 『中國近代學制史料』 第一輯上下冊, 華東師大出坂社, 1983·1985.

王鎭華, 『書院敎育與建築』, 台灣故鄕出版社, 1986.

楊愼初 等, 『嶽麓書院史略』, 嶽麓書社, 1986.

湖南大學嶽麓書院文化硏究所, 『嶽麓書院一千零一十周年紀念文集』, 湖南人
    民出版社, 1936.

李楚材, 『帝國主義侵華敎育史資料·敎會敎育』, 敎育科學出版社, 1987.

湖南大學嶽麓書院文化硏究所, 『書院文化史硏究文集』, 湖南大學出版社, 1988.

湖南省書院硏究會等, 『書院硏究』(第一集), 1988.

湖南想書院硏究會等, 『書院硏究』(第二集), 1989.

丁鋼, 『中國佛敎敎育-儒佛道敎育比較硏究』, 四川敎育出版社, 1988.

宋大川, 「略論唐代士人的隱居讀書」, 『史學月刊』, 1939.

李才棟, 『白鹿洞書院史略』, 敎育科學出版社, 1989.

阮志高 等, 『江州陳氏東佳書堂硏究』, 1989.

騰紹獄, 『淸代八旗子弟』, 中國華僑出版公司, 1989.

何曉昕, 『風水探源』, 東南大學出版社, 1990.

璩鑫圭, 『中國近代敎育史資料彙編·鴉片戰爭時期敎育』, 上海敎育出版社, 1990.

拉普普 著·張玫玫 譯, 『住屋形式與文化』, 台灣境與象出版社, 1976.

傑西·格·盧茨, 『中國敎會大學史』, 浙江敎育出飯社, 1988.

克萊德·克魯克洪等 著·高佳 等 譯, 『文化與個人』, 浙江人民出版社, 1986.

章柳東, 『南宋事功學派及其敎育思想』, 敎育科學出版社, 1984.

姜廣輝, 『顏李學派』, 中國社會科學出版社, 1987.

崔大華, 『南宋陸學』, 中國社會科學出版社, 1984.

鍾叔河, 『走向世界-近代知識分子考察西方的歷史』, 中華書局, 1985.

龔書鋒, 『中國近代文化探素』, 北京師範大學出版社, 1988.

李淸驚 等, 『帝國主義在上海的敎育侵略活動資料簡編』, 上海敎育出版社, 1982.

顧長聲, 『從馬禮遜到司徒雷登-來華傳敎士評傳』, 上海人民出版社, 1985.

白莉民, 『西學東漸與明淸之際敎育思潮』, 敎育科學出版社, 1989.

湯志鈞, 『近代經學與政治』, 中華書局, 1939.

한국어 번역판을 내며

1992년 상해교육출판사에서 출판한 『書院與中國文化(중국의 서원)』은 제가 주편主編했던 『中國文化與教育(중국 문화와 교육)』 연구 총서 중의 일부입니다.

20여년이 흐른 뒤, 한국 순천향대학교 중국학과 임상훈 교수께서 불현 듯 메일을 보내와 본서의 번역 의사를 전달했습니다. 이유인 즉, 최근 한국의 중국 역사와 문화에 대한 관심이 커가는 중에 본서가 중국 역사와 문화에 대한 흥미로운 내용을 잘 담아내고 있다는 것이었습니다. 또 본서의 번역을 통해 중국 문화와 역사를 소개하며, 한중 양국의 교류 촉진에 도움이 되자는 것도 중요한 이유 중 하나였습니다. 최근 한중 양국 간의 교류가 다방면에서 크게 늘고 있는 가운데, 저는 임상훈 교수의 이런 제안에 매우 기뻤고, 흔쾌히 번역을 부탁했습니다.

임상훈 교수의 전공 및 중국어 능력이라면 한문이 난립하여 중국인이 읽기에도 조금 벅찬 본서를 충분히 한국어로 잘 전달할 수 있을 것으로 믿습니다. 임상훈 교수의 본서 번역에 다시 한 번 감사드립니다. 또한 본서의 번역판을 출판해주시고 편집해주신 보고사 김홍국 사장님과 관련 직원 분들께도 심심한 사의를 표합니다.

마지막으로 본서를 통해 한국분들이 중국 전통교육문화에 대해 이해하고, 더욱 활발한 교류가 이어지길 바랍니다.

화동사범대학華東師範大學에서
정강丁鋼 上.
2019년 12월 吉日.

교양·전문서적의 성격을 동시에 가진
『중국의 서원』

  과거 서원은 지식인을 배출하고 지역의 교육과 문화를 선도하던 곳이었다. 우리나라에서는 여러 서원들이 지금껏 잘 보존되어 왔고, 2019년 여름 그 '탁월한 보편적 가치'를 인정받아 9곳이 유네스코에 등재되는 쾌거를 이루기도 하였다.

  서원의 유네스코 등재로 이에 관심을 갖는 학생들이 많아졌고, 한중 서원의 차이에 대해서 질문하는 이도 여럿 있었다. 그때마다 학생들에게 나 자신도 이해 못 할 말로 대충 얼버무리며 위기를 모면했다. 더 이상은 어렵겠다는 생각이 들어 중국 서원에 관한 자료를 찾게 되었고, 이것이 바로 본서를 번역하게 된 계기였다. 다소 '불순한' 동기로 본서의 번역을 시작했지만, 책을 독파한 후에는 중국문화를 더 깊이 이해할 수 있었던 '순수한' 기쁨을 느꼈다.

  본서는 '교양서적'과 '전문서적'이라는 특징을 동시에 가지고 있다. 저자가 전언前言에서 언급한 바와 같이, 본서는 '서원사 연구의 전문서적'이 아니라 중국 전통문화의 하나로서의 서원을 논하였다. '교육'이라는 총서의 대주제에 초점을 맞추어 시대순에 따라 서원의 전통 교육문화를 정리해 나갔다. 사학을 위한 서원의 탄생에서 과거제도를 위한 관학화, 그리고 서양 문화의 충격으로 서원의 학교로의 변화와 몰락까지, 본서는 중국 서원의 역사를 일목요연하게 정리하였고, 그 과정에서 서원이 중국 전통사회와 문화에 끼친 영향을 살펴보았다. 역자와 같이 중국 서원을 잘 모르는 문외한이더라도 본서를 통해 대략적인 내용 파악이 가능할 것이다. 이러한 점으로 볼 때 본서는 가히 훌륭한 한 권의 중국 서원과 교육에 대한 개론적 성격을 가진 교양서적이라 할 수 있다.

앞에서 말한 바와 같이 본서는 '서원사 연구의 전문 서적'이 아니다. 하지만 엄청나게 풍부한 사료史料를 인용·고증하여 가히 한 편의 '전문서적'이라고 봐도 무방할 것이다. 특히 거의 매 쪽마다 등장하는 고문들은 역자를 매우 곤혹스럽게 하였다. 우리와는 다른 인용 습관으로 문장 가운데 그대로 고문을 인용하는 경우가 많아 깔끔한 번역이 어려웠다. 이를 두고 여러 번 고민을 했지만, 결국 고문을 그대로 두는 편을 택했다. 사료의 출처와 원문을 남겨두면 이 방면의 연구자에게 적게나마 도움이 될 수도 있을 거라 생각했기 때문이다. 이처럼 '교양'과 '전문'이라는 성격을 동시에 갖는 본서는 이 분야에 관심 있는 일반인과 연구자 모두를 만족시킬 수 있으리라 생각한다.

끝으로 본서의 출판 과정에 대해 약술하고자 한다. 역자는 중국 유학시절 자신의 공부를 위해 원문 전공서적을 십 수 권 가량 한국어로 번역하였다. 번역에 재미를 붙여가며 언젠가는 중국 연구 성과를 한국에 번역·소개해야겠다는 생각을 해왔다. 이를 위해 학위를 취득하고 귀국 후 가장 먼저 한 일은 번역가 자격증 취득이었다. 그렇지만, 삶에 쫓기듯 살다보니 번역 작업은 항상 뒤로 밀려만 갔다. 학교에 정착한 후로도 이 꿈은 계속되었지만, 수업과 논문 등 또 다른 업무에 치여 차일피일 미루어졌다. 그러던 중 본교 인문학진흥원 심경석 원장님께서 『순천향인문진흥총서』로 출판하길 권유하셨다. 마침 예전의 꿈을 이룰 수 있는 좋은 기회라 생각하여, 흔쾌히 수락했고 수차례 교정을 거쳐 결국 출판하게 되었다. 본서의 출판에 큰 도움을 주신 본교 인문학진흥원 심경석 원장님, 오원근 팀장님, 강지연 선생님 그리고 세심하게 교정하고 응원해준 가족들에게도 깊은 감사를 드린다. 또한 본서의 번역을 흔쾌히 허락해주신 저자 화동사범대학 정강丁鋼 교수, 그리고 본서의 출판을 맡아주신 보고사의 김흥국 사장님과 편집 작업에 힘써주신 박현정·이경민 선생 등께도 깊은 사의를 표한다.

2019년 12월 말 鶴城山 기슭에서 林聽雨

저자 **정강丁鋼**

중국 화동사범대학華東師範大學 교수

화동사범대학 교육고등연구원 원장

전국 제1회 교육과학 수수성과 1등상 등 다양한 수상 경력

'자강학자紫江學者' 특별초빙교수

주요 연구방향 : 중국 문화교육, 교육문화와 사회, 교육관계연구 등

『中國佛教教育 : 儒佛道教育比較研究』·『書院與中國文化』등 수십 편의 저서와
백여 편의 논문과 기고글 발표

저자 **유기劉琪**

중국 화동사범대학華東師範大學 고적연구소古籍研究所 교수

주요 연구방향 : 중국 서원 전통교육사, 중국 근대교육사조 등

역자 **임상훈林常薰**

순천향대학교 중국학과 교수

중국 남경대학 역사계 역사학 박사

순천향대학교 공자학원 중국학연구소『沽山中國學報』 편집위원장

명청사학회·진단학회·전북사학회·한중관계연구원 이사

주요 연구방향 : 명대 외교사·문화사, 한중관계사

「洪武帝, 明代 宦官 外交의 創始者 -洪武帝의 宦官 抑制와 그 實體-」(『동양사학
연구』129, 2014) 등 수십 편의 논문과『중세 동아시아의 해양과 교류』(탐라문화연
구원, 2019) 등 여러 편의 저서 발표

중국의 서원

2019년 12월 30일 초판 1쇄 펴냄

지은이 정강·유기
옮긴이 임상훈
펴낸이 김흥국
펴낸곳 도서출판 보고사

책임편집 이경민
표지디자인 손정자

등록 1990년 12월 13일 제6-0429호
주소 경기도 파주시 회동길 337-15 보고사 2층
전화 031-955-9797(대표)
    02-922-5120~1(편집), 02-922-2246(영업)
팩스 02-922-6990
메일 kanapub3@naver.com/bogosabooks@naver.com
http://www.bogosabooks.co.kr

ISBN 979-11-5516-967-4 94910
    979-11-5516-755-7 94080(set)
ⓒ 임상훈, 2019

정가 20,000원